U0959055

总第70集

行政执法与行政审判

中华人民共和国最高人民法院
行政审判庭 编

中国法制出版社
CHINA LEGAL PUBLISHING HOUSE

目　　录

【个案分析】

司法文件

最高人民法院关于被征地人拒不交出土地的执行问题请示案的答复

（2017）最高法行他 206 号

山西省高级人民法院：

你院（2016）晋行他字第 1 号《关于刘掩顺等七案十户诉临县人民政府土地行政侵权纠纷上诉一案法律适用问题的请示》收悉。经研究，答复如下：

在省级人民政府土地征收审批文件下发后，诉争土地已经法定程序转为国有建设用地。被征地人拒不交出土地的，应当按照《中华人民共和国土地管理法实施条例》第四十五条规定的程序执行。即由县级以上人民政府土地行政主管部门作出责令交出土地的决定，仍拒不交出土地的，按照《最高人民法院关于审理涉及农村集体土地行政案件若干问题的规定》（法释〔2011〕20 号）第十四条规定，申请人民法院强制执行。

此复。

二〇一七年十二月二十九日

最高人民法院关于发展改革部门项目审核批复行政案件原告资格问题的答复

(2016) 最高法行他145号

北京市高级人民法院:

你院京高法〔2016〕455号《关于起诉发展改革部门项目审核批复案件原告资格问题的请示》收悉。经研究,答复如下:

行政案件的原告是与被诉行政行为有利害关系的公民、法人或者其他组织。行政机关作出被诉行政行为时所适用的行政实体法律规范,是否要求行政机关考虑、尊重和保护原告诉请保护的权利和利益,是判断利害关系的标准之一。根据《国务院关于投资体制改革的决定》(国发〔2004〕20号)、《中央预算内直接投资项目管理办法》、《政府核准投资项目管理办法》等规定,发展改革部门对政府投资项目的审批和对企业投资项目的核准,主要是从拟建项目是否维护经济安全、合理开发利用资源、保护生态环境、优化重大布局、保障公共利益、防止出现垄断等方面进行审查,并不涉及项目的征地拆迁、安置补偿等与相对人具体权利义务相关的内容。当事人以项目建设影响其土地或房屋权益为由,起诉发展改革部门对投资项目审批、核准行为的,因其与项目审批、核准行为不具有利害关系,因而不具有提起诉讼的原告资格。

二〇一七年六月十四日

大法官论坛

行政审判基本问题研究

江必新[①]

2014 年 11 月，行政诉讼法首次全面修改，2017 年 11 月 13 日，最高人民法院通过行政诉讼法的全面解释。其间，行政诉讼法又进行了一次微调，并通过了一部配套性的行政诉讼法若干问题的司法解释。新行政诉讼法有很多内容都属于重大立法创制，如规范性文件附带审查、复议机关作共同被告等，但新法在实施过程中不断呈现新情况新问题，同时，行政诉讼领域长期存在的难题如受案范围、裁判方式等，仍然困扰着行政审判实践。因此，行政诉讼制度目前呈现飞跃式发展，但仍然存在诸多问题需要解决。最高人民法院结合司法实践及时制定全面司法解释，可以更为准确地理解和适用新行政诉讼法，有效解决司法实践中面对的难题。行政审判的基础问题可以归纳为四个方面：受理、审理、判决、执行。

一、受理问题

（一）行政诉讼案件受理问题相对复杂

民事争议的解决是法院尤其是普通法院的当然职责，民事诉讼涉及私权利，其受理条件相对较少。当事人存在诉讼利益的，只要有明确的被告及诉讼请求和理由，一般即可提起民事诉讼，除法律有特别规定的外，原则上人民法院都应当予以受理，且法律规定的例外情形较少。相对于民事诉讼，行政诉讼的受理制度则更为复杂，主要原因在于：第一，行政诉讼涉及公权力，其受理问题

---

① 最高人民法院党组副书记、副院长。

涉及司法权和行政权之间的关系，涉及司法权对行政权的监督程度和范围。第二，行政案件不仅涉及个人利益，还与公共利益、社会管理秩序、行政管理秩序有密切关系。行政案件的起诉条件如果不加以适当限制，则影响行政法律关系以及行政管理秩序的稳定性，社会管理关系将长期处于不确定状态，给公共利益带来极大的不确定性。当然，随着民主法治进程的加快，行政诉讼受理的限制条件将越来越少，但总体来说仍比民事案件的受理条件严格。

（二）行政诉讼案件的受理条件

行政诉讼法第四十九条规定，提起行政诉讼须符合四个法定条件，但并不能简单将其与行政诉讼案件的受理条件完全等同，应当将其理解为必要条件而非充分条件。行政诉讼法的“起诉和受理”整章，亦并未穷尽所有行政诉讼案件的受理条件。事实上，行政诉讼的法定受理条件分散在多个章节，具体可分为两大类。

第一，绝对的起诉条件，即不具备条件则不能提起行政诉讼。具体有：（1）被诉的行政行为必须属于行政诉讼受案范围。这涉及司法权和行政权之间的关系，不属于行政诉讼受案范围的，则一律不予受理。（2）起诉人必须与被诉行为有法律上的利害关系。被诉行为包括作为和不作为，除法律规定的公益诉讼外，没有利害关系的主体，不能提起行政诉讼。（3）没有超过法律的起诉期限。为维护行政法律关系的稳定性，避免提起行政诉讼的时间过长而影响公共利益，一般情况下只要起诉人超过起诉期限的，则不能提起行政诉讼。值得注意的是，若超过起诉期限不能归责于起诉人自身，而是不可抗力等客观的外界因素或者行政机关刻意的阻拦等被告方面的原因所造成，人民法院则应当予以受理。（4）受其他诉讼案件的影响而不能提起行政诉讼。例如，撤诉后无正当理由再次提起行政诉讼的；已经提起行政诉讼而重复提起的行政诉讼；提起的行政诉讼的诉讼标的受生效裁判羁束的；等等。

第二，相对的起诉条件，即起诉时不符合起诉条件，但经过当事人的改变、选择后可以重新提起行政诉讼的条件。具体有：（1）起诉时未经过前置程序的。例如，法律规定的复议前置案件，未经过复议前置程序而直接提起行政诉讼的，人民法院不予受理。但在当事人经过复议程序后，仍可以提起行政诉讼。（2）未依法缴纳诉讼费的。当事人未按照法律规定依法缴纳诉讼费，人民法院按撤诉处理后，当事人如在起诉期间内缴纳诉讼费后再提起行政诉讼的，人民法院应当予以立案。（3）未提交必要的起诉材料。例如，未提交原告的身份证明材料以及有效联系方式；未提交被诉行政行为或者不作为存在的材料；由法定代理人或者委托代理人代为起诉的，未提交法定代理人或者委托代理人的身份证明和代理权限证明等材料的。缺乏这些必要材料，人民法院无法开展后续的审理工作，因此一般不予立案受理，但当事人补充提交材料之后不影响人民法院进行案件审理的，应当予以受理。（4）提交的起诉材料书写不正确的。例如，被告不明确的或明显不正确的；诉讼请求不具体或明显不正确的；等等。人民法院应当对当事人进行释明和指导，当事人修改后表述正确的，人民法院应当予以受理。当事人拒绝补正或者修改的，则不予受理。

（三）正确理解立案登记制

2015 年，行政诉讼法率先确定在行政诉讼领域实行立案登记制，有效解决了行政诉讼立案难问题。但实践中也存在对于立案登记制条件下是否需要审查起诉条件等问题把握尺度不一，一些不符合起诉条件的案件进入诉讼程序等问题，尤其是出现一些滥用诉权的现象，浪费了宝贵的司法资源。立案登记制并不是放弃立案受理条件的审查。行政诉讼法明确规定，对于符合法律规定的起诉条件的必须立案，即立案时仍然需要对是否符合起诉条件进行审查。立案登记制取代立案审查制，其实质意义主要是两个方面：第一，避免法外设置受理条件。主要针对过去搞立案土政策，人为设置立案条件，导致应当受理的案件而不受理的现象。第二，避免立案环节的过度审查。实践中，过度审查主要表现在对行政诉讼法第四十九条第（三）项规定的操作上，即有具体诉讼请求和事实根据，其目的是避免原告一方证据突袭，违反正当程序。其中，最主要的是事实根据问题。法律规定对事实根据仅作形式上的要求，当事人提出事实根据即可，避免被告一方难以有针对性地答辩，以及第三人难以发表意见，导致案件无法进行审理，但并不要求起诉时事实根据必须确凿、充分。是否具有确凿、充分的事实根据，属于审理环节的问题，在立案环节难以确定。因此，立案登记制取代立案审查制的核心要义，并非取消起诉条件，而是仍然要严格遵循行政诉讼法规定的起诉条件。立案审查的问题要尽可能在立案阶段完成，在立案阶段对立案条件进行全面有效的审查，而不能简单地一律登记立案，将立案方面的审查移送至审判庭进行，使大量不能立案的案件到审判庭后再驳回起诉，不仅增加当事人诉累，而且严重浪费司法资源。一般来说，有的起诉条件在立案环节难以查清，尤其是在法律期限内（七日内）难以判断是否完全符合起诉条件，而需要被告答辩或开庭审理才能最终确定，这种情况才可把案件送到审判庭解决受理问题。

（四）正确理解行政行为

受案范围的核心问题是行政行为概念的界定。行政诉讼法修改之前，受案范围对应的是“具体行政行为”概念，修改后的行政诉讼法及其司法解释使用的是“行政行为”概念，通过排除方式来确定受案范围。关于行政行为概念的内涵和外延，行政法学理论专著的表述不一，尚未形成统一认识。笔者认为，从司法实践角度来看，可诉性行政行为可分为三大类，这也是受案范围整体划分的方法或未来努力的方向：一是行政行为；二是行政协议；三是不作为。有观点认为，行政行为包括作为和不作为。但不作为与已经作出的行政行为完全不同，难以按照“行政行为”对不作为下定义，在分类时有必要将二者予以区分。

行政行为的范围比较广泛，大体包括三类：第一，行政法律行为。具体可分为以下几类：（1）行政规定，即行政机关制定的所有规范性文件，包括行政法规、行政规章、其他行政规范性文件等，与之前的抽象行政行为概念相等同。（2）行政决定，如行政许可、行政处罚、行政命令等。（3）准行政决定，如行政证明、行政告示、行政公告、行政确认以及部分行政仲裁。准行政决定不具有完整法律效力，往往不具有执行力。第二，行政事实行为。行政行为的概念包括事实行为。当前，在对可诉行政行为下定义时，有观点将其限定在行政法律行为之中，严重限缩了行政诉讼的受案范围。事实上，我国行政诉讼受案范围对应的行政行为包括事实行为在内，只要对公民权利义务产生了实质性影响的事实行为，即使不具有法律效力，也属于行政诉讼的受案范围。在具体理解时，需要注意的是“诉讼利益”概念。法律行为对应的是对相对人的法律地位产生实质影响，即权利义务发生增减得失，而事实行为对应的是对利益进行了损害，并未影响相对人的法律地位，如警察执行公务损害相对人的财物，其损害的不是相对人的法律地位，而是当事人的利益受损，但可以通过行政诉讼予以救济。第三，行政指导行为。关于行政指导行为，当前主要将其归类于行政事实行为，但从未来的发展角度来看，随着行政指导行为的不断增多，行政指导行为亦可以作为特殊行政行为单独归类。

（五）原告资格问题

行政诉讼的原告资格问题要解决的是谁有资格、有权利能力提起行政诉讼的问题。各国立法例理论上可分为三个等级：第一，对原告资格不作任何限制，即任何人随时都可以提起行政诉讼，这是最宽泛的等级。与民事诉讼不同，行政诉讼除具备救济当事人权利的功能外，还有监督行政机关依法行使职权，保证法律得到统一贯彻实施，促进行政机关依法行政等重要功能。若一个国家高度重视权利救济之外的功能，将其上升到最高地位，则鼓励公民积极提起行政诉讼，当事人有无利害关系并无实际意义和价值，因此对原告资格不作任何限制的可能性在理论上是存在的，尤其是全体公民都处于理性状态，不会随意提起行政诉讼，而主要基于国家利益、公共利益之考虑而提起之时。当前，不少国家在原告资格问题上逐步放宽，尤其是公益诉讼领域，当公益诉讼的资格完全敞开，就意味着彻底取消了原告资格的限制。第二，对原告资格进行严格限制。考虑到行政管理关系的稳定性及行政机关的承受能力，也考虑到司法机关的承受能力，把原告资格限制在法律上的利害关系，而且是在公法上的利害关系。有些国家最初限制在公法上的利害关系，后来考虑到公法和私法存在交叉，所以放宽到作为法律上的利害关系。将受案范围的行政行为限定在行政法律行为范围之内，主要考虑到行政诉讼的功能，其很大程度是特定的司法机关将公民、法人或其他组织从行政行为的羁束力中解放出来，脱离行政法律效力的不利影响。因此，将行政诉讼的原告资格限定在法律上的利害关系，而对于行政事实行为，则交由普通法院或其他管辖，不需要专门的行政审判机构管辖。第三，对原告资格适当放宽。在我国，行政诉讼的受案范围包括行政事实行为，这是由于在行政诉讼中可以一并处理行政赔偿问题，这也是我国行政诉讼制度的优势体现，扩大了行政案件受案范围，原告资格也相应放宽，只要有利害关系就具备原告资格。因此，原告资格对应的是“权益”之概念，其包括两层含义：权利和利益，既包括权利和义务，也包括法定权利义务之外的正当利益。换言之，只要正当利益受到损失即具有原告资格，而无须权利受到损害或者义务发生了增减得失。值得注意的是，利害关系有直接和间接之分，行政诉讼中的利益关系是直接的利益关系，不包括间接的利益关系，间接的利益关系可以通过其他诉讼来救济。直接利益关系的判断标准为：某一个人或者组织在发起行政诉讼后能够获得直接的诉讼利益，或者此诉讼利益没有其他的途径可提供救济。换言之，提起行政诉讼与否将对诉讼利益产生直接影响，即利益会有增减得失，裁判结果不同，所获得的利益也有不同。

（六）行政协议的受理问题

随着传统的管理型政府向服务型政府转型，政府的行政职能在不断扩大，需要提供更多的公共服务，而不仅仅是管理社会、维持秩序。这就需要政府与公民、法人等发生合作关系即签订行政协议。关于行政协议引发争议的处理，不同国家在不同历史阶段的做法不尽相同。第一，在公法与私法明确划分的国家，公共服务都纳入了行政公法的调整范围，如法国行政法以行政公务为基础概念，将行政合同交由行政法院来处理。第二，有些国家没有公法和私法之分，法院也不区分行政庭和民事庭，不存在将行政协议纳入行政诉讼或民事诉讼之分。以美国为例，尽管普遍认为其行政协议由民事诉讼予以调整，但其处理行政协议案件有一整套特殊的规范体系，与一般合同的处理规则并不相同，形式上是一般法官在处理，但一个法官身兼数职，难以断定其属于民事法官或行政法官。第三，分段处理。以德国为例，采取二元化处理模式，即所谓“二阶段理论”。例如，招投标属于行政行为，适用公法行为进行调整。合同签订之后则作为民事行为来调整，原则上适用私法来调整，对不同阶段按不同的诉讼类型处理。在我国，过去长期将行政协议作为民事争议处理，主要原因在于：将其纳入行政诉讼则涉及国家赔偿问题，而我国国库的特殊情况不宜将其纳入行政诉讼调整。在制度设计方面，国家财政统收统支，纳入公法或私法调整，其结果并无不同。但我国当时国库的收入较为困难，若使用国库支出国家赔偿则难以承受，因而将行政协议纳入私法调整，由签订行政协议的行政主体自行承担相关责任。这符合我国过去的财政管理状况，很多单位有自身的小金库，可以自行承担相关的责任。但这显然与我国当前的财政管理制度不相符，行政协议最终必须统一纳入公法调整，原因在于：其一，尽管我国确有政府不履行行政协议、不守信用等问题存在，但行政协议中最大的问题是政府的公权力部门被相对人所俘获，低价出让国有资产，造成国有资产流失。其二，有的政府部门在寻求合作对象时，尤其是资源、国有资产的出让，往往不公开不透明，暗箱操作，优亲厚友，由此导致贫富发展的极不均衡，带来很大的社会问题。而上述问题通过民事诉讼途径难以得到有效解决。因为私法强调的是合意，一旦签订合同，则要信守承诺，合同必须履行。相比而言，公法调整则可以解决这些问题，原因在于公法调整政府合同所遵循的规则：第一，政府必须公平地对待所有的竞争者，只要符合条件就可以参加招投标。对于不具备条件而签订的行政协议，则属于偏袒一方而歧视真正有条件的主体，违反行政法的规定，行政机关则可能由此成为行政诉讼的被告。第二，行政协议必须公开、透明，不能暗箱操作，反之即可依法撤销行政协议。第三，行政协议的签订过程不能存在受贿等违法行为，反之签订的行政协议当然无效。第四，行政协议签订时必须本着公共利益最大化的原则。公法领域对个人利益的保护主要基于信赖保护原则，即只要是合法的、正当的个人利益，公法将给予始终、确定的保护。因此，2017 年修改行政诉讼法时，公益诉讼条款中明确土地等公共资源使用权的出让问题属于行政诉讼的受案范围。

二、审理问题

（一）合法性审查与合理性审查问题

行政诉讼法第六条规定，人民法院审理行政案件，对行政行为是否合法进行审查。在修改行政诉讼法过程中，有人提出将该条调整为对行政行为的合法性和合理性进行审查的修改意见，但立法机关最后没有采纳，只是把具体行政行为改成行政行为，仍然坚持合法性审查原则。笔者认为，立法机关未予修改主要基于以下考虑：第一，合法性审查原则是世界各国行政诉讼司法审查的基本规则，英美法系也承认合法性审查原则。第二，合法性审查是司法机关审查行政行为合法性的基本依据，是司法审查的安身立命之所。司法机关与行政机关的分工不同，行政机关有多个部门，不同部门的专长和技术各不相同，司法机关的优势不在于掌握行政专长和技术，而是对法律的熟悉，即合法性审查。第三，司法机关应当尊重行政机关的技术专长和专业特长。对于行政行为的合理性、正当性问题，特别是涉及技术性、专业性领域的问题，司法机关应当保持谦抑，对行政机关的专业判断给予应有的尊重。

合法性审查作为原则存在例外情形，即行政诉讼法第七十条第（五）项、第（六）项规定："行政行为有下列情形之一的，人民法院判决撤销或者部分撤销，并可以判决被告重新作出行政行为：（五）滥用职权的；（六）明显不当的。"滥用职权，是指行政机关本身拥有这个行政职权，行政行为没有超出法律法规授权的范围，但在权限范围内违反法律适用和权力运用的基本目的和规则，作出明显不合理、不正当、不公平的行政行为。滥用职权问题包含了不合理审查、正当性审查要素，且前述规定新增加的"明显不当"事项，意味着人民法院可以对行政行为是否正当、合理进行审查。从行政法理论来看，明显不当、滥用职权通常被视为合法性问题，而并非一般的正当性或合理性问题，其原因在于：行政行为不正当、不合理、不公平的程度非常明显、严重，将从量变发生质变，由合理性问题演变成合法性问题。因此，总体上仍可归类于合法性审查原则。需要注意的是，合法性审查的本质意义，并非仅能对合法性问题进行审查，而是仅在行政行为达到违法程度之时，人民法院才能对其有所作为，如判决确认违法、撤销、确认无效或者改变行政行为。换言之，人民法院应当对合理性进行审查，否则难以确定行政行为是否属于明显不正当情形，这个结论实际上在世界范围都是通行的。

关于明显不合理、不正当的判断，实践中应把握以下标准：第一，行政行为违反了合目的性和合正义性。行政机关作出行政行为时所追求的目的，明显违反了相应行政职权的目的。此时，人民法院要对行政行为进行目的审查。第二，行政行为违反了基本的公平合理规则，如违反了过罚相适应规则、比例规则、平等对待规则，故意对一方当事人歧视，对另一方当事人偏袒，等等。此时，人民法院要对行政行为进行平等适用审查。第三，处理结果明显地畸轻畸重，明显不合理、不公平。此时，人民法院要对行政行为进行结果审查。关于行政行为的合理性问题，通常应从以上三个方面来综合考量。需要注意的是合理性审查的强度与程度问题，对一般的正当性问题，特别是涉及相关委员会如商标评审委员会、学术委员会作出的专业判断，人民法院在实体上很难判断其合理与否，通常应当予以充分尊重，不宜以司法评价代替专业判断。但人民法院可以从程序上进行审查，如存在评估人员或单位不具有法定资质或不具备法定人数等情形的，人民法院可以撤销并责令重新评估。

（二）审查的类型化问题

人民法院提高行政审判的质效，关键在于改进庭审模式和方法，探索建立司法审查的类型化制度，即根据不同的案件类型来安排审查的内容、事项和庭审结构。所谓审查类型化，是指人民法院根据不同类型案件确定审查方向和安排庭审结构，实践中主要分为三种类型。

一是针对行政机关在行政程序过程中主动发起行政行为的案件。（1）审查内容。主要包含权限、事实、法律适用、程序、目的五项内容。（2）举证责任。原则上由被告方承担，特殊情况下发生举证责任转移。对特殊的主张，由主张适用某个法定事实要件的主体承担举证责任。（3）庭审结构安排。原则上宜将被告一方置于正方位置，原告一方置于反方位置。在法庭调查和质证过程中，一般应由被告方先行发言，再由原告方发言，最后由第三人进行陈述。

二是针对行政程序中相对人发起的，要求行政机关为一定行为的案件。（1）审查内容。主要包括原告是否提出申请、被告是否拥有相应的职权和义务、原告一方是否具有法定的条件、被告是否及时、全面、实际履行职责或者义务、被告没有履行是否具有正当理由或法定的阻却事由等内容。（2）举证责任。原则上由原告一方承担举证责任，特殊情况下发生举证责任转移。当事人提出特别请求时，按照“谁主张、谁举证”原则，由主张适用法律规范的特定事实要件一方承担举证责任。（3）庭审结构安排。原则上宜将原告一方置于正方位置，被告一方置于反方位置，在法庭调查和质证过程中，一般应由原告方先行发言，再由被告方发言，最后由第三人进行陈述。

三是针对行政协议的案件。（1）审查内容。一般根据原告诉讼请求的内容来进行审查，同时审查行政机关签订行政协议公法上的义务是否履行。需要注意的是，人民法院不能完全依据合同法进行审查，对于行政机关在招投标中必须遵循的基本义务，即使对方当事人未提出异议，人民法院亦应当依职权进行审查。（2）举证责任。原则上谁主张、谁举证，但对于行政机关在招投标中履行公法义务的情况，则由行政机关承担举证责任。特殊情况下发生举证责任转移。当事人提出特别请求时，按照“谁主张、谁举证”原则，由主张适用法律规范的特定事实要件一方承担举证责任。（3）庭审结构安排。按照诉讼中谁主张、谁举证的顺序，对于争议的问题采取主张方为正方，相对方为反方之原则。但在履行公法义务方面，行政机关则为正方。

（三）事实审查问题

经过多年的实践和探讨，以及对国外的证据规则和举证责任分配的法理研究的深入，关于事实审查的举证责任分配问题，学界已初步形成以下共识：第一，“谁主张、谁举证”原则。依职权发生的行政行为主要由行政机关承担举证责任，依申请发生的行政行为主要由原告承担举证责任，但都并非绝对，不宜机械理解。第二，补充性原则。当事人主张适用特定的法律规范或有特别的请求，对该法律规范要求的事实要件加以证明的责任由主张一方承担。以行政处罚为例，行政机关主张相对人违法并予以行政处罚的，对相对人违法的事实，应由行政机关举证，若行政相对人认可其违法但抗辩有正当理由的，则由原告方对正当理由予以证明，如证明其没有达到法定责任年龄、及时消除或减轻违法后果等，这些情形一般由原告掌握，由原告承担举证责任更为合理。第三，举证责任转移规则。无论适用第一规则还是第二规则，经常出现举证不能、相对方提供证据更为方便的情形，此时发生举证责任转移。笔者认为，举证责任转移需符合三个条件：一是承担举证责任的主体已经提供了相应的初步证据；二是进一步提供证据在特定的场景下不具备条件；三是相对方具有优越的条件证明待证事实的真假虚实。以上三个规则，共同构成行政诉讼的举证责任体系。

当事人补充证据问题，系行政诉讼与民事诉讼在事实审查方面的重要区别所在。民事诉讼对补充证据的限制较少，允许当事人在法庭庭审结束或裁判作出之前补充，但行政诉讼对补充证据限制较为严格，不同类型案件的限制不尽相同。主要原因在于：很多国家的行政诉讼审查相当于司法复审，按照二审来设置行政诉讼审查程序，通常只审查法律适用问题，而不审查事实问题。行政案件审判采取书面审查、卷宗审查方式，较少启动庭审程序，且其庭审中仅设法官和旁听席，并无当事人席位，法官公开发表意见以及作出裁判，一般不需要当事人的参与，因而不存在补充证据程序。在行政机关作出行政行为之时，行政机关已经形成了行政卷宗，各方主体的证据已经清楚且固定，法官向行政机关发布调卷令，依据行政卷宗审查证据，禁止诉讼程序追加证据。反之，行政机关补充证据表明其先前决定证据不充分，行政行为因缺乏事实根据而不合法；行政相对人补充证据表明其在行政程序中没有提供必要的证据，超期提供证据则影响公共利益，原则上亦不允许在诉讼中提供证据。值得注意的是，尽管有的国家宣称行政诉讼不审查事实问题，但相当一些事实问题都可上升为证据规则问题，而证据归属于法律适用问题，因而其实质上变相或间接地对事实问题进行了审查。尽管行政诉讼对补充证据限制较为严格，但在特殊情形下当事人可以补充证据：第一，行政相对人在行政程序中要提供证据，但行政机关非法拒绝接纳或者未给予其提供证据的必要条件，致使相对人在行政程序中未能提供证据。第二，原告一方在行政诉讼中提出了新请求和新证据的，被告则可以补充提供证据予以答辩或反驳，被告一方被许可提供证据。至此，行政诉讼的证据规则可概括如下：其一，事后获取的证据不能证明先前行政行为的合法性；其二，不允许当事人故意隐藏证据来提高行政程序和司法程序的成本；其三，行政程序和司法程序已经给予足够机会提供证据，故意滞后提供或者因自身过错导致滞后提供的证据，原则上不予采纳。

（四）法律适用审查问题

在法律适用审查方面，人民法院应当注意以下问题：第一，从实体方面进行审查，即在实体上是否适用了不应该适用的法律规范或者存在应当适用而没有适用的情形。第二，审查所适用的规范性文件本身是否合法，即法律规范本身的效力判断问题，主要包括形式标准和实质标准。形式标准有：规范性文件的制定主体是否具有制定权限、是否属于法律明确规定的规范等级、是否符合法律规定的制定程序等。实质标准有：是否与更高层级规范相冲突或相抵触，相关的内容是否与同层级规范相冲突，规范是否有明显不合理、不正当的情形，等等。需要指出的是，我们有必要进一步研究法律规范的解释规则和适用规则，即低层级规范是否具有填补上层级法律规范漏洞的可能性，没有法律依据的规范性文件（如授益性）是否一律不合法等，都是实质法治主义提出的新课题。

（五）重点审查问题

行政诉讼具有很大程度的职权性审查之特征，很多事项即使当事人之间没有争议，人民法院也要依职权主动审查，尤其是新法实施之前存在维持判决的情形下，更需要人民法院全面审查。尽管新法实施之后采取驳回诉讼请求的裁判方式，但并不意味着人民法院不需要全面审查。人民法院仍应当坚持全面审查原则，只是在审查时要把握好重点。第一，当事人之间的争议焦点必须作为重点审查，对当事人之间没有争议的其他问题，原则上要进行审查，但基于司法效率等方面的考虑也可以不进行审查。例如，可以明确判断行政机关是否拥有法定职权的，或者案件事实非常清楚的，则可以不再对法定权限等进行审查。第二，对于明显无须进行审查的事项，如人民法院已经进行权限审查，发现行政机关明显超越职权的，即使当事人没有对超越职权提出异议，行政行为的其余事项无须审查即可作出判决。需要注意的是，在具体审查时不能过于机械，如行政机关超越职权但造成损害可能存在行政赔偿的，人民法院对造成损害赔偿的事实仍然要进行审查。

三、裁判问题

（一）行政裁判的功能

解决行政诉讼的裁判问题，必须把握好行政裁判的法理，掌握行政裁判的基本功能。行政裁判的基本功能包括：第一，使具有法律效力的行政行为得到支持。人民法院通过审理对被诉行政行为予以维持，可以使行政行为具有稳定性、确定性、执行力、不可争性。第二，使违法的行政行为失去法律效力，把行政相对人从行政行为效力的约束下解放出来。第三，使效力上发生争议的行政行为得以确定，有效终止行政相对人与行政机关之间的争议。第四，对被诉行政行为进行违法性确认，使当事人具备申请、获得行政赔偿的前提条件。

（二）行政裁判方式

1. 驳回起诉与驳回诉讼请求之间的区别。驳回起诉适用裁定，属于程序问题，驳回诉讼请求适用判决，属于实体问题。但在特殊情形下，二者容易被混淆。以行政不作为案件为例，人民法院经审查认为不作为不成立的，一般判决驳回诉讼请求。但有两种例外情形：一是当事人没有提出申请的，则适用驳回起诉，而非驳回诉讼请求。但人民法院并非简单从程序方面进行审查即可，如当事人主张存在紧急情况而未能提出申请，则需要审查是否存在紧急状况，通过实体审理才能最终判断。二是行政机关不具有法定职责和义务的，因行政义务产生的根源是多种多样的，包括授权、委托、行政承诺、先前行为等，通常需要经过实体审理才能有效判断，这必然涉及实体问题，因此一般判决驳回诉讼请求。但行政机关明显不具有法定职责或义务的，无须进行实体审理即可作出有效判断的，则可以裁定驳回起诉。

2. 确认违法、确认无效与判决撤销之间的联系。这三类判决方式都是针对被诉行政行为违法之情形，但三者之间存在区别：（1）确认无效针对的是行政行为属于重大明显违法之情形，其对原告权益产生实质性损害，对行政管理秩序产生重大损害，自始、绝对、完全无效。（2）判决撤销针对的是已经作出的行政行为属于一般违法行为之情形，其违法程度介于轻微瑕疵与重大明显违法之间，对原告权益会产生损害，但撤销与否并非绝对或必然，很大程度上取决于原告方的意志。若在诉讼过程中，当事人放弃诉讼、撤回起诉且不损害第三人或公共利益的，被诉行政行为则可以不予撤销。在申请执行的过程中，非诉审查排除的原则上是存在重大且明显违法的无效行政行为，一般违法行为也可以进入执行程序中。（3）确认违法的具体情形较多：第一，事实行为。事实行为不是法律行为，若其不具有合法性则只能确认违法，而不能判决撤销。第二，行政不作为。行政机关未履行法定职责违反法律规定的，因未作出行政行为，不存在撤销的对象，只能确认违法。第三，属于一般违法的可撤销行政行为，但撤销后对国家利益、公共利益将产生重大损害，则不予撤销而确认违法。第四，程序轻微违法且对原告的合法权益不产生实际损害的，没有必要否定其法律效力，则确认违法。

3. 履行判决或给付义务判决。主要有三类：一是抽象的履行判决。人民法院判令行政机关在一定期限内履行，但没有具体的给付义务。二是具体的履行判决。行政机关没有自由裁量权，或法律作出唯一情形规定的，即法律未赋予行政机关首次判断权，司法机关可以代替行政机关作出具体决定的，人民法院可以作出有具体给付内容的判决，即具体给付义务判决。三是行政赔偿判决。违法行政行为造成损害的，人民法院判决承担行政赔偿责任，确定赔偿的时限、方式和数额等事项，属于广义的给付义务判决。

4. 关于超越职权、滥用职权、明显不正当行使职权的判决。（1）超越职权。实践中的具体类型较多，通常只能判决撤销，但对于绝对无职权的情形，则判决确认无效。（2）滥用职权。针对行政机关在权限范围内极端不合理的滥用职权行为，我国通常采用撤销判决，而不用确认判决无效。（3）明显不当。总体上属于滥用职权的一种，但由于适用这一审查理由难度较大，而将明显不当单独列举。针对明显不当的情形，我国一般采用撤销判决或变更判决，而不用确认判决无效。其中，对于可以变更的，则优先采用变更判决；不能变更的，则采用撤销判决。

5. 关于变更判决和撤销判决的应用问题。原则上，凡属司法不能创设行政法律关系的，司法审查只能享有否定权。但为避免程序空转、实质性解决争议等目的，我国赋予人民法院对行政行为一定范围的变更权，但适用范围很窄如有限的行政处罚等，主要适用于行政机关没有自由裁量权之情形，因而其在很大程度上属于一种确认权，原则上要慎重适用。且变更判决之后还将带来执行方面的争议，即申请执行的对象属于行政行为还是生效裁判，目前争论较大，因此实践中尽量少适用变更判决。一般而言，凡属于可以变更的行政行为，人民法院通常都可以判决撤销，并责令行政机关重新作出行政行为。

四、执行问题

在行政诉讼执行过程中，要把握好以下特点：第一，执行的对象（客体）有所限制。一般而言，影响行政机关执行公务或履行职能的标的物，不能列人执行对象，如执行公务的警车，必要的办公场所等不能作为查封、扣押的对象。执行对象通常是金钱，但不得执行行政机关必要的办公经费，必须保障公共管理的执行性或延续性。第二，要求变更登记、许可的协助执行问题。人民法院应当注意相关实体法的规范，当行政行为对相关主体资格或条件有特别要求的情形下，如特许等，在作出判决之前应当慎重对待，有必要事先征求行政机关的意见，尊重行政机关的首次判断权。第三，非诉执行问题。在裁定非诉执行案件时，要把握好以下原则：一是执行主体原则。对于行政机关没有强制执行权，申请人民法院执行的，准予执行后由人民法院负责执行；对于行政机关有强制执行权的，行政机关可以自行强制执行，申请人民法院执行的，准予执行后人民法院可以负责执行，也可以交由行政机关具体执行，但一般以行政机关自行执行为主。二是非诉审查的标准。非诉与被诉的审查标准不同，非诉针对已经作出的行政行为，当事人不申请复议、不提起行政诉讼也不履行的情形，人民法院进行审查的目的是防止无效的行政行为进人执行程序，对于一般违法的行政行为，仍可以准予执行。因此，非诉审查不能过于严格，人民法院不能过度审查。

（作者单位：最高人民法院）

专题研究（规范性文件附带审查）

《行政诉讼法》第五十三条及其司法解释的教义学分析

葛　翔

2015年，《行政诉讼法》修订实施，其中第五十三条（以下简称“五十三条”）规定：“公民、法人或者其他组织认为行政行为所依据的国务院部门和地方人民政府及其部门制定的规范性文件不合法，在对行政行为提起诉讼时，可以一并请求对该规范性文件进行审查。前款规定的规范性文件不含规章。”① 2018年，《最高人民法院关于适用〈中华人民共和国行政诉讼法〉的解释》（以下简称《行诉解释》）对附带审查制度又作了深化规定。对于规范性文件附带审查制度的具体实施，应当结合司法案例和司法理论进行更为精细化的分析。

一、《行政诉讼法》第五十三条的规范定性

对“五十三条”的规范定性，实际上影响到行政审判过程中规范性文件附带审查如何具体展开这一问题。从“五十三条”的规定中，笔者认为可以从“文件”“依据”“一并”这三个关键词来进行认识。

（一）“文件”：规范性文件的性质

对规范性文件性质的判定需要我们寻找一个参照物，这个参照物就是规章。规章在我国法律体系里处于一种灰色地带，从中国特色社会主体法律体系构成

① 广义上的行政规范性文件包含行政法规、规章以及其他规范性文件，本文中为了论述，文中所称“规范性文件”“行政规范性文件”仅指规章以下的规范性文件。

的经典表述来看，规章并不属于法律体系的一部分。① 但《立法法》第二条第二款又规定："国务院部门规章和地方政府规章的制定、修改和废止，依照本法的有关规定执行。"显然，规章在法律体系中仍具有重要的地位，在《立法法》（2000 年）起草过程中对规章的定性虽然有不同认识，但是最终在第二条第二款确定了规章执行《立法法》的有关规定，并设专节对其制定主体和内容进行规范，实质上承认了规章具有准法的性质。② 如果说规章还是由黑向白的过渡地带，那么规范性文件显然不属于法的范畴，也就不具备法的效力，其只是具体执行和落实法律规范的要求。

（二）"依据"：规范性文件为什么可以被法院审查

规范性文件的定性决定了对其审查的方式。因为规范性文件不属于法规范的范畴，所以规范性文件只能是行政机关作出行政行为的"依据"，而不能是法院审理行政案件的"依据"。那么我们还是以规章作为参照物，根据《行政诉讼法》第六十三条："人民法院审理行政案件，以法律和行政法规、地方性法规为依据……人民法院审理行政案件，参照规章。"规章即使是参照性适用，仍然是法的有机组成部分，在规章与上位法不抵触的情况下，其对人民法院的审判拘束力和其他法应当是一致的。而行政规范性文件不是法院审理行政案件的依据，其对法院不具备法的拘束力，但是行政规范性文件在行政案件的审理过程中具有一种"解释力"，解释行政行为的具体要件、具体形成和运行环境。所以规章和行政规范性文件在行政审判中的地位和作用存在质的差别，法院受到规章的强约束，合法有效的规章对法院存在"法律上的力"，③ 而行政规范性文件提供的是一种行政裁量基准、政策指南、解释性意见等，法院在一定范围内应当予以尊重，但并不羁束法院的说理过程，行政规范性文件对法院产生的

① "以宪法为统帅，以宪法相关法、民法商法等多个法律部门的法律为主干，由法律、行政法规、地方性法规等多个层次法律规范构成的中国特色社会主义法律体系……"参见国务院新闻办公室：《中国特色社会主义法律体系》，载《人民日报》2011 年 10 月 28 日第 14 版。

② 从当时起草部门的认识来看，规章在 2000 年通过的《立法法》中实际上构成了法律体系的组成部分。参见乔晓阳主编：《中华人民共和国立法法讲话》，中国法制出版社 2008 年版，第 277－278 页。

③ 比如，在指导案例 5 号"鲁潍（福建）盐业进出口有限公司苏州分公司诉江苏省苏州市盐务管理局盐业行政处罚案"中，裁判要旨明确"地方政府规章违反法律规定设定许可、处罚的，人民法院在行政审判中不予适用"，且最高院的观点认为，"现行法律制度下，人民法院无权撤销、改变甚至是宣布规章无效，只有在个案裁判中才具有法律规范的选择适用权。因此，法院一般不宜直接在判决书中宣告违反上位法的规章无效，而应直接依据合法的上位法对被诉具体行政行为是否合法作出认定"。参见最高人民法院案例指导工作办公室：《〈鲁潍（福建）盐业进出口有限公司苏州分公司诉江苏省苏州市盐务管理局盐业行政处罚案〉的理解与参照》，载《人民司法》2014 年第 6 期。

是一种“说服性的效果”。[①] 因此，法院可以对规范性文件进行“审查”，而对规章是否应予适用实质上是一种“判断”。对规范性文件的合法有效可以在判决文书中进行表述，而规章是否因违反上位法构成违法无效，原则上不在判决中进行表述，而仅仅排除其在个案中的适用。

需要指出的是，对于行政规范性文件在行政审判中的审查监督，早在2004年最高人民法院发布的《关于审理行政案件适用法律规范问题的座谈会纪要》（法〔2004〕96号）中已经对此进行了明确，“人民法院经审查认为被诉具体行政行为依据的具体应用解释和其他规范性文件合法、有效并合理、适当的，在认定被诉具体行政行为合法性时应承认其效力；人民法院可以在裁判理由中对具体应用解释和其他规范性文件是否合法、有效、合理或适当进行评述”。因此，对行政规范性文件的司法审查并非《行政诉讼法》修订以后才形成的，而是一直以来就存在的。“五十三条”的首要意义在于，该条款赋予行政相对人主动提出审查申请的权利，允许公民通过行政诉讼途径来实现对行政规范性文件的监督权，即“公民监督权的诉讼化实现”。某种意义上也可视为《行政诉讼法》对公民监督权体系和监督内涵的进一步丰富和完善。[②] 相应地，公民对法规范行使监督权所依据的是《立法法》第九十九条至第一百零一条的规定，通过人大和行政机关的立法监督渠道来实现，而非通过司法审查途径。

（三）“一并”：规范性文件如何被审查

《行政诉讼法》第二条第一款规定：“公民、法人或者其他组织认为行政机关和行政机关工作人员的行政行为侵犯其合法权益，有权依照本法向人民法院提起诉讼。”该条说明了“由谁、在什么情况下可以提起行政诉讼”这样一个

---

① 比如，有的司法观点认为，“内部程序规则不具备成为被诉行政行为法律依据的资格，并不意味着规则的内容就必然是错误的。此时我们仍然可以把它当作我们解释法律的一种资料来源，如果认为其内容是上位法相应程序规则的正确解释，我们也可以把它作为法院对上位法相应程序规则的解释写进判决书，并以此来评判被诉具体行政行为”。（王振宇：《行政程序的司法审查》，载最高人民法院行政庭编：《行政执法与行政审判》2006年第2集，法律出版社2006年版，第60页。）实际上笔者认为这种观点可以有条件地推广到行政规范性文件整体范畴上。另外，如日本行政法理论上对于裁量基准的司法观点认为，就作为行政规则的裁量基准规范效力而言，由于其属行政内部的行为基准，法院可以对于该裁量基准进行审查。换言之，作为行政机关的内部基准，人民与法院并不受裁量基准的拘束。（王志强：《论裁量基准的司法审查》，台湾东吴大学法学院法律系2005年硕士论文，第45页。）

② 关于公民监督权体系的论述，可参见王月明：《公民监督权体系及其价值实现》，载《华东政法大学学报》2010年第3期。

问题，实际上概括性描述了我国行政诉讼以主观诉讼为基本模式这一特征。①从这一描述出发，也决定了我国行政诉讼中原告资格、可诉行政行为范围、举证责任分配等一系列制度安排，其中当然也包括规范性文件附带审查模式的确立。

在主观诉讼模式下，行政诉讼保障的是行政相对人特定的人身权、财产权、知情权、受教育权等权利，规范性文件是被诉行政行为的“依据”，故规范性文件对原告产生效力要通过行政行为这个环节，从原告资格角度来说，规范性文件并不直接对其产生法律上的效果，如果直接对行政规范性文件提出审查申请，并不符合《行政诉讼法》对原告资格的法律定位。② 而允许不特定相对人都可以对行政规范性文件提出审查申请，又可能带来适法不统一的问题。此外，从受案范围角度来看，行政规范性文件与可诉行政行为在司法审查中的最大区别在于，在附带审查的定位下规范性文件在诉讼中是一种“规定”，而不是作为一种“行为”被接受审查，也不宜作为“行为”进行审查。我国行政诉讼制度是由普通法院根据特别程序对行政行为进行合法性审查，这决定了法院审理的对象是发生在特定当事人之间个案性、具体性的行政争议。而将规范性文件作为一种行为进行审查，这种审查具有一般性、普遍性，与我国普通法院诉讼体制是不相符的。规范性文件与行政行为在行政诉讼中的审查要件、审查方式都有着本质区别。因此，在现行行政诉讼制度下，规范性文件目前以附带审查形式出现。在与被诉行政行为“一并”审查的过程中，附带规范性文件审查申请不是一项诉讼请求，其审查结果也不在判决主文中进行表述。德国行政诉讼理论上将规范审查定性为一个请求（Antrag），而不称为规范审查之“诉”（Klage），一方面，它涉及的主要不是一个进行主观法律保护的程序，而是涉及一种客观对抗程序。另一方面，规范审查申请人与规范制定者并不直接作为当事人彼此对立，判决不是在“当事人之间”（inter parters），而是“对所有的人”（inter omnes）产生效力。③ 因此，对规范性文件合法性审查请求实质上是一种抗辩主张，这种观点对我国行政诉讼中规范性文件附带审查制度也有很强

① 关于主观诉讼原则，可参见王天华：《行政诉讼的构造：日本行政诉讼法研究》，法律出版社 2010 年版，第 23－26 页。

② 杨士林：《试论行政诉讼中规范性文件合法性审查的限度》，载《法学论坛》2015 年第 5 期。

③ ［德］弗里德赫尔穆·胡芬：《行政诉讼法》，莫光华译，法律出版社 2003 年版，第 341 页。

的借鉴意义。虽然原告提出附带审查的申请应列为“诉讼请求”之一，[①] 但在判决主文并不对规范性文件的合法有效性进行宣告，充分体现了附带审查申请本身的“非诉性”。

二、附带审查规范性文件的范围划定

从上述三方面对“五十三条”进行规范定性，对行政规范性文件的审查范围、审查方式等问题客观上起到了原点定位的作用。那么接下来的问题就是哪些规范可以纳入附带审查的范围。

（一）正面：行政行为所依据的规范性文件

【案例1】朱浩诉某市公安局交通警察总队（以下简称市交警总队）履行法定职责案：[②] 2015年10月，朱浩向市交警总队提出申请，要求准予其购买新的燃气助动车并登记上牌。之后市交警总队书面回复朱浩：市政府于2014年5月27日发布了《关于燃气助动车限期报废事项的通告》（以下简称《通告》）。《通告》中明确，到2013年12月31日，本市登记的燃气助动车均已达到报废年限，公安交通管理部门已停止办理相关登记管理业务；对驾驶改装燃气助动车上道路行驶以及2016年1月1日后驾驶燃气助动车上道路行驶的，由公安交通管理部门依法查处。根据《通告》的规定，公安交通管理部门已停止办理燃气助动车相关登记管理业务。市交警总队将《通告》附随书面回复，一并送达朱浩。

朱浩不服，起诉要求撤销市交警总队作出的书面回复并责令其重新作出答复，同时请求法院附带审查《通告》的合法性。

就行政行为合法性，一审法院认为，市交警总队在书面答复中提到的《通告》系市政府针对本市燃气助动车限期报废事项作出的行政规范性文件，属于附带审查的范围。且根据《上海市行政规范性文件制定和备案规定》第二十六条的规定，《通告》已经失效。朱浩上诉后，二审法院认为，《通告》并非被上诉人作出答复的法律适用依据。因此，《通告》的合法性、有效性均不属于本案审查范围。

---

① 《最高人民法院关于适用〈中华人民共和国行政诉讼法〉若干问题的解释》第二条第（七）项虽然将提出附带审查作为“诉讼请求”，有的观点认为“规范性文件附带审查作为一个诉讼请求提出，而不是作为一个诉讼案件提出”（参见程琥：《新〈行政诉讼法〉中规范性文件附带审查制度研究》，载《法律适用》2015年第7期）。但是诉讼请求经审理后，法院须在审判主文中予以表态，而规范性文件合法性只在判决理由中进行阐述，因此严格意义上来说，附带审查请求不是一项诉讼请求。

② 上海市第三中级人民法院（2016）沪03行终147号。

案例1引申出这样一个问题，到底什么是行政行为依据的规范性文件？笔者认为，规范性文件是否属于附带审查的范围，其落脚点在于“依据”，即从“要件羁束性”这一维度出发进行判断。所谓“要件羁束性”分为两个方面：对行政主体作出的行政行为而言，规范性文件的具体条款确定了行政行为的要件，从这个角度来看，规范性文件对行政主体具有羁束性；对行政相对人而言，行政相对人的行为、申请等要受到规范性文件具体条款所确定的构成要件的评价和影响。当同时符合这些条件时，相关规范性文件方能纳入附带审查之正面范围。举一通俗例子，就好比裁缝依照量尺在布料上画线，规范性文件就相当于量尺，而行政行为就是画线，行政主体和行政相对人都要受到规范性文件的羁束。易言之，规范性文件是否参与到行政主体作出行政行为的涵摄过程，决定了该规范性文件是否属于被诉行政行为的“依据”。从一审法院对行政行为合法性要件的分析来看，《上海市非机动车管理办法》的有关规定对被诉行政行为的要件判定具有羁束性，而《通告》实际上对被诉行政行为的要件构成并无规范意义。确立“要件羁束性”这一标准，其价值在于行政行为所依据的规范性文件不一定都具有“显见性”——行政机关所适用的规范性文件并非都载明于法律文书上。根据《行诉解释》第一百四十六条规定，对附带审查申请有正当理由的，可以在法庭调查中提出。该条司法解释的制定说明，一些规范性文件往往直至诉讼调查阶段才可能被揭示而为当事人所知。例如，焦志刚诉和平公安分局治安管理处罚决定行政纠纷案中，① 公安机关根据《公安机关内部执法监督工作规定》这一内部规定撤销了原行政行为，该规范性文件未在相关法律文书中载明，而行政相对人虽然在行政程序中不知晓该规范性文件，但实质上该规范性文件对行政机关具有内部羁束性，对行政相对人也产生了外部影响，明显符合可附带审查的规范性文件的特征。反过来，案例1中即使法律文书引用了规范性文件，但并不产生“要件羁束性”，自然也就被排除于附带审查的范围之外。

（二）从“要件羁束”出发对附带审查之规范性文件进行类型化

笔者认为，对纳入附带审查的规范性文件类型划分，不宜从效力角度或规范体系角度出发，而是从规范性文件对行为要件的规定方式这个维度出发更有

① 《焦志刚诉和平公安分局治安管理处罚决定行政纠纷案》，载《最高人民法院公报》2006年第10期。

启发性。[①] 由此大致可以划分为三种类型。

一是要件的补充，如住建部规章《物业服务企业资质管理办法》（该办法于2018 年3 月8 日失效）第五条对三级物业服务企业资质规定：“物业管理专业人员以及工程、管理、经济等相关专业类的专职管理和技术人员不少于10 人。其中，具有中级以上职称的人员不少于5 人，工程、财务等业务负责人具有相应专业中级以上职称；……”而《上海市物业服务企业资质管理规定》第六条规定：“物业管理专业人员以及工程、管理、经济等相关专业类的专职管理和技术人员应当与所在物业服务企业签订劳动合同，且由该企业依法为其缴纳社会保险费。物业服务企业申请核定资质等级的，应当提供为上述人员连续缴纳最近三个月以上社会保险费的证明材料，但新设立的物业服务企业除外。”显然，住建部规章虽然明确了物业服务企业应当有专职管理和技术人员，但是对“专职”的要件并未明确，上海市的行政规范性文件则补充规定了签订合同、提交社保缴纳证明两项内容，即规范性文件与上位法之间形成了要件的补充关系。

二是要件的解释，如国家食品药品监督管理局制定的《关于〈药品管理法〉〈药品管理法实施条例〉“违法所得”问题的批复》（国食药监法〔2007〕74 号）对药品管理领域中的“违法所得”进行了解释。

三是要件的创设，一般是指特定事项或行为要件在上位法没有明确规定的情况下，行政规范性文件对相关要件进行了相应规定。如《国务院关于安置老弱病残干部的暂行办法》和《国务院关于工人退休、退职的暂行办法》，确定了我国现行法定退休年龄原则为男性60 周岁、女干部为55 周岁、女性50 周岁。而在2001 年原劳动和社会保障部制定的《关于完善城镇职工基本养老保险政策有关问题的通知》（劳社部发〔2001〕20 号）中又规定了“城镇个体工商户等自谋职业者以及采取各种灵活方式就业的人员……在男年满60 周岁、女年满55 周岁时，累计缴费年限满15 年的，可按规定领取基本养老金……”前者作为经全国人大批准的行政法规确定了一般的退休年龄，而后者作为规范性文

---

① 还有一种分类角度是从裁量基准概念出发对行政规范性文件进行定性分类，但是裁量基准维度和要件型塑维度相比，前者存在一定的定性缺陷。首先，裁量基准的形式既可能是法，也可能是非法，甚至可能是行政惯例、手册、指南等不成文渊源或非正式渊源。（参见余凌云：《现代行政法上的指南、手册和裁量基准》，载《中国法学》2012 年第4 期。）其次，对裁量的理论认知也存在分歧，裁量是仅指结果的选择，还是包含不确定法律概念的“判断余地”，甚至是程序的选择，理论上的认识并不统一。（参见周佑勇：《裁量基准的技术构造》，载《中外法学》2014 年第5 期）因此基于这样一种“裁量基准”概念对规范性文件进行分类，可能造成分类的不周延性。

件则提高了女性灵活就业人员领取养老金的年龄，实际上具有要件的创设性。[①]

（三）反面：附带审查的排除范围

1. 属于直接对行政相对人产生法律效力的行为。行政规范性文件的载体是多种多样的，可以是通知、公告、会议纪要等，但是以这类载体呈现的既有可能是行政规范性文件，也有可能是行政决定。首先，如果从形式意义和实质意义两方面来把握规范性文件，单纯具有规范性文件形式，而实质上属于可诉行政行为的，自然不属于附带审查的范围，而属于行政诉讼受案范围。比如，最高人民法院《行政审判办案指南（一）》中明确，“行政机关发布的具有普遍约束力的规范性文件不可诉，但包含具体行政行为内容的，该部分内容具有可诉性”[②]。同时，在《行政诉讼法》修改以前的一些典型案件中，对于形式上属于规范性文件，实际上属于行政行为的，也都纳入了受案范围予以审查。吉德仁等诉盐城市人民政府行政决定案、[③] 易泽广诉湖南省株洲县人民政府送电线建设工程征地拆迁补偿安置决定案，[④] 都反映了上述观点。

2. 不属于合法性评价范畴的规范性文件。这些文件主要是指诸如设计标准、国家标准等技术规范，以及控制性详细规划等技术性规划。这些技术性文件不纳入附带审查的范围，除了涉及法院所缺乏的专业性知识以外，更为根本的原因在于法院对规范性文件的评价方式标准与技术性文件内容之间的不匹配。“五十三条”规定，行政相对人认为规范性文件“不合法”的可以提出附带审查申请。严格来说，“不合法”与“合法性评价”不是一一对应的关系，如规划行政部门作出的建设工程规划许可如违反技术规定，即可视为不合法。这里的“不合法”是因为法院对规划许可的审查是对行政行为整个过程的评价，建设工程规划许可的形成过程如果没有与技术标准在内容上保持一致，自然就违

---

① 实践中这种要件创设也得到了司法的认可。如上海市高级人民法院（2016）沪行再2号行政判决书中认为，“《国务院104号文》（《国务院关于工人退休、退职的暂行办法》）制定于1978年，该文第一条即明确规定了该文的适用对象为全民所有制企业、事业单位和党政机关、群众团体的工人，而灵活就业人员系改革开放后产生的新的就业群体，因此，不宜简单按《国务院104号文》来确定灵活就业人员退休年龄。……另外，灵活就业人员作为以灵活方式提供劳务实现就业的人群，具有工作时间自由、工作地点可选、工作强度可调等特点，这与传统的建立在工厂制度基础上，有固定劳动关系约束的职工的劳动特点有很大不同。因此，确定灵活就业人员领取养老保险金的起始年限不能简单套用《国务院104号文》所确立的退休概念”。

② 《关于印发〈行政审判办案指南（一）〉的通知》（法办〔2014〕17号）。

③ 《最高人民法院公报》2003年第4期。

④ 最高人民法院行政审判庭编：《中国行政审判案例》（第2卷），中国法制出版社2011年版，第23－24页。

背了法律的规定。也就是说，未遵循技术标准的许可之所以“不合法”，并非从“未遵循技术标准”这一原因直接导出，而是因为法律设定了规划许可必须符合技术标准的行为要件。而根据《行政诉讼法》第六十三条的规定，人民法院审理行政案件，以法律和行政法规、地方性法规为依据，参照规章。对规范性文件的合法性评价就是用这些依据对规范性文件进行度量。规范性文件在附带审查过程中是作为“规定”而非作为“行为”为法所度量，对规范性文件的审查不是对规范性文件的行为要件进行审查，而是将规范性文件与法在内容上的继承性和一致性作为考量内容。假设将规范性文件作为“行为”进行审查，那么意味着同一诉中存在两个诉讼标的，也与基本诉讼结构不相容。所以，对于技术性文件而言，其本身既非法规范的内容延伸，也无法用法对其进行内容评价，自然也不属于附带审查的范围。

3. 行政机关与司法机关联合制发的规范性文件中属于司法协助的内容，以及党政联合发文中无关行政权运行的内容。因为这两者的规范内容都不属于行政权运行的范畴。

三、规范性文件附带审查的标准和内容

从是否允许单独对规范性文件提起诉讼的角度，可以将审查方式分为抽象审查和具体审查。抽象审查即指规范性文件单独审查之诉，具体审查就是指规范性文件附随于被诉行政行为接受法院审查。从规范性文件审查标准来看，又可以分为形式审查和实质审查。形式审查主要是指法院所考虑的重心在于行政规范性文件是否涉及法律保留领域，或是否具有法律明确授权，是否逾越法律授权等问题。实质审查主要审查规范性文件的实质合法性，即是否平等、正当、合理、符合比例原则等。① 前述关于“五十三条”的定性和《行诉解释》相关规定，决定了附带规范性文件审查过程中法院审查的具体着力点。

（一）形式审查的内容要件

规范性文件附带审查的对象是行政行为所依据的具体条款，法院对之所作形式审查的内容标准，根据《行诉解释》第一百四十八条的规定可以分为三个层面。

首先，制定规范性文件的主体是否具有法定职权，规范性文件的具体条款

---

① 陈淳文：《现行行政命令合法性审查之检讨——以不利益处分所引发之司法审查为中心》，载黄舒芃主编：《2007 行政管制与行政争讼》，台湾“中央研究院”法律学研究所 2008 年版，第 109 页。

是否属于其职责范围。

其次，规范性文件具体条款类型属于要件补充、要件设立，要受到法律保留和法律优位原则的限制，对于要件解释性的规范文件，则应当在法的框架内进行解释，不应超越法的制度性框架，实际上也要遵循法律优位原则。《行诉解释》第一百四十八条第二款第（一）、（二）、（三）项就是法律优位的具体规定。对于第（三）项中“违法增加公民、法人和其他组织义务或者减损公民、法人和其他组织合法权益的”如何进行理解？其实在公报案例中就有反映。例如，陈爱华诉被告区住建局不履行房屋登记法定职责案中，[①] 法院即认为强制公证属于在没有上位法依据的情况下增加公民、法人和其他组织义务的情形，违反了法律优位原则。

最后，有限度的溯及既往。《立法法》第九十三条规定：“法律、行政法规、地方性法规、自治条例和单行条例、规章不溯及既往，但为了更好地保护公民、法人和其他组织的权利和利益而作的特别规定除外。”法遵循的是有利的溯及既往，但是规范性文件并不完全排除不利的溯及既往，毕竟规范性文件的制定目的是及时调整行政手段，实现行政目的。除非这种溯及既往在没有给相对人警示或公平机会进行重新规划的情况下，就改变了过去有定论的行为的法律地位，已经采取并实施了这些行为的相对人变成了违法公民，且剥夺了其救济的权利。[②] 德国传统公法理论上认为，溯及既往是“法律效果的溯及作用”，也就是法适用的时点被确定在其合法存在之前。而法律效果的发生取决于该法公布前之事实状况，则属于法的“要件事实溯及联系”而不是法律效力的溯及既往。[③] 当然，规范性文件溯及既往问题在现实中较为复杂，这里就不再展开，留待今后实际案例的进一步研究。

（二）对规范性文件要件创设和要件解释的不同审查标准

【案例2】安徽华源医药股份有限公司诉国家工商总局商标局商标行政纠纷案：[④] 2014年10月23日，被告商标局针对原告华源公司申请注册第11988470号“华源医药”及图商标（以下简称申请商标）作出本案被诉《同日申请协商通知书》，原告不服《同日申请协商通知书》，向北京知产法院提起诉讼，并对《关于申请注册新增零售或批发服务商标有关事项的通知》（以下简称《新增服

① 《最高人民法院公报》2014年第8期。

② 伊卫风：《溯及既往的法律》，载《东方法学》2015年第5期。

③ 城仲模主编：《行政法之一般法律原则》（二），台湾三民书局1997年版，第295－298页。

④ 北京市知识产权法院（2015）京知行初字第177号。

务商标的通知》）第四条[①]申请附带审查。法院审查该条款后认为，应当着重从以下四个方面进行审查：1. 商标局是不是制定《新增服务商标的通知》第四条关于过渡期的规定的合法主体；2. 商标局制定《新增服务商标的通知》第四条关于过渡期的规定是否超越法定权限；3.《新增服务商标的通知》第四条关于过渡期的规定在内容上是否合法；4.《新增服务商标的通知》第四条关于过渡期的规定在制定时是否履行了法定程序或者遵循了正当程序的要求。由于原告华源公司明确表示对《新增服务商标的通知》的制定程序的合法性不持异议，因此法院围绕前述三项进行审查。针对第一项主体问题，法院认为商标局是形式上的合法主体。对于第二项，法院认为被告主张《新增服务商标的通知》第四条是对《商标法》的具体解释，但是立法行为与行政主体对法律如何具体应用的解释存在着本质的区别。从本质上而言，行政主体对法律如何具体应用的解释属于对法律的应用、执行行为，其权限仅在于如何将依法设定的权利义务及其实施方式等进行具体化，而不得“设定”新的权利义务。系争规范性文件的制定属于设定了新的权利义务。对第三项，法院认为判断规范性文件的内容是否合法，应当主要从其具体规定是否符合上位法、制定目的是否正当、是否符合法律的基本原则、是否有事实依据等角度进行审查。商标局制定《新增服务商标的通知》第四条关于过渡期的规定，将申请在先原则与维护在先使用人的利益相结合作为特定时间内确定商标注册的规则，体现了其对实质正义的追求与力求实现商标申请有序状态的美好愿景，在一定程度上可保护在先使用人的利益，但是，合理性不能等同或者替代合法性，最终一审法院认定附带审查的规范性文件不合法，撤销了被诉行政行为。

该案首先涉及《新增服务商标的通知》第四条的类型归类，被告商标局辩称和法院审查过程中都认为，该通知第四条属于对《商标法》第三十一条的解释。但是笔者以为该条款实际上并非要件解释，实为要件创设。要件解释是在法律具体要件框架内对要件内涵外延所作的释明，而要件创设是在没有上位依据的情况下对相关事项的规范评价进行要件设定，或者突破上位法要件构成创立新的要件构成。要件解释与要件创设之间的差异是一种由量及质的差异。显然案例 2 中通知第四条将新增服务商标申请过程中的“同一天”延展为一个月，进而设定在这一个月内申请的商标权利处于同等状态，实际上属于要件创

---

① “四、过渡期的规定　我局借鉴 1993 年服务商标受理经验，设立注册申请过渡期，期限为 2013 年 1 月 1 日至 1 月 31 日。在该期间内，在相同或类似新增服务项目上提出的注册申请，视为同一天申请。申请日以我局收到申请书的日期为准。在过渡期内，对申请注册新增服务商标采取以下措施：……”

设。那么接下来的问题是对规范性文件中要件解释性内容和要件创设性内容的审查标准是否应当存在差异。案例2中一审法院认为，只有法律、行政法规可以创设权利义务，规范性文件只能执行法规范。从总体逻辑上这一论点是正确的，但是笔者认为就该案而言仍然有几个观点需要厘清：首先，从法律保留原则的角度来看，并非所有事项都须保留给法规范。① 其次，规范性文件本身是行政权行使的表征，而行政权的运行需要随着社会现状适时调整，因此规范性文件的制定具有灵活性、适时性，这是法规范所不具备的功能，过于强调法规范的创制作用，限制了规范性文件发挥其应有的功能。② 再次，如果只有法律、行政法规可以"创设"权利义务，各类权利义务关系事无巨细都由法进行设立，可能造成法律规范体量的膨胀。由此带来的问题就是在地区发展不平衡、区域差异较大的情况下，法的统一标准形成一种"规范僵化"。最后，回到规范性文件的类型化上，之所以系争规范性文件属于要件的创设而非法律效力上权利义务创设，还在于《新增服务商标的通知》第四条过渡期的规定仅针对"2013年1月1日至31日"这一段时间内申请商标注册的情形，因此属于临时性的行政措施，与法律规范所形成的普遍的、稳定的、长期的权利义务关系有本质区别。

所以笔者认为，既然要件创设是规范性文件不可缺少的一种功能，就不能依照对要件解释的审查标准来对要件创设内容进行审查。规范性文件的要件创设内容主要受到法律保留原则的评价，而要件解释则受到法律优位原则的限制。试想如果是要件创设性规范文件，权利义务关系具有原初性，何来权利减损或义务增设呢，显然只有与上位法进行比较后才能得出权利减损或义务增设的结果。而要件的补充则同时受到法律保留原则和法律优位原则的限制。

（三）内容适当性一般不是附带审查的内容

内容适当性、合理性以及是否符合比例原则不应当纳入法院附带审查范围，主要有三项理由：第一，《地方各级人民代表大会和地方各级人民政府组织法》第八条、第九条、第五十九条分别规定了，地方各级人大可以撤销本级人民政府的不适当的决定和命令，县级以上的地方各级政府可以改变或者撤销所属各

---

① 德国法上有重要性保留理论，即关涉基本权利的事项方属于法律保留的范畴，其他各国法律保留原则也多见弹性空间，并非一味强调法事无巨细地全面保留，法国法上甚至还有"行政保留"的特殊样态。参见吴庚：《行政法之理论与实用》，中国人民大学出版社2005年版，第53-58页。

② 朱芒：《规范性文件的合法性要件——首例附带性司法审查判决书评析》，载《法学》2016年第11期。

工作部门的不适当的命令、指示和下级人民政府的不适当的决定、命令。显然对规范性文件实质合理性、正当性的审查是由人大和政府行使的职权，[①] 如果允许法院审查实质正当性，等于法院替代了人大、政府的相应权限。第二，前面已经述及规范性文件附带审查在诉讼结构中的定位，附带审查的规范性文件不是作为“行为”被审查，附带审查不是一项“诉讼请求”而是一项“抗辩主张”，因此不能依照行政行为合法性的审查要件对规范性文件进行审查，对规范性文件的合法性审查是将规范性文件内容与法律基本原则、上位法的内容进行比对，以寻找其中是否存在冲突。对规范性文件附带审查应当摆脱“撤销之诉”要件式审查的影响，而主要从是否“越权”这一角度进行判断。第三，规范性文件附带审查的形式决定了在很多情况下规范性文件制定主体不是诉讼的当事人，内容是否适当、规范内容是否合理、是否符合比例原则等，一般是抽象审查的考量范围，而非附带审查的审查范围。在附带审查过程中，规范性文件制定机关并非被告，即使根据《行诉解释》第一百四十七条规定通过提交说明材料、当庭陈述等方式参与，也不能等同于被告在诉讼中的举证质证。

（四）规范性文件制定程序如何审查

对于程序合法是否属于附带审查的范围有不同意见。[②] 案例 2 中，法院将程序作为审查要件之一，但是实际上仍然放弃了审查。《行诉解释》第一百四十八条第（四）项规定了“严重违反法定程序的”作为审查的要件之一。结合《行诉解释》第一百四十七条“听取规范性文件制定机关的意见”和第一百四十八条第（四）项程序审查内容来看，最高院的目的是希望通过听取制定机关意见和程序违法审查两项内容，使规范性文件附带审查向“诉讼化”方向发展。笔者认为，在《行政诉讼法》第五十三条规范架构下，规范性文件程序违法要区分为“一般违法”和“严重违法”两种情形，只有“严重违法”才属于法院判断规范性文件丧失个案适用力的情形。主要理由如下：首先，在缺乏行政程序法的前提下，目前规范性文件制定没有相对一致的制定程序规范。而我们面临的另一个问题是哪些规范性文件需要遵循既定程序进行制定。例如，美国《联邦行政程序法》第 533 条规定了行政规则的制定，但是美国行政规则又区分为正式规则和非正式规则，非正式规则由立法性规定、解释性规定、政

---

① 参见刘松山：《违法行政规范性文件之责任研究》，中国民主法制出版社 2007 年版，第 96 – 98 页。

② 认为程序属于审查范围的，参见程琥：《新〈行政诉讼法〉中规范性文件附带审查制度研究》，载《法律适用》2015 年第 7 期；反对意见参见王红卫、廖希飞：《行政诉讼中规范性文件附带审查制度研究》，载《行政法学研究》2015 年第 6 期。

策性说明、内部程序规则等组成。正式行政规则类似我国规章，须发布拟议规则指定的通告，接受公众对拟议规则的评论，发布整合了依据和目的说明的最终规则，制定过程中应当进行正式听证。而非正式行政规则中的立法性规则要遵循前述三项程序，但不必正式听证，其他行政规则无须经过前述程序就可以直接进行订立，每年发布的未经上述程序的规则达到数万件。对于非正式规则，不受正当程序原则的限制，非正式规则中除立法性规则以外也不受程序的严格规制。在《联邦行政程序法》框架下，美国联邦法院就立法性规则和其他非正式规则的区分形成了大量判例。① 目前我国司法审查过程中尚缺乏区别哪些规范性文件须经过特定程序，哪些无须经过特定程序的司法标准和规范依据。例如，有的规范性文件以会议纪要方式制发，有的冠以"规定""办法"，后者须符合《上海市行政规范性文件制定和备案规定》等类似的程序要求，而前者并不需要。那么假设后者未遵循制定和备案之规定，其在诉讼中就丧失合法效力，可能激励行政机关今后"遁入"前者规范制定的简化方式，而避免通过后一种程序更为严格的规范制定路径。换一角度，如果非正式程序制发的规范性文件和以正式程序制发的规范性文件在审查过程中适用不同的程序要求，或许会形成"严者愈严、宽者愈宽"这类不平衡的情形，从而影响规范性文件合法性监督效果。因此在行政程序法出台前，只有规范性文件的制定程序严重违法，对行政相对人权益产生实质影响时才适宜否定其在个案中的规范效力。

此外，即使在抽象审查中，司法机关对程序合法性问题仍然采取审慎的态度。例如，台湾地区2010年"司法院"大法官作出"释"字第672号"释宪"意见，认为"管理外汇条例"第十一条、第二十四条第三项及"财政部"中华民国九十二年三月二十一日台财融（五）字第〇九二五〇〇〇〇七五号令，关于携带外币出入国境须报明登记，违反者应予没入之规定，与"宪法"第十五条保障人民财产权、第二十三条之比例原则及法律明确性原则，尚无抵触。对于程序问题，多数理由认为"管理外汇条例"第十一条规定，外币申报之有关办法，由"财政部"会同"中央银行"定之，系授权主管机关共同就申报之程序、方式及其他有关事项订定法规命令，其订定并应遵循"中央法规标准法"及"行政程序法"之相关规定。但系争"财政部"令既未以办法之名称与法条形式，复未履行法规命令应遵循之预告程序，亦未会衔"中央银行"发布，与

① 参见［美］理查德·J. 皮尔斯：《行政法》（第一卷），苏苗罕译，中国人民大学出版社2016年版，第328－333页。

“管理外汇条例”第十一条之授权意旨、“行政程序法”第一百五十四条、第一百五十七条及“中央法规标准法”第三条等规定不符，应由有关机关尽速检讨修正。[①] 即使是违反授权意旨和法定程序，仍然也只是“尽速检讨修正”。

因此笔者认为，规范性文件附带审查中应当以审查是否“越权”为主轴，以审查是否“严重违反制定程序”为辅助。因为程序合法性是对规范性文件的整体评价，与附带审查行政行为所适用的个别条款之间存在包含关系。制定程序是否严重违法，关键在于对行政相对人实体权益的客观影响，如规范性文件设定了相对人的权利义务但从未公开发布，显然就不能拘束相对人，从而应当排除个案中的适用。而如果规范性文件只是规范行政机关裁量基准，此时是否公开发布，就不一定属于制定程序合法性的评价内容了。

四、余论

值得研究的还有一个问题，即附带审查的规范性文件具体条款违法无效，但是行政行为依据上位法仍然成立的，判决结果如何进行评价？一种选择是在判决理由中认定规范性文件违法，但行政行为依据上位法仍然合法，判决驳回原告诉请；另一种是认定规范性文件违法，行政机关依据违法的规范性文件作出行政行为，属于适用法律错误，因为行政机关有判别规范性文件是否应当予以适用的行政义务，因此即使根据上位法的规定，行政行为仍然成立，也应当判决确认违法。笔者以为后一种选择更为符合附带审查规范性文件合法性的价值定位，单纯判决理由中的宣告不足以对规范性文件合法性审查产生实质影响，仍然要通过行政行为的合法性认定，即通过判决对规范性文件予以实质性作用，这样有利于督促行政机关履行修正违法无效规范性文件的义务。

（作者单位：上海市黄浦区人民法院）

① 2010年2月12日“司法院”“释”字第672号。当然“司法院”少数意见仍认为该规范因违反程序规定，应当认定构成违法而失去规范效力。亦有学者赞成少数意见，参见汤德宗：《未依法定订之法规命令得否作为裁判依据——大法官释字第672号解释评析》，载《法令月刊》第61卷第5期。

关于规范性文件一并审查的调研报告

舟山市中级人民法院行政庭课题组*

现行《中华人民共和国行政诉讼法》（以下简称《行政诉讼法》）第五十三条新增了规范性文件一并审查制度，修改前与修改后的《行政诉讼法》对这一问题的最大差别就在于，修改后的《行政诉讼法》赋予了公民、法人或者其他组织挑战“红头文件”的权利，人民法院对规范性文件的合法性必须进行合法性审查①。《最高人民法院关于适用〈中华人民共和国行政诉讼法〉的解释》（以下简称新《适用解释》）第一百四十五条至第一百五十一条就规范性文件一并审查的管辖法院、启动时点、审查程序、审查方式、审查结果和处理方式等作出了细化规范，为完善人民法院一并审查规范性文件提供了指引。

本调研报告立足现行《行政诉讼法》及司法解释，以立法背景、学术理论和域外成熟立法例为调研素材，以浙江省舟山市两级法院关于规范性文件审查的司法实践和典型案例为调研样本，重点针对纳入司法审查的规范性文件的概念、范围和特征，规范性文件一并审查的方式及程序，审查原则及标准，审查结果及处理方式，规范性文件一并审查案件的裁判方式及国家赔偿责任等司法实务疑难问题进行再探索，为优化规范性文件一并审查模式提出合理方案，并以此为基础，就完善行政诉讼法律适用体系提供可行思路。此外，结合浙江省实践，就建立健全规范性文件审查衔接机制、建立规范性文件司法审查数据库、建立统一的规范性文件管理规范等提出意见建议。

---

* 课题组成员：周红兵、王卫东、周杰、方园。

① 江必新、梁凤云：《最高人民法院新行政诉讼法司法解释理解与适用》，中国法制出版社2015年版，第200页。

一、关于行政规范性文件审查的域外经验

（一）大陆法系

1. 法国

现代行政诉讼制度起源于法国。早在 20 世纪 50 年代，法国就形成了行政通令分类及相关诉讼制度。通过 2002 年的“迪维涅女士案”（Duvignères），超越了自 1954 年“克莱斯科圣母私立学校案”判例所代表的旧通令二分法即“解释性通令不具有可诉性”规则，提出“凡是具有普遍约束力的通令均可以成为行政诉讼对象”的新观点，从而进一步完善了法国的行政通令诉讼制度。①

所有的规范性行政行为，即所有针对非特定主体、具有普遍约束力的行政行为，都属于行政法官司法管辖权的范围，所有与受诉行政行为存在法律上利害关系的个人、组织都至少可以提起越权之诉。原则上由行政法庭管辖规范性行政行为的合法性审查之诉。最高行政法院对最高国家机关作出的规范性行为享有司法管辖权，且对由独立行政机构作出的规范性行政行为具有一审终审管辖权。行政法官对规范性行政行为的合法性审查都是依据法律体系中的上位规范展开，下位规范应当与所有上位规范保持一致。

在法国行政法上，行政相对人可以根据诉讼救济程序的不同，在不同时段对规范性行政行为的合法性提出质疑。首先，可以通过直接起诉质疑规范性行政行为的合法性，在这种情况下，诉讼标的为规范性行政行为。这类诉讼原则上应当在受诉规范性行为公布后的两个月内提出，在受理案件后，法官可能宣布撤销受诉规范性行政行为，这就意味着该行为从法律规范体系中以具有追溯力的方式消失。其次，可以通过附带审查方式提起诉讼，诉讼标的是适用该合法性受到质疑的条例作出的具体行政行为。它不能让违法的规范性行政行为溯及既往地消失，以往依据它作出的行为的效力不受影响；但是，行政相对人的基本权益将得到保障，因为法官将阻止对其适用一项违法的规范性行政行为；附带性审查程序最主要的价值在于这一救济渠道永远敞开，当事人可以随时提出规范违法的抗辩事由，不受诉讼时效的限制。②

2. 德国

根据《联邦德国基本法》和《法院组织法》的规定，联邦行政法院可以审

---

① 参见张莉：《行政通令诉讼制度研究——法国经验评析》，载《行政法学研究》2016 年第 4 期。

② 参见［法］让 - 马克·索维（Jean - Marc SAUVE）：《法国行政法官对规范性行政行为的合法性审查》，张莉译，载《比较法研究》2011 年第 2 期。

查除法律规定必须由宪法法院审查以外的所有行政机关颁布的规章。德国的规范审查（Normenkontrolle）① 就是由法院对有关法律规范规章进行的审查。规范审查可以是针对规范本身的抽象的审查即原则性规范审查，也可以通过具体的个案进行，即附带审查。②

规范审查程序不仅是一般的旨在保护公民权利的诉讼程序，而且同时还是一种客观的对抗程序，其实质是对章程和规章的有效性进行审查和确认的程序，所以也被认为是确认之诉的一种特别的亚类。法院对规范审查申请作出的裁判具有普遍性效力。在规范审查程序中也存在着暂时法律保护问题，裁决只能决定规范或规范的某部分暂时不执行、该规范暂时不生效或者暂时不予适用，但是不得变更规范的内容。③

（二）英美法系

1. 美国

美国的“司法审查”（judicial review）是在两种意义上使用的，第一种意义是指法院审查国会制定的法律是否符合宪法；第二种意义是指法院审查行政机关的行为是否符合宪法及法律。这两种审查在美国都由普通法院执行，在法律没有特别规定时适用一般的民事诉讼程序。

在美国，原则上行政机关的行为都可以接受司法审查，不能审查的行为只是例外。在审查时，首先从授权法中寻找答案，国会在立法时经常指示法院根

---

① 联邦德国《行政法院法》第 47 条（高等行政法院在法规审查中的事务管辖）

1. 高等行政法院在其审判管辖权范围内根据申请，对下列事宜的有效作出判决：

（1）按照建筑法典的规定颁布的规章，以及根据建筑法典第 246 条第 2 款规定颁布的法规；

（2）其他在阶位上属州法律以下的法规，只要该法规是由州法律予以规定。

2. 任何自然人、法人因法规或其适用而遭受损害，或在可预见时间将遭受损害，可提起针对法规的审查申请，行政机关也可以提起该申请。申请是针对任何颁布法规的团体、机构或财团而提起。高等行政法院应在设定的一定时间内，听取因该法规影响其权限的州或其他公法人的意见。

3. 法律明文规定法规专门由州宪法法院审查的，高等行政法院不得审查法规是否与州法律保持一致。

4. 对一法规有效性的审查与宪法法院中的某一诉讼程序相关时，高等行政法院应中止其对法规的审查，直至宪法法院的诉讼终结。

5. 高等行政法院通过判决作出决定，如没有言词审理阶段，也可以以裁定形式作出决定。高等法院认为法规不具有效性的，应宣布法规无效；在此情况下，判决具有普遍约束力，并须由被申请人以颁布法规所要求的方式予公布。对判决的效力，准用第 183 条。已确定根据建筑法典颁布的规章或法规存在的瑕疵，可通过建筑法典第 215a 条规定意义上的增补程序予以补正的，高等行政法院可宣布该规章或法规在补正之前不产生效力；准用本款第 2 句的规定。

6. 防止出现严重不利或基于其他紧急需要，高等行政法院可以根据申请作出暂时命令。

② 江必新、梁凤云：《行政诉讼法理论与实务》（第三版），法律出版社 2016 年版，第 1498 - 1499 页。

③ 参见薛刚凌主编：《外国及港澳台行政诉讼制度》，北京大学出版社 2006 年版，第 37、52 - 53 页。

据实质性证据标准审查行政决定，或者指示法院如果发现行政行为专横、任性时予以撤销。如果授权法中对法院的审查标准没有作出规定，法院就会适用《联邦行政程序法》第706节①的规定进行审查。法院在审查行政决定时往往会区分事实问题和法律问题，适用不同的审查标准，对于事实问题，法院总体上采取尊重态度，对法律问题，法院可以进行完全的审查。②

根据行政机关制定规则时是否遵循了《联邦行政程序法》的规定实施了告知与评论程序③，区分为立法性规则和非立法性规则，前者具有与法律相同的

---

① 《美国联邦行政程序法》706节　司法审查的范围

对当事人提出的主张，在判决所必要的范围内，审查法院应决定全部有关的法律问题，解释宪法和法律条文的规定，并且决定机关行为的词句所表示的意义或适用。审查法院应

（1）强迫执行不合法拒绝的或不合理迟延的机关行为，并且

（2）认为出现下列情况的机关行为、裁定、和结论不合法，并撤销之：

（A）专横、任性、滥用自由裁量权、或其他的不合法的行为；

（B）违反宪法上的权利、权力、特权、或特免；

（C）超越法定的管辖权限、权力、或限制、或者没有法律上的权利；

（D）没有遵守法律规定的程序；

（E）适用本编第556节和第557节的规定的案件，或者法律规定的其他依机关的听证记录而审查的案件，没有实质性证据支持；或者

（F）没有事实的根据，达到事实必须由法院重新审理的程度。

在作上述决定的时候，法院应审查全部记录，或记录中为一方当事人所引用的部分；并且应充分注意法律对产生不正确的结果的错误所作出的规定。

② 江必新、梁凤云：《行政诉讼法理论与实务》（第三版），法律出版社2016年版，第195－196页，第214－222页。

③ 《美国联邦行政程序法》553节　制定法规

（a）本节的适用按条文的规定，但涉及下述事项时不适用：

（1）联邦的军事或外交职能。

（2）机关内部的管理或人事或者公共财产、信贷、补助金、福利、合同等事务。

（b）制定法规的建议必须在联邦登记上公告。除非受建议中法规管辖的人的姓名已经指明，并且已经个别的通知，或者依照法律的规定事实上已经通知时例外。公告必须包括下列内容：

（1）说明公开制定法规程序的时间、地点和性质；

（2）指出建议制定法规的权力的法律根据；

（3）建议制定的法规的全文或主要内容，或者说明法规涉及的主题和问题。

除非法律规定必须发布公告或举行听证以外，本分节不适用于下列事项：

（A）解释性的法规，关于政策的一般说明，关于机关的组织、程序或手续的规则。或者

（B）机关有正当的理由认定（并将此认定和简要的理由说明载入所发布的法规之中），关于该项法规的公告和公共程序是不能实行的，没有必要的，或者违反公共利益的。

（c）在发布本节规定的公告以后，机关应对有利害关系的人提供机会，参加制定法规的程序；通过提供书面资料、书面意见、允许口头的或非口头的提出论证等方式。在考虑了提出的有关的意见以后，机关应在其所采取的法规中，简单说明其所制定的法规的根据和目的。法律规定必须根据听证的记录而制定的法规，则不适用本分节的规定，而适用本编第556节和第557节。

（d）实体法规的生效日期必须在其依规定公布或送达以后的30天开始。但下述法规例外：

（1）给予或承认免除法律适用的实体规则，或者取消限制的实体法规；

（2）解释性的规则和政策的说明；或者

（3）机关有正当的理由作出其他的规定，而且该理由已和法规同时公布。

（e）各机关必须给予利害关系人申请发布、修改或废除法规的权利。

拘束力，后者通常是行政机关制定的解释性规则与发布的一般性政策声明，没有国会的授权，对法院无拘束力。对于一些需要有强制性效果的规定，行政机关选择制定立法性规则；对于细节性的规定则由解释性规则来实现。虽然非立法性规则在美国行政规制中发挥着巨大的整合性作用，但也存在一些负面影响，因美国行政法上的最终性或成熟性原则很难适用于非立法性规则，这也就为行政机关利用非立法性规则滥用权力提供了机会。目前美国联邦法院区分非立法性规则的主要方法是采用法律拘束效果的判断标准。在实际运作中，美国联邦法院通过判例发展出了更为精细的法律拘束效果的判断标准：当一项规则作为执行诉讼或者是其他科以利益或履行义务的行为基础时，那么它就具有法律效力，因而是立法性规则。美国行政法上的非立法性规则及其运作实践对科学认识我国行政规范性文件的性质和功能、提升行政规范性文件的质量、确保行政规范性文件不致成为行政机关扩张与滥用权力的工具等均具有重要的启示与借鉴意义。①

2. 英国

越权原则（doctrine of ultra vires）长久以来都被认为是司法审查的基础。"公共机构不能超越它们的权限范围，这一简明的主张可以被适当地称为行政法的核心原则。"② 立法意图要作为司法审查的基础，必须具备两个前提：一是立法意图的内容必须是清晰的，至少是可以探知的；二是立法意图的效力必须是肯定的，它的内容一经确定，各方应当毫无保留地接受约束。越权原则随着司法审查的发展而扩展，自然正义、比例原则等司法审查原则都是司法创造的结果，而非源于对立法意图的演绎；对国王特权和非法定权力的司法审查也完全超出了立法意图。与之对立的是普通法模式，主张司法审查的基础就在于普通法自身无须依赖立法意图。从法院与制定法的关系来说，可以将普通法模式分为三种：司法至上、司法创造和司法裁量。普通法模式在批评越权原则的同时，不自觉地创造了另一块"遮羞布"或另一个"神话"，二者同样遭遇了法律实证主义的缺陷。③

英国法院对于委任立法（大多数相当于行政规章）程序违法的审查区分为强制性（重要的）程序要求和指导性（相对人重要性较小的）程序要求。只有

---

① 参见高秦伟：《美国行政法上的非立法性规则及其启示》，载《法商研究》2011 年第 2 期。

② W. Wade, Administrative Law (4th, Clarendon, 1977), p. 40.

③ 参见何海波：《司法审查的合法性基础——英国话题》，中国政法大学出版社 2007 年版，第 162 - 163 页。

在完全不遵守强制性的程序时，法院才会认定规章无效；对于违反指导性的程序，可能影响规章的适用效力，但不会影响它的总体效力。[①] 一般而言，对于公民权益影响较大的程序主要包括：通知利害关系人程序、听取利害关系人意见程序、依法获得听证程序、规章公布程序、对规章制定有异议的救济途径等。[②]

二、关于舟山地区规范性文件一并审查的司法实践

（一）基本情况

自现行《行政诉讼法》实施以来，舟山地区两级法院受理规范性文件一并审查一审行政诉讼案件7件，占一审行政诉讼实际收案数1.30%。从行政管理领域分析，涉及国土（1件）、税务（1件）、交通（5件）等行政管理领域。从管辖法院分析，由基层法院受理2件，由中级法院受理5件。从被告层级分析，以县区级政府为被告的有5件，以市级行政机关为被告的有2件。从所涉规范性文件的制定机关分析，涉及县区级政府制定6件，涉及省级以上行政机关制定1件。从审查结果看，并无经审查认定规范性文件不合法的案件；其中，不予准许规范性文件一并审查请求5件，驳回诉讼请求2件。

舟山地区两级法院受理规范性文件一并审查案件数量不多，通过对上述案件逐一梳理，并结合审理行政案件过程中涉及规范性文件合法性审查等法律适用问题的司法实践，发现该类型案件存在以下特征。

1. 由原告提出规范性文件一并审查诉讼请求少

将规范性文件一并审查作为诉讼请求提出是原告行使其诉权的体现，至迟应在第一审法庭调查结束前提出，而行政诉讼原告法律素质普遍不高，即使委托律师或法律工作者代理，如非专职或精通行政诉讼，一般也不会将规范性文件一并审查作为单独的诉讼请求提出。而行政行为如直接依据规范性文件，法院本身就会对该行为的法律适用合法性进行评判，同样会涉及规范性文件合法性审查问题，法院并无对此进行释明的强制性义务，也没有对此进行释明的“动力”。此外，各级政府及行政机关依法行政水平不断提高，对行政规范性文件的清理工作也比较重视，及时进行修改或废止，将明显违反上位法的规范性文件作为行政执法依据的情形已不多见，故启动规范性文件一并审查程序的“入口”实则比较狭窄。

---

① ［英］彼得·莱兰、戈登·安东尼：《英国行政法教科书》，杨伟东译，北京大学出版社2007年版，第350页。

② 江必新、梁凤云：《行政诉讼法理论与实务》（第三版），法律出版社2016年版，第1507页。

2. 部分行政决定符合规范性文件形式要件但通常不作为规范性文件进行审查

例如，征收补偿类案件中，由征收机关或组织实施单位制定的征收补偿方案等，系行政机关为实施其职权范围内的行政管理工作而作出的书面决定，符合规范性文件的形式要件，但在行政诉讼中并不是作为规范性文件进行审查，而是作为“类诉讼标的”适用更严格的司法审查标准，法院可以对其合法性主动审查并直接作出评判。

3. 被诉行政机关通常与规范性文件制定机关不一致

排除系列案因素影响，规范性文件一并审查案件中，被诉行政机关与规范性文件制定机关不一致情形多于一致情形，通常是被诉行政机关因执行上级行政机关制定的实施性规范性文件而涉诉。而下级行政机关完全创设性的规范性文件也不多见，即使下级行政机关因自身制定的规范性文件涉诉，也多是源于上级行政机关的指导性意见等。

4. 涉及历史遗留问题、政策处理的规范性文件审查难度大

例如，部分规范性文件涉及破产国有企业职工安置问题，涉及20世纪90年代国有企业或集体企业工作人员自动离职、停薪留职或除名后的养老保险缴纳问题，涉及落实计划生育政策等，在一定时期内基层政府或其职能部门出台了各类文件落实政策，通常难以符合当前规范性文件司法审查标准。同时，因属历史遗留问题或特定时期政策，且涉及群体人数较多，有的已经形成信访压力，法院审查处理难度比较大。

（二）存在的问题

1. 行政文书并无规范统一的法律适用要求

《行政诉讼法》规定了人民法院审理行政案件，以法律和行政法规、地方性法规及自治条例和单行条例为依据，参照规章。但是对于行政机关作出行政行为的法律适用依据并无统一规定，各级行政机关在其作出的书面行政文书中，上到基本法律、行政法规，下到被诉行政机关自身制定的规范性文件都可能被援引作为依据。实践中，如上位法已经修改但其实施性规范性文件并未修改，而被诉行政机关作出行政决定只援引了层级较低且已失效的实施性规范性文件，但被诉行政行为经审查并未违反修改后的上位法，这就给法院审查行政行为的法律适用合法性带来了一定障碍。

2. 复议机关并未有效发挥规范性文件审查职能

《行政复议法》早于现行《行政诉讼法》规定了规范性文件一并审查制度①，且启动时间更为灵活（作出复议决定前），审查程序更加便捷（有权处理的依法处理，无权处理的转送处理），审查标准更为严格（可以对规范性文件的内容适当性进行审查）。但实践中，复议机关并未有效发挥规范性文件审查职能，鲜有复议机关在复议案件审查中认为规范性文件不合法而进行处理的案例，而政府法制机构对于规范性文件的备案审查也未真正发挥实效。

3. 立法滞后难以适应快速发展的行政执法实践

互联网产业更新换代的速度极快，已远远超过以往所有的经济形态，而在监管者这一面，尽管付出了大量的努力，但立法程序繁复、耗时冗长，使得法律的滞后性在“互联网+”的时代更加凸显。② 例如，“网约车第一案”就体现了立法在前的道路运输管理规定与共享经济新业态之间产生的冲突，其间，法院通过发挥行政审判职能和司法裁量权，平衡了对新经济业态的支持、对行政执法权威的尊重以及对行政相对人合法权益的保护，显得尤为可贵。

（三）典型案例

规范性文件一并审查是现行《行政诉讼法》确立的新制度，但审查规范性文件并非行政诉讼领域的新问题。规范性文件虽不是正式的行政法律渊源，但因其可操作性强、时效性强等特征，通常是行政机关作出行政行为的直接依据和政策指导。在审理此类行政诉讼案件时，即使原告未提出规范性文件一并审查的诉讼请求（在现行《行政诉讼法》实施之前原告可以作为起诉理由提出，但主要是由法院主动审查），法院也须审查规范性文件的合法性，并作为评判被诉行政行为法律适用正确与否的重点之一。上述情形并未作为规范性文件一并审查案件予以统计，但其中关于规范性文件审查模式的探索、裁判理由的表述等司法经验也具有一定的参考意义。

---

① 《行政复议法》第七条　公民、法人或者其他组织认为行政机关的具体行政行为所依据的下列规定不合法，在对具体行政行为申请行政复议时，可以一并向行政复议机关提出对该规定的审查申请：

（一）国务院部门的规定；

（二）县级以上地方各级人民政府及其工作部门的规定；

（三）乡、镇人民政府的规定。

前款所列规定不含国务院部、委员会规章和地方人民政府规章。规章的审查依照法律、行政法规办理。

② 吴志攀：《“互联网+”的兴起与法律的滞后性》，载《国家行政学院学报》2015 年第 3 期。

1. 人民法院可向规范性文件的制定机关征询意见，当事人可对制定机关的解释、说明发表意见

——张某某与岱山县公安局其他行政行为案①

该案于现行《行政诉讼法》实施之前立案受理并开庭审理，不属于现行《行政诉讼法》规定的规范性文件一并审查案例，但该案中关于规范性文件审查模式的探索以及裁判文书的说理论证可供参考。

（1）基本案情及裁判结果

张某某原系岱山县岱东镇虎斗村人，于1999年12月取得浙江大学法律专科自考文凭。根据当时我省的相关政策规定，张某某于2001年6月办理了“农转非”手续。2013年9月1日，岱山县出台了《关于办理特定时期大中专院校毕业生户口“非转农”的实施意见》（岱政办发〔2013〕58号）。同年9月起，张某某多次向岱山县公安局口头提出办理户口“非转农”事宜，岱山县公安局未予办理。2014年3月，张某某向浙江省公安厅邮寄《关于请求户籍非转农的报告》，要求浙江省公安厅督促岱山县公安局为其办理“非转农”事宜。同年12月11日，岱山县公安局作出岱公访（2014）27号《处理信访事项答复意见书》并邮寄送达张某某，认为其不符合此次“非转农”条件。张某某不服，提起行政诉讼，主张依据浙江省人民政府《关于加强我省自学考试工作的通知》（浙政发〔1999〕307号）（以下简称307号文件）请求法院判令被告为原告办理“非转农”事宜。

岱山县人民法院一审认为被告对原告的申请事宜已作出书面答复，该答复符合具体行政行为的实质特征，该答复认为原告不符合“非转农”条件的理由正确，证据充分，故对原告要求被告办理“非转农”事宜的请求不予支持，判决驳回原告的诉讼请求。舟山市中级人民法院二审驳回上诉，维持原判。

（2）审查模式及主要裁判理由

在该案二审中，法院针对本案争议焦点即307号文件中的相关政策是否适用本案情形这一事项，向307号文件的制定机关浙江省人民政府发函进行咨询，并由经办机构联系当时制定该文件的有关部门包括省公安厅、省教育厅等征求答复意见，并由省公安厅户籍管理工作人员电话沟通回复，最终由省政府办公厅出具书面复函。对于该复函，法院也向双方当事人出示并准许双方对该复函

① 详见舟山市中级人民法院（2015）浙舟行终字第9号二审行政判决书，岱山县人民法院（2015）舟岱行初字第7号一审行政判决书。

内容发表意见并记录在案（虽裁判文书中表述为“质证”欠妥），裁判文书中对于法院是否采纳该复函的意见也作出了回应，且裁判理由部分也结合该复函的内容对本案行政行为的合法性进行论述。

对此，该案裁判文书的二审审理程序部分表述如下：“因双方当事人对307号文件中规定的自考毕业生在户籍管理上的待遇问题争议较大，对该问题的理解涉及上诉人是否能够参照大中专院校毕业生办理‘非转农’的认定，所以本院向浙江省人民政府发函就307号文件中规定的自考毕业生户籍管理政策问题进行咨询，浙江省人民政府办公厅出具了《关于高等教育自考毕业生户籍管理政策问题的复函》（以下简称《复函》）。经双方当事人质证，上诉人对《复函》的关联性提出异议，认为《复函》对自考毕业生能否办理户口‘非转农’的解释模棱两可，不能作为定案依据；被上诉人对《复函》没有异议。本院认为，《复函》是浙江省人民政府作为307号文件的制定机关，对该文件中的条款所作的有权解释，对《复函》说明的内容本院予以采纳。”

（3）司法经验小结

新《适用解释》第一百四十七条第一款规定，人民法院在对规范性文件审查过程中，发现规范性文件可能不合法的，应当听取规范性文件制定机关的意见。司法实践中，与人民法院对于“规范性文件可能不合法”已形成倾向性意见而须征求制定机关意见的情形相比，法院认为规范性文件存在概念不明或表述歧义、新旧政策冲突等而希望制定机关作出解释说明的情形更为普遍。对此，该案提供了有益经验，即对于规范性文件的适用问题以书面审查为主，可由审理法院向规范性文件的制定机关“点对点”征询意见，诉讼参与人可以对制定机关作出的解释、说明发表意见，并在裁判文书中予以记载。

2. 以实体合法性为主，以程序合法性为辅的规范性文件审查原则

——舟山市定海登峰网吧与舟山市定海区文化体育新闻出版局文化行政处罚案[①]

该案中，行政相对人在一审程序中并未提出规范性文件一并审查的诉讼请求，但在上诉理由中对规范性文件备案程序提出新的异议，法院将此作为二审的审理重点进行审查，具有一定的参考意义。

---

① 详见舟山市中级人民法院（2016）浙09行终28号二审行政判决书，舟山市定海区人民法院（2015）舟定行初字第38号一审行政判决书。

（1）基本案情及裁判结果

2015年11月14日13时40分，两名未成年人在无法出示有效身份证件的情况下，进入原告登峰网吧上网，原告开通临时卡为该二人提供上网业务。截至被查获时，该二人上网时长约为1小时。被告当场制作检查笔录及询问笔录，责令原告改正。后在依法给予原告陈述、申辩权并审核原告违法事实及相关证据后，被告于2015年11月27日作出涉案行政处罚决定，认定原告接纳两名未成年人上网的行为违法，给予警告并罚款14000元的处罚，并依法送达。原告不服，提起行政诉讼，请求撤销该行政处罚决定。

定海区人民法院一审认为被告作出被诉行政处罚决定认定事实清楚，适用法律、法规正确，程序合法，处罚合理，判决驳回登峰网吧的诉讼请求。舟山市中级人民法院二审驳回上诉，维持原判。

（2）审查模式及主要裁判理由

该案中，登峰网吧在其上诉理由中认为行政机关作出处罚决定的罚款金额超过了自由裁量标准，所参照的《定海区文化体育新闻出版局行政处罚自由裁量权量化标准》（以下简称《标准》）没有经过上级行政机关备案，属适用法律错误。二审法院针对上诉人登峰网吧就上述《标准》的合法性及备案程序等问题提出新的异议，准许被上诉人定海文体局提供相关证据和法律依据。在规定期限内，被上诉人定海文体局提交了定海区法制办公室出具的行政规范性文件登记审查表（定文体〔2015〕35号），拟证明被诉行政处罚决定中参照的《标准》已按照法律规定报本级人民政府登记备案。被上诉人还提交了舟山市文化广电新闻出版局出具的《情况说明》，拟证明上述规范性文件已抄送该局但未专门报备，现已督促被上诉人定海文体局按法律规定向其备案。法院组织双方质证，并就质证意见和法院认证意见在裁判文书中予以表述。

关于该规范性文件的备案程序合法性等问题，二审裁判理由表述如下："关于被上诉人适用《标准》的合法性问题，虽被上诉人未就该规范性文件向上一级行政机关正式备案，但其已向同级人民政府备案，而备案并非规范性文件的生效要件，故该瑕疵并不直接导致该规范性文件无效；且该规范性文件已对外公布，应当具备法律约束力。经审查，被上诉人对上诉人作出被诉行政处罚决定，其行使自由裁量权符合《标准》关于违法情节与量罚标准的规定。"

（3）司法经验小结

新《适用解释》第一百四十八条第一款规定，人民法院对规范性文件进行一并审查时，可以从规范性文件制定机关是否超越权限或者违反法定程序、作出行政行为所依据的条款以及相关条款等方面进行。法院在规范性文件审查时应关注制定程序的合法性，但不能疏忽规范性文件审查以实体合法性审查为主、以程序合法性审查为辅的原则，故新《适用解释》第一百四十八条第二款第（四）项将"未履行法定批准程序、公开发布程序，严重违反制定程序的"界定为"规范性文件不合法"的情形。通过该案确立的裁判规则是，备案并非规范性文件的生效要件，规范性文件已经对外公布的，应当具备法律约束力。

3."填补管理空白型"规范性文件的一般审查规则

——徐某某与舟山市定海区人民政府交通行政强制案①

该案中，因原告提起诉讼系在现行《行政诉讼法》实施之前，故对其提出的审查规范性文件合法性的诉讼请求不予准许，但该案涉及对弥补立法空白的规范性文件的审查，审查模式和裁判理由表述具有一定的参考价值。

（1）基本案情及裁判结果

1995年，舟山市人民政府颁布了《舟山市定海区城区人力三轮车管理暂行规定》对定海城区人力客运三轮车进行管理，后该规定于2007年废止。原人力客运三轮车管理部门市交警支队下设的舟山市定海区人力三轮车管理所（以下简称三轮车管理所）对人力客运三轮车管理失去规范依据。2011年11月21日，广大三轮车主以出具承诺书的方式表示服从三轮车管理所的管理，承诺内容为遵守单双号通行及不擅自出租等，三轮车管理所以三轮车主的承诺为依据继续行使管理职能。2012年，因李某某将其所有的三轮车出租给非定海常住人口运营，三轮车管理所对其三轮车予以扣押，经行政复议、诉讼，最终确认市交警支队扣车行为违法、返还车辆并赔偿损失。这期间，定海区城区人力客运三轮车处于失控状态，严重扰乱社会秩序。之后，上千名三轮车主不断信访，要求政府对三轮车营运市场进行管理。2013年4月15日，900余名定海城区人力客运三轮车车主签署了联名申请书，要求政府出台措施管理。被告定海区政府在此基础上制定了《三轮车管理暂行规定》，并成立舟山市定海区城区人力客运三轮车管理办公室（以下简称三管办），为股级全额拨款事业单位，隶属区政府办公室管理。2013年6月3日，三管办发现原告所有的1152号人力客运

---

① 详见浙江省高级人民法院（2017）浙行终1226号二审行政判决书，舟山市中级人民法院（2017）浙09行初9号一审行政判决书。

三轮车营运期间营运人与上岗证不符，遂根据《三轮车管理暂行规定》采取管理措施，原告徐某某不服，诉至法院，请求法院判令定海区政府授权三管办实施的扣车行为违法并无条件返还被扣车辆，并审查定政办发〔2013〕33号《三轮车管理暂行规定》的合法性。

舟山市中级人民法院一审判决驳回原告的诉讼请求，其中，因原告提起诉讼系在现行《行政诉讼法》实施之前，故其要求对政府规范性文件进行合法性审查依法不属于本案审查范围，对其该项诉讼请求不予支持。浙江省高级人民法院二审驳回上诉，维持原判。

（2）审查模式及主要裁判理由

一审法院虽对于本案规范性文件审查的诉讼请求不予支持，但因被诉具体行政行为的直接依据系《三轮车管理暂行规定》，故从制定主体是否具有管理职权、制定目的是否符合公共利益等方面对该规范性文件的合法性进行评判，以此为基础判断本案行政行为的合法性。主要裁判理由表述如下："在目前缺乏有关法律法规规定，且定海城区人力三轮车营运市场已经出现极度混乱，行业内绝大多数三轮车主请愿政府管理的情况下，定海区政府出台规范性文件、设立专门管理机构对定海区城区人力客运三轮车营运进行管理，是其履行政府管理职责所需，符合公共利益的需要，具有及时性和必要性……《三轮车管理暂行规定》延续多年来形成的行业自律管理规约，符合三轮车营运市场的设立目的和绝大多数三轮车主的正当意愿……在不予管理而可能出现的重大社会风险和对违反规则的营运人采取强制措施之间作利益权衡，政府选择后者，是对社会管理秩序、交通安全秩序和绝大多数三轮车车主正当利益的维护……"

二审法院进一步从上位法优于下位法的法律适用规则进行阐述，并确立了本案的裁判宗旨：以人力客运三轮车从事营运，属于《中华人民共和国道路运输条例》规定的"从事道路运输经营"范围。地方性法规规定"道路运输经营，是以汽车为他人提供道路运输服务的经营活动"，并不影响该条例适用。城区人民政府经批准成立的人力客运三轮车管理办公室，属于道路运输管理机构，有权对无证营运车辆采取暂扣措施。①

（3）司法经验小结

良法与善治，是现代法治的核心内涵。良法的价值标准包括自由、公平、

---

① 董跃进：《政府成立的客运三轮车管理办公室有权对无证营运车采取暂扣》，载《人民法院报》2018年1月18日第6版。

正义、秩序、效率、和平等。① 规范性文件虽不是正式的法律渊源，但其也应符合“良法”的标准。本案实际属于有上位法律依据但地方性法规“缺位”，故通过规范性文件予以弥补的情形，根据本案可以提炼出司法实践中对于“弥补空白”型规范性文件的审查模式：第一，全面检索现行有效的法律规范，包括法律、行政法规、地方性法规、部门规章、地方政府规章等，确立上位法依据或权源；第二，评判规范性文件是否与上位法相抵触，包括不能与上位法具体条文内容相抵触，且不能与上位法立法精神和基本原则相抵触；第三，评判规范性文件实体方面是否符合“良法”标准，如实体方面是否符合公共利益、是否符合比例原则、是否公正科学合理、管理措施的社会可接受度等；第四，评判规范性文件制定程序方面是否符合基本程序，如是否经过公众参与、专家论证、风险评估、合法性审查、集体决策等程序，但需注意，并非每一项规范性文件的制定都必须经过上述程序；第五，结合规范性文件的审查意见判断涉案行政行为的合法性。

4. “具体应用解释型”规范性文件的一般审查规则

——舟山远大海运有限公司与舟山市地方税务局稽查局、舟山市人民政府税务行政检查及行政复议案②

（1）基本案情及裁判结果

2014年1月14日，经有关部门转办，舟山市地方税务局稽查局对原告2007年1月1日至2010年12月31日的涉税情况立案检查。期间，因案情复杂，经审批多次延长检查期限，至2015年2月13日结束。同年5月18日，案经舟山市地方税务局重大税收违法案件审理委员会审理，作出舟地税重审决字（2015）5号审理意见。同年9月29日，舟山市地方税务局稽查局作出舟地税稽处（2015）36号税务处理决定。同年12月18日，舟山市人民政府受理了原告的复议申请，经听证并经审批延长，于2016年3月9日作出舟政复决（2015）48号行政复议决定，维持上述税务处理决定。原告起诉要求撤销上述税务处理决定和行政复议决定，并请求对《国家税务总局关于贯彻〈中华人民共和国税收征收管理法〉及其实施细则若干具体问题的通知》（国税发〔2003〕47号）第二条的合法性予以审查。

---

① 参见刘平：《立法原理、程序和技术》，学林出版社、上海人民出版社2017年版，第30－31页。

② 详见舟山市中级人民法院（2016）浙09行终37号二审行政判决书，舟山市定海区人民法院（2016）浙0902行初12号一审行政判决书。

定海区人民法院一审总体认为被诉税务处理决定证据确凿，适用法律、法规正确，符合法定程序，故判决驳回原告的诉讼请求。舟山市中级人民法院二审驳回上诉，维持原判。

（2）审查模式及主要裁判理由

该案中，原告根据《行政诉讼法》第五十三条规定提出了规范性文件一并审查的诉讼请求，对此法院采取书面审查方式，从规范性文件的制定机关、是否符合上位法的条文规定及立法原意等方面进行审查，经审查认为符合上位法依据，可以作为税务机关作出被诉税务处理决定的依据。

二审裁判文书针对规范性文件审查的主要裁判理由如下："国税发〔2003〕47号文件由国家税务总局依据《税收征管法》及《税收征管法实施细则》制定……国税发〔2003〕47号文件第二条第三款系依据《税收征管法》第六十九条制定，该条款明确了对于扣缴义务人未履行其扣缴义务的，除税务机关向纳税人追缴税款并可对扣缴义务人作出处罚外，扣缴义务人还应当限期补扣或补收其应扣未扣、应收未收的税款。即该条款强调的是扣缴义务人应当履行其本应承担的法定的扣缴义务，并未加重扣缴义务人的法定义务，亦未减损其权利，且未免除税务机关向纳税人追缴税款的义务，符合《税收征管法》第六十九条的立法目的和授权范围。故被上诉人舟山地税稽查局在其作出的被诉税务处理决定中适用国税发〔2003〕47号文件的规定，要求上诉人作为扣缴义务人履行扣缴个人所得税的法定义务，符合法律规定。"

（3）司法经验小结

对于行政解释的审查，最高人民法院〔2000〕行他字第17号答复[①]确立了一项原则，即法院在审理行政案件中，经审查行政机关对法律规范所作出的解释必须符合以下两个条件，才可以作为衡量被诉具体行政行为合法性的标准：一是必须与其所解释的法律规范的有关具体规定之间不存在相抵触的问题；二是所解释的法律规范与其上位法之间亦不存在抵触的问题。因此，法院在审查行政解释时，首先应当审查行政解释是否符合其解释的法律规范的原意。[②] 对于"具体应用解释型"规范性文件的审查可以借鉴上述规则，从以下几个方面审查：一是审查解释机关，通常行政法规、部门规章制定机关的解释要优于其执行

① 《最高人民法院关于对计量违法行为处一万元以上罚款的决定是否受〈计量法实施细则〉第六十条调整的请示的答复》（2001年6月25日发布，〔2000〕行他字第17号）。

② 蔡小雪：《有关层级职权的行政解释是否合法的审查与判断》，载《行政执法与行政审判》（总第24集），人民法院出版社2008年版。

机关的解释；二是审查解释内容是否与其所依据的上位法条文内容相抵触、是否符合立法原意和授权解释范围；三是如果上位法依据已经修改而其解释或实施性规定并未废止的，审查该解释或者实施性规定与修改后的上位法规定是否相抵触，相抵触的无效，不相抵触的可以适用。

5. 改革创新类规范性文件的一般审查规则

——虞某某与舟山市定海区人民政府、舟山市人民政府及第三人王某某土地行政批准及行政复议案①

该案并非规范性文件一并审查案例，结合浙江省全面推进“最多跑一次”改革实践，该案所涉关于行政审批职能调整、审批权限下放等行政体制改革创新类规范性文件的审查，具有一定的参考意义。

（1）基本案情及裁判结果

原告虞某某的房屋与第三人王某某的房屋南北相邻。第三人王某某的房屋经鉴定属于D级危房，王某某于2016年4月22日申请原址翻建。根据定海区《关于进一步做好私人建房审批工作的通知》② 关于审批权限的调整和审批流程的改革，经第三人所在村集体讨论同意并公示无异议，报上级审批；同年5月5日，经白泉建房审批小组审批通过，并于次日公示；当月16日，白泉建房审批小组审查同意上报；同日，定海区政府在被诉《定海区农村私人建房批准书》签署“同意批准”意见并予盖章；同日，舟山市规划局定海分局核发《建设用地规划许可证》和《建设工程规划许可证》。原告不服，经申请复议后维持仍不服，提起诉

① 详见浙江省高级人民法院（2017）浙行终525号二审行政裁定书，舟山市中级人民法院（2016）浙09行初76号一审行政裁定书。

② 根据定海区《关于进一步做好私人建房审批工作的通知》，原由区政府审批的农村私人建房宅基地审批委托给乡镇（街道）政府（办事处）办理。原由市规划局定海分局审批的用地规划许可和工程规划许可进入乡镇（街道）政府（办事处）办理。各乡镇（街道）政府（办事处）成立主要领导任组长，分管领导任副组长，当地公安、民政、城建、城管、国土及各社区（村）等单位负责人为成员的私人建房审批领导小组，各社区（村）相应成立宅基地审批领导小组。改革后的具体流程为，申请人首先要向户籍所在地的社区（村）提交私人建房书面申请，经同意并公示7天无异议后，将用地选址相关资料上报至当地社会服务管理中心私人建房申请受理窗口。私人建房审批领导小组办公室实地踏勘同意并提交私人建房联审例会讨论通过后，向申请人发放用地规划许可证。在工程许可办理上，申请人按用地规划许可证设计完成建房图纸后，同样提交至当地社会服务管理中心私人建房申请受理窗口，私人建房审批领导小组办公室审查通过并公示10天无异议后，向申请人发放建设工程规划许可证和私人建房批准书，并组织城管、社区（村）等部门进行放样。房屋建设完成后，申请人可将房屋验收申请表提交受理窗口，待验线、验收合格后，凭验收合格证向有关部门办理相应手续。

讼，请求撤销被诉《定海区农村私人建房批准书》和舟政复决（2016）16号行政复议决定。

舟山市中级人民法院一审认为，定海区政府作出被诉土地批准行为仅涉及第三人户批准用地总面积等事项，对原告的合法权益明显不产生实际影响，故裁定驳回原告的起诉。浙江省高级人民法院二审驳回上诉，维持原裁定。

（2）主要审查意见

该案被诉《定海区农村私人建房批准书》系依据定海区《关于进一步做好私人建房审批工作的通知》调整后的审批权限和审批流程作出的，载明了建房户基本情况、建房类型、使用地类、用地面积等，还包括建筑物面积、建筑物栋高限高等区域控制性规划内容。被告定海区政府作为市辖区一级政府，同时也是其辖区内的土地管理机关，具有对其职权范围的行政管理事项进行调整的职权，但其并不具有审核规划事项的职权。考虑到涉及行政审批体制改革事项，从便利申请人的角度出发，对于被诉批准书中同时涉及土地审批和控制性规划条件的，不轻易确认违法；且关于建筑物高度等规划事项，最终由城乡规划主管部门作出建设工程规划许可行为调整，利害关系人如有不服的仍可对此提起诉讼。故本案仅对被告定海区政府依据其土地审批法定职责作出的土地行政批准行为进行审理作出裁判。

（3）司法经验小结

“先行先试”鼓励破解改革难题，但不能背离依法行政的基本要求。对改革创新类规范性文件的审查，要从以下三个方面进行。第一，审查职权。结合新《适用解释》第二十条、第二十一条等关于行政诉讼被告主体资格的新规定，行政机关在设立、撤销、合并、变更时必须明确对外作出行政行为和承担法律责任的主体，政府及其职能部门应在其法定职权范围内进行职能调整、权限下放，超越职权无效。第二，审查程序。在上位法关于行政程序的规定不具体时，行政机关公布的规范性文件所确认和规范的行政管理的方式、步骤、顺序和时限，不违反法律、法规及规章的规定和符合行政程序的基本原则的，应视为法定程序，人民法院在审理行政案件时应予以参考；法院要审查创设的行政程序是否符合行政行为的目的，是否有利于行政相对人及相关人；规范性文件作出的创设性的行政程序规则不涉及实体性的权利义务，只要不违反上位法的强制性规定，一般应当认定为是合法有效的①；根据信赖保护原则，行政机关应当遵守其缩短审批时限等承诺。第三，平衡行政相对人和利害关系人的权

---

① 参见蔡小雪、甘文：《行政诉讼实务指引》，人民法院出版社2014年版，第469－470页。

利保护，改革创新类规范性文件如授益直接行政相对人但剥夺了利害关系人的程序权利或救济权利的，利害关系人对此提出质疑的，可以认定属于规范性文件“减损公民、法人或者其他组织合法权益的”不合法情形。

三、关于规范性文件一并审查规则的司法再探索

（一）纳入司法审查的规范性文件的概念、范围和特征

规范性文件一词本身并非法律术语。现行《行政诉讼法》及司法解释并未对规范性文件的概念和范围作出明确规定，但可以从部分条文表述中寻得端倪，如现行《行政诉讼法》第十三条第（二）项规定，“人民法院不受理公民、法人或者其他组织对下列事项提起的诉讼：（二）行政法规、规章或者行政机关制定、发布的具有普遍约束力的决定、命令”。即以往学理所称“抽象行政行为”中的规范性文件，一般是指除行政法规、规章以外的“行政机关制定、发布的具有普遍约束力的决定、命令”。

目前司法实践中普遍接受的“其他规范性文件”概念来源于最高人民法院《关于审理行政案件适用法律规范问题的座谈会纪要》（法〔2004〕第96号）（以下简称《纪要》），即“有关部门为指导法律执行或者实施行政措施而作出的具体应用解释和制定的其他规范性文件，主要是：国务院部门以及省、市、自治区和较大的市的人民政府或其主管部门对于具体应用法律、法规或规章作出的解释；县级以上人民政府及其主管部门制定发布的具有普遍约束力的决定、命令或其他规范性文件”。另如《浙江省行政规范性文件管理办法》第三条[①]定义了行政规范性文件的概念；《浙江省行政规范性文件备案审查实施办法》第三条[②]以要件形式列举了行政规范性文件的特征。

即使对于规范性文件的概念界定得再精准，也必然无法涵盖司法实践中的种种情形。特殊情形下，法院对于请求合法性审查的行政文件是否属于纳入司

---

① 《浙江省行政规范性文件管理办法》第三条　本办法所称行政规范性文件，是指除政府规章以外，行政机关依照法定权限和规定程序制定的，涉及不特定的公民、法人或者其他组织的权利义务，在一定时期内反复适用，在本行政区域内具有普遍约束力的各类行政文件。

② 《浙江省行政规范性文件备案审查实施办法》第三条　行政规范性文件应当符合下列情形：

（一）发文主体符合《管理办法》第六条、第七条规定；

（二）具有普遍约束力，且在一定时期内反复适用；

（三）文件内容涉及不特定公民、法人或者其他组织的权利、义务；

（四）公文种类属于国务院《国家行政机关公文处理办法》规定文种。

界定行政规范性文件不以文件的名称和形式作为判断标准。

法审查范围的规范性文件尚需作出判断，须注意以下三点：一是并非所有的行政规范性文件都可纳入司法审查范围，如结合《行政诉讼法》第十三条、新《适用解释》第一条关于行政诉讼受案范围的排除规定，作为内部行政行为、行政指导行为、层级监督行为载体的行政文书不纳入规范性文件司法审查范围；二是并非只有行政机关才可以制定规范性文件，在行政审判实践中，纳入人民法院有限且隐性的合法性审查范围的行政规范性文件的制定主体不限于此，还包括被授权组织制定的规章以下行政规范性文件①；三是部分行政决定符合规范性文件形式要件但通常不作为规范性文件进行审查，如上文所述的征收补偿方案等。

承前所述，对于规范性文件的概念，建议明确为：《行政诉讼法》第五十三条规定的规范性文件，是指为指导法律执行或者实施行政措施，由行政机关或者法律、法规、规章授权的组织制定、发布的具有普遍约束力的决定、命令，但行政法规及规章除外。

（二）规范性文件一并审查的管辖法院和启动程序

新《适用解释》第一百四十五条规定了规范性文件一并审查的管辖法院，即由行政行为案件管辖法院一并审查；第一百四十六条对规范性文件一并审查的启动时点作出了限制，即至迟应于第一审开庭法庭调查结束前提出。

关于规范性文件一并审查的请求主体，行政诉讼原告当然可以请求一并审查规范性文件，行政诉讼被告显然排除在外，那么第三人是否有权提出该项请求呢？有观点认为“提请审查的主体仅限于原告，不包括第三人”②；也有相反观点认为“追加第三人参与诉讼，并非仅为调查案件事实，相反，也应当听取其对案件相关法律问题包括规范性文件合法性的意见……因此，当然也可提出附带审查的诉讼请求”。③ 考察《行政诉讼法》第五十三条的条文表述：“公民、法人或者其他组织认为行政行为所依据的国务院部门和地方人民政府及其部门制定的规范性文件不合法，在对行政行为提起诉讼时，可以一并请求对该规范性文件进行审查……”从文义看，其主体表述为“公民、法人或者其他组

---

① 武芳：《规章以下行政规范性文件制定主体研究——基于新〈行政诉讼法〉第五十三条的分析》，载《江汉学术》2015年第6期。如《中国行政审判案例（第2卷）》第41号案例中，人民法院认为朝阳区残疾人联合会适用《北京市残疾人职业技能培训学费补贴暂行办法》（京残发〔2001〕43号）并无不当，予以支持；同时认为制发该文件的北京市残疾人联合会是事业团体，基于法律、法规授权行使行政管理职能，具有行政主体资格。

② 陈磊：《规范性文件附带审查之实务问题探析》，载《山东审判》2015年第4期。

③ 王红卫、廖希飞：《行政诉讼中规范性文件附带审查制度研究》，载《行政法学研究》2015年第6期。

织”似并未排除第三人，但“在对行政行为提起诉讼时”这一条件限制显然就排除了第三人。

对此具体分析，一是根据现行行政诉讼法制度设计，规范性文件一并审查系作为诉讼请求提出，而原告与第三人的诉讼地位不同，既然第三人未就行政行为提起诉讼，其也不能就规范性文件一并审查提出请求。二是第三人参与行政诉讼案件审理主要还是为了查清事实，对于规范性文件的合法性审查属于法律适用问题，第三人是否提出审查请求并不影响法院的审理。三是排除第三人作为请求规范性文件一并审查的主体并未对第三人的权益产生影响，如原告已经提出规范性文件一并审查请求，第三人则无须重复提出该项请求；如原告未提出规范性文件一并审查请求但第三人有明确异议的，此时法院可以在第一审庭审中征求原告的意见，原告认为需要提出该项请求的，可以作为“有正当理由的”情形，至迟在第一审法庭调查结束前提出。实则法院对于规范性文件的合法性审查具有一定的“主动性”，第三人如在陈述理由时对行政行为所依据的规范性文件的合法性提出异议的，法院经审查认为可以将此归纳为该案审理重点之一即对法律适用问题进行审查，同样可以实现解决该项争议的目的，只是注意不宜在裁判理由中对该规范性文件的效力作出明确的结论性表述。

（三）规范性文件一并审查的方式及程序

新《适用解释》第一百四十七条是关于规范性文件一并审查的方式及程序的规定。

1. 审查方式

实践中，人民法院对规范性文件的审查以书面审查为主，行政法官通过阅卷、检索法律规范等方式，对规范性文件是否现行有效、是否可以纳入司法审查、是否作为被诉行政行为的依据、是否明显违反法律规范等作出基本判断；经庭审或询问，原告对规范性文件的异议不成立且法院未发现规范性文件存在合法性问题的，即可作出结论，如上文案例4。对于规范性文件的适用或者合法性有疑义的，也可通过书面发函征询制定机关的意见，由制定机关书面复函作为法院审查的参考，如上文案例1。

2. 被诉行政机关即规范性文件制定机关应承担更严格的举证义务

根据行政诉讼证据规则，由被告对作出的行政行为承担举证责任，其应当提供作出该行政行为的证据和所依据的规范性文件。在被诉行政机关与规范性文件的制定机关一致，而人民法院对规范性文件的合法性有重大疑义时，被告不仅负有提供规范性文件的义务，还应当对规范性文件的制定背景、依据、目的、实施情况、适用于本案的合法合理性等陈述意见。必要时人民法院可以参照新《适用解释》第四十四条规定，要求该规范性文件的起草人员或该机关法制机构工作人员到庭接受询问。

3. 人民法院需要规范性文件制定机关作出解释、说明时可征询其意见

司法实践中，被诉行政机关与规范性文件制定机关通常不相一致，而该制定机关并不作为诉讼参加人参与个案审理，故新《适用解释》第一百四十七条设置了意见征求制度。从该条文表述，仅就人民法院经审查发现规范性文件可能不合法时，规定了人民法院听取规范性文件制定机关意见的强制性义务，相当于赋予其“陈述、申辩权”。但司法实践中更为常见的情形是人民法院对规范性文件的适用存有疑义而需要制定机关进行解释、说明，如上文案例1，故在此情况下，建议增加规定在此情形下人民法院也可以参照新《适用解释》第一百四十七条第一款之规定向规范性文件制定机关征询意见。

4. 重大规范性文件制定机关具有提交书面说明的义务

根据新《适用解释》第一百四十七条第二款之规定，制定机关申请出庭陈述意见的，人民法院应当准许。实践中，因规范性文件庞杂，制定机关众多，由其一一到庭陈述意见不符合行政工作实际，对此司法解释也未设置为强制性义务。但对于人民法院经审查发现规范性文件可能不合法的且该规范性文件涉及重大公共利益、社会高度关注或者可能引发群体性事件的，人民法院应当书面告知规范性文件的制定机关可以出庭陈述意见。规范性文件的制定机关不出庭陈述意见的，应当向人民法院提交关于该规范性文件的制定背景、目的、依据、程序、实施情况、备案审查意见等相关情况的书面说明。

5. 规范性文件制定机关出庭陈述意见相关程序

对于制定机关愿意在开庭审理时出庭陈述意见的，可以在法庭调查环节，或者法庭调查环节之后、法庭辩论环节之前，安排制定机关就规范性文件的制定背景、目的、依据、程序、实施情况、备案审查意见等陈述意见，诉讼参与各方均可对此发表意见，经法庭许可也可以向规范性文件制定机关出庭人员发问，审判人员也可以进行发问，并将此审查过程书面记录于庭审笔录。但就规范性文件在本案中的适用问题，应由被告进行举证，制定机关的意见不影响被告的意见，当意见出现分歧时，对于规范性文件在本案中的适用问题以被告的意见为准。

6. 重大规范性文件一并审查可采取听证模式

对于重大规范性文件的审查，或者人民法院与规范性文件制定机关的意见

存在重大分歧时，在制定机关愿意向法院陈述意见的情形下，人民法院也可以组织规范性文件听证审查。人民法院应当在规范性文件听证审查三日前通知规范性文件制定机关，该案诉讼参加人可向人民法院申请或者由人民法院通知参加听证；必要时也可邀请规范性文件制定机关的同级人民政府、上一级行政机关以及规范性文件的备案机关及专家学者等参与。听证审查的结果作为法院审查规范性文件合法性的参考。

7. 20 个工作日未回复的视为行政机关未陈述意见或者未提供相关证明材料

新《适用解释》第一百四十七条第三款规定，行政机关未陈述意见或者未提供相关证明材料的，不能阻止人民法院对规范性文件进行审查。从行政机关的角度分析，其消极态度不能对抗人民法院的司法审查；但从法院的角度，也明确了司法不能拒绝裁判原则。但是对于“行政机关未陈述意见或者未提供相关证明材料的”情形应如何认定？建议增加规定，规范性文件的制定机关在收到人民法院关于规范性文件审查征求意见的相关文书后20 个工作日（参照政府信息公开制度中的期限）内未予回复的，视为行政机关未陈述意见或者未提供相关证明材料，不能阻止人民法院对规范性文件进行审查。此处的“回复”包括制定机关申请出庭陈述意见、出具书面说明等。如是，也明确了行政机关陈述意见及提供相关材料的期限，有利于提高规范性文件的审查效率，避免久拖不决。

（四）规范性文件一并审查的原则及标准

1. 审查原则

一是以审查行政行为合法性为主，以审查规范性文件合法性为辅。从该项制度设计看，规范性文件审查系依附于行政行为的合法性审查，包括由行政行为案件管辖法院审查、不能单独请求审查规范性文件、对规范性文件的合法性只能在裁判理由中阐述等，故法院在审理中仍应重点关注行政行为的合法性。

二是规范性文件审查以合法性为主，以合理性为辅。根据《纪要》的规定，规范性文件的审查标准是“合法、有效并合理、适当”，即在审查规范性文件合法性的同时需兼顾合理性审查。有观点认为，对规范性文件的审查应排除合理性审查，这是不符合司法实践的，尤其对于根据上位法授权制定的或者涉及改革创新内容的规范性文件，因其没有直接明确的上位法依据，故对于其内容是否“合理”“适当”的审查系评判该类规范性文件是否能够作为行政行为依据的重点。

三是以审查规范性文件实体内容为主，以审查规范性文件制定程序为辅。

对于规范性文件的审查主要是针对本案适用条款的审查，而不是对整部规范性文件进行审查，人民法院也不能就整部规范性文件的合法性作出判断。[①] 此处也隐含了关于审查顺位的指引，即对作为行政行为直接依据的规范性文件条款经审查未发现违法情形的，一般无须再审查其制定程序的合法性，以提高司法审查效率。

四是规范性文件审查以依据上位法规范审查为主，以依据法律原则、立法目的等审查为辅。审查规范性文件的合法性，以法律和法规为依据，参照规章，这与行政行为合法性审查的依据是一致的。在有上位法依据的情形下，以审查制定规范性文件是否超越上位法规定或授权、内容是否与上位法相抵触为主；在没有直接明确的上位法依据的情形下，才审查制定规范性文件是否符合授权目的、法律原则或者公共利益等。

另外，对于改革创新类规范性文件的审查，要从该规范性文件是否符合改革创新目的、是否实现了公共利益与个人合法权益的衡平、是否符合依法行政原则等方面进行审查，既不能“无条件支持”，也不能“全盘否定”，要体现法院依法支持改革创新的大方向，也要坚守行政审判监督依法行政、维护行政相对人合法权益的司法底线。

2. 审查强度

新《适用解释》第一百四十八条规定了规范性文件一并审查的维度和强度。其维度包括，审查规范性文件的制定机关是否超越权限或者违反法定程序、制定规范性文件是否符合上位法依据等。关于规范性文件一并审查的强度问题，有观点认为，规范性文件可以分为四大类：组织性规则、裁量性规则、解释性规则、补充性规则。[②] 除因制定机关未取得授权而制定的组织性规则无效外，一般应当对组织性规则的内容给予较强的尊重；对于解释性规则进行进一步细分，区分为行政法规、地方性法规的制定解释、规章及以下规范性文件的一般性解释和具体应用解释，审查强度从强尊重到一般性尊重，再到弱尊重；对于裁量性规则和补充性规则，法院的审查强度为弱尊重。[③]

上述规范性文件的分类对审判实践有一定的参考作用。组织性规则，常见

---

① 江必新、梁凤云：《最高人民法院新行政诉讼法司法解释理解与适用》，中国法制出版社 2015 年版，第 212 页。

② 胡建峰：《论行政规则在司法审查中的地位》，载《行政法学研究》2004 年第 1 期。

③ 张雨梅、高宏亮：《回归与再造：规范性文件司法审查强度研究——以 105 则行政诉讼案例为分析样本》，载《全国法院第 27 届学术讨论会获奖论文集》（2016 年）。

的如“三定”方案，涉及职权依据问题，无严重违法之处的一般均予认可。对于解释性规则，需注意其解释主体，《纪要》规定“根据立法法、行政法规制定程序条例和规章制定程序条例关于法律、行政法规和规章的解释的规定，全国人大常委会的法律解释，国务院或者国务院授权的部门公布的行政法规解释，人民法院作为审理行政案件的法律依据；规章制定机关作出的与规章具有同等效力的规章解释，人民法院审理行政案件时参照适用”。即属于《纪要》规定的有权机关作出的行政法规解释、规章解释，与法规、规章具有同等效力，不属于规范性文件一并审查范围。由行政执法机关制定的自由裁量权行使标准等属于裁量性规则，如其作为被诉行政行为的直接依据，经审查其条件、幅度、范围等符合上位法规范的方能适用。补充性规则主要是对上位法没有作出细化的规定进行补缺，常见的如执法程序操作规则、行政许可申请指引等，经审查符合上位法原则、目的、未侵犯行政相对人权益或者增设行政许可条件等方能适用。

3. 审查标准

规范性文件一并审查的关键在于认定“规范性文件不合法”的情形。根据新《适用解释》第一百四十八条、《纪要》相关规定并结合司法实践，具体总结为下表，以供参考。

表1 规范性文件一并审查标准明细表

规范性文件一并审查的标准		
规范性文件不合法的若干情形	(一) 超越制定机关法定职权或者超越法律、法规、规章授权范围	1. 制定规范性文件超越制定机关的部门管辖权： (1) 越权行使其他行政部门的管理职权； (2) 越权行使司法权，包括司法裁判权、强制执行权等。 2. 制定规范性文件超越制定机关的层级管辖权： (1) 下级行政机关行使了法律、法规授权上级行政机关行使的职权； (2) 行政机关的内部机构和派出机构行使该机关的职权； (3) 上级行政机关行使法律、法规明确授予下级行政机关的职权。 3. 制定规范性文件超越制定机关的地域管辖权。 4. 制定规范性文件超越制定机关的法定事务管辖权： (1) 超越法定可以采取措施的种类，如限制人身自由的处罚只能由法律规定； (2) 超越法定可以采取措施的对象； (3) 超越法定幅度。 5. 其他超越法定职权或者授权范围的情形。

续表

规范性文件一并审查的标准		
规范性文件不合法的若干情形	（二）与法律、法规、规章等上位法的规定相抵触	1. 规范性文件缩小法律、法规、规章等上位法规定的权利主体范围，或者违反上位法立法目的扩大上位法规定的权利主体范围； 2. 规范性文件限制或者剥夺上位法规定的权利，或者违反上位法立法目的扩大上位法规定的权利范围； 3. 规范性文件扩大行政主体或其职权范围； 4. 规范性文件延长上位法规定的履行法定职责期限； 5. 规范性文件以参照、准用等方式扩大或者限缩上位法规定的义务或者义务主体的范围、性质或者条件； 6. 规范性文件增设或者限缩上位法规定的适用条件； 7. 规范性文件扩大或者限缩上位法规定的给予行政处罚的行为、种类和幅度的范围； 8. 规范性文件改变上位法已规定的违法行为的性质； 9. 规范性文件超出上位法规定的强制措施的适用范围、种类和方式，以及增设或者限缩其适用条件； 10. 规范性文件设定不符合行政许可法规定的行政许可，或者增设违反上位法的行政许可条件； 11. 其他与法律、法规、规章等上位法的规定相抵触的情形。
	（三）没有法律、法规、规章依据，违法增加公民、法人和其他组织的义务或者减损公民、法人或者其他组织的合法权益	1. 没有法律、法规、规章依据，规范性文件增加制裁条件、制裁手段、制裁幅度，主要包括行政处罚、行政强制等侵益性行为； 2. 没有法律、法规、规章依据，规范性文件增加特定对象的义务、扩大承担义务主体的范围； 3. 没有法律、法规、规章依据，规范性文件增设行政许可或行政许可条件； 4. 没有法律、法规、规章依据，规范性文件限制或剥夺特定对象的权利； 5. 没有法律、法规、规章依据，规范性文件创设行政机关的权力或者授权其他主体行使行政权力； 6. 其他不合法情形。
	（四）未履行法定批准程序、公开发布程序，严重违反制定程序的	1. 制定规范性文件不符合国务院规定的公文运行程序要求； 2. 涉及关系人民群众切身利益的或者重大的规范性文件在起草时未征求利害关系人及社会公众的意见； 3. 规范性文件未按照规定履行法定批准程序、公开发布程序及进行备案； 4. 规范性文件存在其他严重违反正当程序原则，对行政相对人权利义务产生影响的情形； 5. 其他严重违反制定程序的情形。
	（五）其他违反法律、法规以及规章的情形	1. 规范性文件扩大特定术语的内涵和外延，导致行政职权的扩大和公民权益的缩减； 2. 规范性文件缩小特定术语的内涵和外延，导致行政机关义务的缩减和个别公民权益的扩大，影响行政目标的达成； 3. 制定规范性文件侵犯国家秘密、商业秘密和个人隐私的。

（五）规范性文件一并审查的审查结果及处理方式

《行政诉讼法》第六十四条原则上规定了规范性文件一并审查的审查结果及处理方式，新《适用解释》第一百四十九条、第一百五十条对此作了进一步细化。

1. 审查结果

对于规范性文件一并审查的结果，根据新《适用解释》第一百四十九条第一款规定，规范性文件经审查认为合法的，应当作为认定行政行为合法的依据。如被诉行政行为的行政程序未违反上位法规定但违反了经审查认为合法的规范性文件的，可以认定属于“程序轻微违法”，适用《行政诉讼法》第七十四条第一款第（二）项之规定作出确认违法判决。规范性文件经审查认为不合法的，不作为认定行政行为合法的依据并应在裁判理由中予以阐明。而规范性文件介于“合法”与“不合法”之间的“不违法”中间地带的，在规范性文件一并审查作为单独诉讼请求提出时，法院不能拒绝评述，这是法院的强制性义务。但对于原告未提出规范性文件一并审查请求但规范性文件确作为被诉行政行为依据，如有上位法依据的，可以直接依据上位法规定对被诉行政行为的合法性作出评判。此处法院对于规范性文件合法性的“沉默”，也可视为行使司法审查权的体现。

2. 处理方式

对于规范性文件一并审查结果的处理方式，人民法院实质上仅具有“建议权”，该处理建议对制定机关是否有强制约束力？制定机关若拒不回复，或拒不按照处理建议对规范性文件进行清理、整改的，是否应承担法律后果？依照现行《行政诉讼法》第九十六条规定，行政机关拒绝履行判决、裁定、调解书的，人民法院可以采取若干强制措施，但拒绝履行司法建议并未包含在内。考察行政诉讼其他制度设计，如新《适用解释》第一百三十二条规定对于人民法院书面建议行政机关负责人出庭应诉的但该行政机关负责人未出庭的，人民法院应当记录在案、在裁判文书中载明并可以建议有关机关依法作出处理。相较于行政机关负责人未出庭应诉，规范性文件不合法但制定机关拒绝处理的危害性显然更大，对此，参照上述机制作出相应处理并无不妥。再结合规范性文件审查处理方式中已有的“抄送”制度，建议补充规定：人民法院经审查认为规范性文件不合法而向规范性文件制定机关及其他相关行政机关发送司法建议，该行政机关无正当理由未予书面答复或拒绝按照司法建议处理的，作出生效裁判的人民法院可以向该行政机关的同级人民政府、上一级行政机关、备案机关及监察机关提出处理建议。另外，人民法院还可以通过裁判文书公开、发布典型案例等方式将审查结果公之于众，督促制定机关按照司法建议作出处理。

3. 审查效力

关于规范性文件一并审查的效力，有观点认为，行政诉讼法对规范性文件的处理采用了“不作为依据并提出处理意见”的方案，虽然没有明确法院可以在判决中宣告相关条款对本案的效力，但是，法院已经对其相关条款作了“合法、有效、合理、适当”审查，其相关条款的合法性、有效性、合理性等得到了确认，在今后类似的案件中，具有一定的预决效力。也就是说，如果今后当事人根据其他法院的生效判决，提出该规范性文件已被认定为不合法，人民法院应当认定该生效判决对本案具有拘束力。[①] 对此，《行政诉讼法》及司法解释并未作出明确规定。而对于“既判力”溯及范围本身也是存在争议的，且鉴于当前行政案例（最高人民法院公布的指导性案例除外）并非法院审理行政案件的依据或参照，故上述“预决效力”更多的是针对同一法院而言，其对同一规范性文件的审查结果如存在前后矛盾，有违司法公正。此外，新《适用解释》第一百五十条规定的内部层报制度、第一百五十一条规定的审判监督程序，也是为了防止和解决规范性文件审查结果出现矛盾、错误而作出的制度设计，故目前法院对规范性文件的审查结果不宜采“拿来主义”。

4. 关于立即停止执行

新《适用解释》第一百四十九条第四款规定，“情况紧急的，人民法院可以建议制定机关或者其上一级行政机关立即停止执行该规范性文件”。此系对行政诉讼不停止执行原则的一大突破，但也是司法实践所需。此处的“情况紧急”，主要指规范性文件存在重大且明显违法，继续执行该规范性文件将给国家利益、社会公共利益造成重大损害，将对行政相对人合法权益造成不可弥补、不可恢复的重大损害等情形。人民法院建议规范性文件立即停止执行的，应当在裁判生效后报送上一级法院进行备案。涉及国务院部门、省级行政机关制定的规范性文件，还应当分别层报最高人民法院、高级人民法院备案。

（六）规范性文件一并审查案件的裁判方式

1. 一审裁判方式

规范性文件一并审查案件的裁判方式与其他行政诉讼案件的裁判方式并无

---

① 江必新、梁凤云：《最高人民法院新行政诉讼法司法解释理解与适用》，中国法制出版社 2015 年版，第 207 - 208 页。

二致，需要注意的是，规范性文件的审查结果只能在裁判理由中阐述，不能在裁判主文中对规范性文件的效力作出判决。这与《纪要》确立的审判思路是一脉相承的，“人民法院经审查认为被诉具体行政行为依据的具体应用解释和其他规范性文件合法、有效并合理、适当的，在认定被诉具体行政行为合法性时应承认其效力；人民法院可以在裁判理由中对具体应用解释和其他规范性文件是否合法、有效、合理或适当进行评述”。

有观点认为，人民法院对行政诉讼案件裁定驳回起诉的，由于该案并未进入实体审查，而且对规范性文件的审查为附带性审查，因此裁定驳回起诉的在裁定书中不需要对规范性文件的合法性表态。[①] 法院经审查对行政行为的起诉裁定不予立案或者驳回起诉的，对规范性文件一并审查的请求应一并予以驳回。但人民法院经阅卷、询问等发现规范性文件存在重大且明显违法之处的，虽无须在驳回起诉裁定书中表述规范性文件的审查意见，但法院也可以通过发送个案司法建议等形式建议制定机关予以修正。

2. 二审裁判方式

对于规范性文件一并审查的二审裁判方式，如一审遗漏规范性文件一并审查诉讼请求的，可以参照“遗漏行政赔偿请求”的二审裁判方式，建议补充规定：原审判决遗漏规范性文件一并审查请求，第二审人民法院经审查认为规范性文件合法的，应当判决驳回规范性文件一并审查请求。原审判决遗漏规范性文件一并审查请求，第二审人民法院经审查认为规范性文件不合法，但原审裁判结果正确的，在第二审裁判理由中予以阐明；原审裁判结果错误的，应当裁定撤销原判，发回重审。

如当事人在第二审程序中新增要求规范性文件一并审查的，法院不予准许，但可以视情况决定将其归纳为被诉行政行为的法律适用正确性问题作为二审的审理重点予以审查，对于原审裁判结果正确的予以维持，原审裁判结果错误的，依法改判、撤销或者变更。

3. 审判监督程序

新《适用解释》第一百五十一条规定了对规范性文件合法性认定错误的审判监督程序。其程序设置与《行政诉讼法》第九十二条规定的一般行政诉讼案件的审判监督程序一致，存在认定错误的情形有两种：一是将违法的规范性文

---

① 江必新、梁凤云：《最高人民法院新行政诉讼法司法解释理解与适用》，中国法制出版社 2015 年版，第 208－209 页。

件认定为合法，如果导致裁判结果错误的，应当通过审判监督程序予以纠正；二是将合法的规范性文件认定为违法，在此情形下是否由法院承担司法赔偿责任还有待商榷，因目前尚不存在行政机关向司法机关要求赔偿的程序设置，且法院仅是在裁判理由中予以表述，并未对规范性文件的效力作出直接评判。总体而言，法院对于行使规范性文件合法性审查权还是比较慎重的，该条款的规定更多的是从审判程序上对行政法官行使该项审查权设置一种约束。

（七）国家赔偿责任

有观点认为，对于经合法性审查认为行政行为的违法是所依据的规范性文件违法造成的，并且造成了行政相对人损失的，行政相对人可以请求国家赔偿。目前，行政赔偿义务机关一般是作出行政行为的行政机关，不包括规范性文件的制定机关，对于这个问题，可以通过将来修改国家赔偿法来实现。[①] 有的学者进一步认为，此时涉及的赔偿义务主体可能包括两个以上，赔偿责任应当根据不同的情况加以确定：如果作出行政行为的行政机关曾经向制定机关提出异议，制定机关没有答复或者不予答复的，则制定机关具有完全的公务过错，应当由制定机关承担赔偿责任；如果作出行政行为的行政机关明知规范性文件违法或者无效，基于各种原因未向制定机关提出异议的，根据双方的公务过错程度来承担连带责任。[②]

但在目前国家赔偿法尚未修改的前提下，因规范性文件违法与行政相对人权益受损之间的媒介就是被诉行政机关作出的违法行为，即无行政机关作出违法行为就不会对行政相对人的权利义务产生影响，故由作出违法行为的行政机关作为赔偿义务机关对其直接侵权的行政相对人承担行政赔偿责任，是符合法理和实践的。因制定机关并未参与行政诉讼个案审理程序，故在个案中判决由其承担行政赔偿责任也有违诉讼制度。且承担行政赔偿责任的最终主体是国家，其目的也是对行政相对人的救济，故由哪一机关实际履行赔偿责任对行政相对人而言并无深究之必要。对于违法规范性文件制定机关的责任，可由监察机关、上级行政机关等进行行政追责，督促其进一步完善规范性文件的制定。

四、关于完善行政诉讼法律适用体系的路径

最高人民法院于2004年出台了《纪要》，其基本思路一是总结法律适用经验，将行之有效的审判经验条文化；二是细化有关法律规定，增强可操作性；

① 江必新、梁凤云：《行政诉讼法理论与实务》（第三版），法律出版社2016年版，第1515页。

② 陈高英：《试论行政规范性文件的司法审查》，载《福州党校学报》2000年第3期。

三是明确基本的法律适用规则，便于排除审判阻力。[①]《纪要》着重解决了行政案件的审判依据、法律规范冲突的适用规则、新旧法律规范的适用规则及法律规范具体应用解释四个问题，并提出了行政案件适用法律的原则要求，在行政审判实践中发挥了巨大的指引作用。

随着现行《行政诉讼法》及新《适用解释》的施行，行政诉讼理论和行政审判实践日臻成熟，以现行行政诉讼法及司法解释规定为基础，结合《纪要》运行经验和当前行政审判实践，建立一个全面完善的行政诉讼法律适用体系正当其时。

（一）明确行政诉讼法律渊源

《行政诉讼法》第六十三条明确了行政诉讼的法律适用范围："人民法院审理行政案件，以法律和行政法规、地方性法规为依据。地方性法规适用于本行政区域内发生的行政案件。人民法院审理民族自治地方的行政案件，并以该民族自治地方的自治条例和单行条例为依据。人民法院审理行政案件，参照规章。"新《适用解释》第一百条对行政诉讼法律适用范围作了进一步完善："人民法院审理行政案件，适用最高人民法院司法解释的，应当在裁判文书中援引。人民法院审理行政案件，可以在裁判文书中引用合法有效的规章及其他规范性文件。"故，根据现行《行政诉讼法》及司法解释规定，行政诉讼法律渊源为宪法、法律、行政法规、地方性法规、自治条例和单行条例、部门规章、地方政府规章、司法解释等。

（二）完善行政诉讼法律适用规则

行政诉讼法律适用的具体规则，应当以法律法规为依据、参照规章、援引司法解释，并可以引用经审查合法的行政规范性文件。其中，关于规章的参照问题，人民法院参照规章，既不是无条件地适用规章，也不是一律拒绝适用规章，只能参酌、鉴别之后决定适用与否。我国宪法和法律没有授权人民法院可以撤销或者改变规章，但如果以此否认人民法院在审理行政案件中对规章的审查权，那么，《行政诉讼法》就没有必要规定参照规章，而可以直接规定依据规章。这是一种应用性质的合法性审查，具体是指人民法院在审理行政案件时，对合法的规章可以引用作为评判行政行为合法性的依据，对不合法的规章，人民法院不予适用。[②]

---

① 参见吴鹏：《行政诉讼的法律适用》，人民法院出版社 2007 年版，第 12－13 页。

② 蔡小雪、甘文：《行政诉讼实务指引》，人民法院出版社 2014 年版，第 490 页。

实践中，比较特殊的是关于经济特区、自贸试验区的行政立法，对其效力和适用问题存在一定争议。经济特区立法的特点，集中体现为先行性（超前性）、试验性、突破性和补充性，归结为一点就是创新。经济特区法规作为地方立法，其位阶应当低于作为中央立法的法律、行政法规，高于地方性法规。①

当前，自贸试验区作为我国构建开放型经济新体制的重要窗口，不仅是完善经济体制机制的有力推动，在法律实施方面也有着重大影响。为充分发挥人民法院的审判职能作用，保障自由贸易试验区建设，最高人民法院于2016年12月30日出台了《关于为自由贸易试验区建设提供司法保障的意见》，但其中并未涉及自贸试验区内的法律适用问题。关于自贸试验区行政立法的效力问题，依据其制定主体不同，区分为地方性法规、地方政府规章和行政规范性文件，在效力层级的判断上与其他法律规范并无二致。如《中国（浙江）自由贸易试验区条例》对自贸试验区的管理体制、投资开发与贸易自由、大宗商品贸易与高端产业促进、交流合作与航运服务、金融服务与财税管理、综合监管与法治环境等方面的制度以地方性法规形式予以固定。

由于自贸区管理机构通常不是一级政府，因此其不具有相对独立的立法权和司法权，其制度创新仅局限于行政审批领域，尚不能形成所谓的“法律特区”。② 因涉自贸区行政立法多涉及改革创新措施，与一般的行政管理行为区别较大，故根据“特别法优于一般法”的法律适用原则，同等效力层级的自贸区地方性法规、地方政府规章和规范性文件在其实施范围内分别要优先于一般规范的适用，这与立法法关于经济特区行政立法的法律适用规则也是相统一的。

（三）有效解决行政诉讼法律适用冲突

完善的行政诉讼法律适用体系，离不开对行政诉讼法律适用冲突的有效解决。那么，首先应判断各类法律渊源效力层级；在此基础上，适用“上位法优于下位法”“特别法优于一般法”“新法优于旧法”等基本法律适用原则处理；对于存在特殊的法律适用冲突情形的，再按照行政诉讼法律适用的冲突解决规则进行处理。

《纪要》明确了人民法院在行政诉讼法律适用和解释时应遵循的总原则，即应当“妥善处理法律效果与社会效果的关系，既要严格适用法律规定和维护法律规定的严肃性，确保法律适用的确定性、统一性和连续性，又要注意与时

① 参见吴鹏：《行政诉讼的法律适用》，人民法院出版社2007年版，第186页。
② 张长绵、盛莉琼：《中国（上海）自由贸易区的法制发展》，载《人民法治》2016年第12期。

俱进，注意办案的社会效果，避免刻板僵化地理解和适用法律条文，在法律适用中维护国家利益和社会公共利益”。根据立法法、现行《行政诉讼法》及司法解释，结合《纪要》规定及当前司法实践，总结为下表，以供参考。

表 2　行政诉讼的法律适用及冲突解决规则表

<table>
<tr><th colspan="2">行政诉讼的法律适用及冲突解决规则</th></tr>
<tr><td colspan="2">一、判断行政诉讼法律渊源的效力层级</td></tr>
<tr><td colspan="2">1. 宪法具有最高的法律效力；
2. 全国人民代表大会常务委员会的法律解释同法律具有同等效力，法律的效力高于行政法规、地方性法规、规章；
3. 行政法规的解释与行政法规具有同等效力，行政法规的效力高于地方性法规、规章；
4. 地方性法规的效力高于本级和下级地方政府规章；
5. 自治条例和单行条例依法对法律、行政法规、地方性法规作变通规定的，在本自治地方适用自治条例和单行条例的规定；
6. 经济特区法规根据授权对法律、行政法规、地方性法规作变通规定的，在本经济特区适用经济特区法规的规定。
7. 省、自治区的人民政府制定的规章的效力高于本行政区域内的较大的市的人民政府制定的规章；
8. 规章制定机关的解释同规章具有同等效力；部门规章之间、部门规章与地方政府规章之间具有同等效力。</td></tr>
<tr><td colspan="2">二、行政诉讼法律适用原则</td></tr>
<tr><td>上位法优于下位法</td><td>1. 下位法的规定不符合上位法的，人民法院原则上应当适用上位法。
2. 法律、行政法规或者地方性法规修改后，其实施性规定未被明文废止的，适用时应当区分下列情形：
（1）实施性规定与修改后的法律、行政法规或者地方性法规相抵触的，不予适用；
（2）因法律、行政法规或者地方性法规的修改，相应的实施性规定丧失依据而不能单独施行的，不予适用；
（3）实施性规定与修改后的法律、行政法规或者地方性法规不相抵触的，可以适用。</td></tr>
<tr><td>特别法优于一般法</td><td>1. 同一法律、行政法规、地方性法规、自治条例和单行条例、规章内的不同条文对相同事项有一般规定和特别规定的，优先适用特别规定。
2. 法律之间、行政法规之间或者地方性法规之间对同一事项的新的一般规定与旧的特别规定不一致的，按照下列情形适用：
（1）新的一般规定允许旧的特别规定继续适用的，适用旧的特别规定；
（2）新的一般规定废止旧的特别规定的，适用新的一般规定；
（3）不能确定新的一般规定是否允许旧的规定继续适用的，中止行政案件的审理，分别送请有权机关裁决。</td></tr>
</table>

续表

行政诉讼的法律适用及冲突解决规则	
新法优于旧法	1. 行政相对人的行为发生在新法施行以前，具体行政行为作出在新法施行以后，一般按照“实体从旧，程序从新”原则； 2. 法律、法规或规章另有规定的，按照法律、法规或规章处理； 3. 新法对保护行政相对人的合法权益更为有利的，适用“从新兼从轻”原则； 4. 行政处罚行为适用“从旧兼从轻”原则。
三、行政诉讼法律适用冲突的解决	
地方性法规与部门规章冲突的解决	1. 地方性法规与部门规章之间对同一事项的规定不一致的，一般可以按照下列情形适用： （1）法律或者行政法规授权部门规章作出实施性规定的，其规定优先适用； （2）尚未制定法律、行政法规的，部门规章对国务院决定、命令授权的事项，或者对中央宏观调控的事项、需要全国统一的市场活动规则及对外贸易和外商投资等需要全国统一规定的事项作出的规定，应当优先适用； （3）地方性法规根据法律或者行政法规的授权，根据本行政区域的实际情况作出的具体规定，应当优先适用； （4）地方性法规对属于地方性事务的事项作出的规定，应当优先适用； （5）尚未制定法律、行政法规的，地方性法规根据本行政区域的具体情况，对需要全国统一规定以外的事项作出的规定，应当优先适用。 2. 不能确定如何适用的，应当中止行政案件的审理，逐级上报送请有权机关处理。
规章发生冲突的解决	1. 部门规章与地方政府规章之间对相同事项的规定不一致的，人民法院一般可以按照下列情形适用： （1）法律或者行政法规授权部门规章作出实施性规定的，其规定优先适用； （2）尚未制定法律、行政法规的，部门规章对于国务院决定、命令授权的事项，或者对属于中央宏观调控的事项、需要全国统一的市场活动规则及对外贸易和外商投资等事项作出的规定，应当优先适用； （3）地方政府规章根据法律或者行政法规的授权，根据本行政区域的实际情况作出的具体规定，应当优先适用； （4）地方政府规章对属于本行政区域的具体行政管理事项作出的规定，应当优先适用； （5）不能确定如何适用的，应当中止行政案件的审理，逐级上报送请有权机关裁决。 2. 国务院部门之间制定的规章对同一事项的规定不一致的，人民法院一般可以按照下列情形选择适用： （1）适用与上位法不相抵触的部门规章规定； （2）与上位法均不抵触的，优先适用根据专属职权制定的规章规定； （3）两个以上的国务院部门就涉及其职权范围的事项联合制定的规章规定，优先于其中一个部门单独作出的规定；

续表

行政诉讼的法律适用及冲突解决规则	
	（4）不能确定如何适用的，应当中止行政案件的审理，逐级上报送请有权机关裁决。 3. 规范性文件对相同事项的规定不一致的，参照上述精神处理。
四、行政诉讼的法律解释规则	
1. 一般按照其通常语义进行解释； 2. 有专业上的特殊含义的，该含义优先； 3. 语义不清楚或者有歧义的，可以根据上下文和立法宗旨、目的和原则等确定其含义； 4. 法律规范在列举其适用的典型事项后，又以“等”“其他”等词语进行表述的，属于不完全列举的例示性规定；以“等”“其他”等概括性用语表示的事项，均为明文列举的事项以外的事项，且其所概括的情形应为与列举事项类似的事项。	

五、关于建立健全规范性文件审查相关制度的建议

（一）建立健全规范性文件审查衔接机制

党的十八届四中全会作出的《中共中央关于全面推进依法治国若干重大问题的决定》中明确要求：完善全国人大及其常委会宪法监督制度，健全宪法解释程序机制。加强备案审查制度和能力建设，把所有的规范性文件纳入备案审查范围，依法撤销和纠正违宪违法的规范性文件。对此，浙江省建立了行政规范性文件合法性审查“府院衔接”工作机制。根据浙江省建设法治政府（依法行政）工作领导小组办公室、浙江省高级人民法院、浙江省人民政府法制办公室联合出台的《关于建立健全行政规范性文件合法性审查“府院衔接”工作机制的指导意见》（浙依组办〔2017〕8 号），建立了包括征求意见机制、信息共享机制、异议审查衔接机制、司法建议反馈落实机制、研讨会商机制、业务培训交流机制在内的“府院衔接”工作机制，是提高行政规范性文件合法性审查质效的有效平台。上海则建立了“一府两院”规范性文件审查衔接工作机制。[①]

---

① 上海市法治政府建设领导小组办公室、市高级法院、市检察院共同签署《建立行政规范性文件审查衔接工作机制的指导意见》，确定各级法院行政诉讼、检察院行政诉讼监督及公益诉讼涉及规范性文件的审查，各级行政机关制定规范性文件和规范性文件合法性审查及备案审查等工作，作为审查衔接工作机制的适用范围。审查衔接工作机制包括意见征询机制、会商通报机制、涉诉规范性文件材料共享机制、协同配合机制、数据平台对接机制、业务培训交流机制六项机制，并通过召开联席会议等方式加强沟通，推动规范性文件审查衔接工作机制具体落实。

（二）建立规范性文件司法审查数据库

借鉴浙江智慧法院建设经验，重视发挥大数据效用，建立规范性文件司法审查数据库。可依托浙江法院司法建议数据库、裁判文书公开网等现有平台，前期由专人负责上传法院针对规范性文件经审查认为不合法向制定机关发送的司法建议以及书面答复意见，后期可由系统自动识别、分析相关法院关于涉案或者类似规范性文件的审查意见和裁判理由表述（包括但不限于上述经审查认为不合法的规范性文件），提供检索途径或由系统自动推送，辅助审判需要，统一裁判观点。该数据库的建立，也能为上级法院监督下级法院对规范性文件的审查提供重要渠道。条件成熟时，该数据库也可与立法机关、备案审查机关、监察机关“联网”，形成规范性文件审查结果数据交流和共享，拓展规范性文件司法审查效用。

（三）建立统一的行政规范性文件管理规范

中共中央、国务院发布的《法治政府建设实施纲要（2015—2020年）》中提出了“完善依法行政制度体系”的要求，具体措施包括完善政府立法体制机制，加强重点领域政府立法，提高政府立法公众参与度，加强规范性文件监督管理，建立行政法规、规章和规范性文件清理长效机制等。对于行政法规、规章，《行政法规制定程序条例》《规章制定程序条例》《法规规章备案条例》等发挥了统一的规范指引作用；而对于行政规范性文件的制定、备案、审查程序及内容合法性，尚无统一规范，仅有《党政机关公文处理工作条例》从公文的形式要件上进行了统一约束和规范指引。

从实践来看，《浙江省行政规范性文件管理办法》《广西壮族自治区行政规范性文件制定程序规定》《云南省行政规范性文件制定和备案办法》《上海市行政规范性文件制定和备案规定》等对行政规范性文件制定、备案的起草、听证、决定、公布、备案等基本程序均设置了基本相同的要求，而基于地域特色和地区行政管理实际需要，也作出了一定的探索。另外，《山东省人民政府法制办公室关于行政规范性文件认定的指导意见（试行）》对行政规范性文件的认定作出了指引。《中国（上海）自由贸易试验区管理委员会行政规范性文件法律审查规则》《中国（福建）自由贸易试验区管理委员会规范性文件法律审查规则》对自贸区规范性文件是否符合自贸试验区试点要求和相关法律规定进行审查是其一大特色。在总结各地经验的基础上，建议建立统一的规范性文件管理规范，对规范性文件的制定、备案、审查、清理、监督等确立统一的规则和标准，助推形成系统完备、科学规范、运行有效的依法行政制度体系。

附:《关于审理规范性文件一并审查行政案件若干问题的规定》(试拟稿)

关于审理规范性文件一并审查行政案件若干问题的规定

(试拟稿)

为正确审理规范性文件一并审查行政案件，根据《中华人民共和国立法法》、《中华人民共和国行政诉讼法》和《最高人民法院关于适用〈中华人民共和国行政诉讼法〉的解释》(以下简称《解释》)等有关法律及司法解释规定，结合行政审判实际，制定本规定。

第一条　【规范性文件的概念】行政诉讼法第五十三条规定的规范性文件，是指为指导法律执行或者实施行政措施，由行政机关或者法律、法规、规章授权的组织制定、发布的具有普遍约束力的决定、命令，但行政法规及规章除外。

第二条　【征询意见】人民法院在对规范性文件审查过程中，需要规范性文件的制定机关进行解释、说明的，可以口头或者书面形式向规范性文件的制定机关征询意见。

第三条　【制定机关应当进行书面说明的义务】对于人民法院经审查发现规范性文件可能不合法的而该规范性文件涉及重大公共利益、社会高度关注或者可能引发群体性事件的，人民法院应当书面告知规范性文件的制定机关可以出庭陈述意见。

规范性文件的制定机关不出庭陈述意见的，应当向人民法院提交关于该规范性文件的制定背景、目的、依据、程序、实施情况、备案审查意见等相关情况的书面说明。

第四条　【制定机关出庭陈述意见程序】规范性文件制定机关出庭陈述意见的，由该机关就规范性文件的制定背景、目的、依据、程序、实施情况、备案审查意见等陈述意见，诉讼参加人均可对此发表意见。

审判人员可以向制定机关出庭人员进行发问；经法庭许可，诉讼参加人也可以向规范性文件制定机关出庭人员发问。

制定机关出庭人员陈述意见的，作为人民法院审查规范性文件的参考。制定机关出庭人员陈述的意见与被告的意见不一致的，不影响人民法院对行政行为合法性的审理。

第五条　【听证审查】对于本规定第三条第一款规定的规范性文件审查，或者人民法院与规范性文件制定机关的意见存在重大分歧时，人民法院也可以组织规范性文件听证审查。

人民法院应当在规范性文件听证审查三日前通知规范性文件制定机关，该案诉讼参加人可向人民法院申请或者由人民法院通知参加听证；必要时也可邀请规范性文件制定机关的同级人民政府、上一级行政机关、备案机关及专家学者等参与。

第六条 【回复期限】规范性文件的制定机关在收到人民法院关于规范性文件审查征询意见等相关文书后20个工作日内未予回复的，视为行政机关未陈述意见或者未提供相关证明材料，不能阻止人民法院对规范性文件进行审查。

前款规定的回复包括制定机关申请出庭陈述意见、出具书面说明等。

第七条 【审查原则】人民法院对规范性文件的审查，以审查行政行为合法性为主，以审查规范性文件合法性为辅；以审查规范性文件合法性为主，以审查规范性文件合理性为辅；以审查规范性文件实体内容为主，以审查规范性文件制定程序为辅；以依据上位法规范审查为主，以依据法律原则、立法目的等审查为辅。

第八条 【超越权限的情形】有下列情形之一的，属于《解释》第一百四十八条第二款第（一）项规定的“超越制定机关的法定职权或者超越法律、法规、规章的授权范围”：

（一）制定规范性文件超越制定机关的部门管辖权；

（二）制定规范性文件超越制定机关的层级管辖权；

（三）制定规范性文件超越制定机关的地域管辖权；

（四）制定规范性文件超越制定机关的法定事务管辖权；

（五）其他超越法定职权或授权范围的情形。

第九条 【与上位法相抵触的情形】有下列情形之一的，属于《解释》第一百四十八条第二款第（二）项规定的“与法律、法规、规章等上位法的规定相抵触”：

（一）规范性文件缩小法律、法规、规章等上位法规定的权利主体范围，或者违反上位法立法目的扩大上位法规定的权利主体范围的；

（二）规范性文件限制或者剥夺上位法规定的权利，或者违反上位法立法目的扩大上位法规定的权利范围的；

（三）规范性文件扩大行政主体或其职权范围的；

（四）规范性文件延长上位法规定的履行法定职责期限的；

（五）规范性文件以参照、准用等方式扩大或者限缩上位法规定的义务或者义务主体的范围、性质或者条件的；

（六）规范性文件增设或者限缩违反上位法规定的适用条件的；

（七）规范性文件扩大或者限缩上位法规定的给予行政处罚的行为、种类和幅度的范围的；

（八）规范性文件改变上位法已规定的违法行为的性质的；

（九）规范性文件超出上位法规定的强制措施的适用范围、种类和方式，以及增设或者限缩其适用条件的；

（十）规范性文件设定不符合行政许可法规定的行政许可，或者增设违反上位法的行政许可条件的；

（十一）其他与法律、法规、规章等上位法的规定相抵触的情形。

第十条 【无上位法依据的违法情形】有下列情形之一的，属于《解释》第一百四十八条第二款第（三）项规定的“没有法律、法规、规章依据，违法增加公民、法人和其他组织义务或者减损公民、法人和其他组织合法权益”：

（一）没有法律、法规、规章依据，规范性文件增加制裁条件、制裁手段、制裁幅度的；

（二）没有法律、法规、规章依据，规范性文件增加特定对象的义务、扩大承担义务主体的范围的；

（三）没有法律、法规、规章依据，规范性文件增设行政许可或行政许可条件的；

（四）没有法律、法规、规章依据，规范性文件限制或剥夺特定对象的权利的；

（五）没有法律、法规、规章依据，规范性文件创设行政机关的权力或者授权其他主体行使行政权力的；

（六）其他没有法律、法规、规章依据，违法增加公民、法人和其他组织义务或者减损公民、法人和其他组织合法权益的情形。

第十一条 【严重违反制定程序的情形】有下列情形之一的，属于《解释》第一百四十八条第二款第（四）项规定的“严重违反制定程序”：

（一）规范性文件未按照规定履行法定批准程序、公开发布程序的；

（二）制定规范性文件不符合国务院规定的公文运行程序要求；

（三）涉及关系人民群众切身利益的或者重大的规范性文件在起草时未征求利害关系人及社会公众的意见；

（四）规范性文件存在其他严重违反正当程序原则对行政相对人权利义务产生影响的情形；

（五）其他严重违反制定程序的情形。

第十二条 【其他不合法情形】有下列情形之一的，属于《解释》第一百四十八条第二款第（五）项规定的“其他违反法律、法规以及规章规定的情形”：

（一）规范性文件扩大特定术语的内涵和外延，导致行政职权的扩大和公民权益的缩减；

（二）规范性文件缩小特定术语的内涵和外延，导致行政机关义务的缩减和个别公民权益的扩大，影响行政目标的达成；

（三）制定规范性文件侵犯国家秘密、商业秘密和个人隐私的。

第十三条 【拒绝处理的法律后果】人民法院经审查认为规范性文件不合法向规范性文件制定机关及其他相关行政机关发送司法建议，该行政机关无正当理由未予书面答复或拒绝按照司法建议处理的，作出生效裁判的人民法院可以向该行政机关的同级人民政府、上一级行政机关、备案机关以及监察机关提出处理建议。

第十四条 【一并驳回起诉】人民法院经审查对行政行为的起诉裁定不予立案或者驳回起诉的，对规范性文件一并审查的请求应一并予以驳回。

但人民法院经阅卷、询问等发现规范性文件存在重大且明显违法之处的，可以向规范性文件的制定机关提出处理建议。

第十五条 【遗漏一并审查请求的二审裁判方式】原审判决遗漏规范性文件一并审查请求，第二审人民法院经审查认为规范性文件合法的，应当判决驳回规范性文件一并审查请求。

原审判决遗漏规范性文件一并审查请求，第二审人民法院经审查认为规范性文件不合法，但原审裁判结果正确的，第二审人民法院在裁判理由中予以阐明；原审裁判结果错误的，第二审人民法院应当裁定撤销原判，发回重审。

第十六条 【立即停止执行】规范性文件存在重大且明显违法，继续执行该规范性文件将给国家利益、社会公共利益造成重大损害的，或将对行政相对人合法权益造成不可弥补、不可恢复的重大损害等情形的，人民法院应当建议制定机关或者上一级行政机关立即停止执行该规范性文件。

人民法院建议规范性文件立即停止执行的，应当在裁判生效后报送上一级法院进行备案。涉及国务院部门、省级行政机关制定的规范性文件，还应当分别层报最高人民法院、高级人民法院备案。

第十七条 【国家赔偿责任】人民法院经审查认为规范性文件不合法的，由执行该规范性文件作出违法行政行为的行政机关承担国家赔偿责任。

第十八条 【实施日期】本规定自　　年　月　日起施行。

调查与研究

通勤事故认定工伤的事实因素和法律要件

——关于南通市2015—2017年通勤事故工伤行政案件的调查报告

江苏省南通市中级人民法院行政庭[①]

工伤认定案件是行政诉讼的热点和难点之一，作为工伤赔偿救济的必经程序，工伤认定扮演着重要角色。近年来，随着社会经济发展，机动车辆增加，加之机动车属高速运动的机器，道路交通事故显著增多，特别是对上下班职工的事故伤害风险剧增，导致通勤事故[②]工伤的发生率占工伤案件的很大比例。虽然最高人民法院及人社部对通勤事故认定工伤的理解和适用均作出不少解释和复函，理论界及实务界就此亦不乏著述，但工伤事故成因与各地经济发展水平、主要产业类型等息息相关，且新类型疑难、复杂工伤行政案件层出不穷。因此，在准确适用法律的基础上，还有必要对当地事故的事实因素作地方性考察。本文在对南通市近年来通勤事故工伤行政案件运行的现状作调查研究的基础上，总结通勤事故发生的特点和成因，进而指出此类案件的事实认定和法律适用，并就我市预防减少通勤事故、化解工伤争议，维护社会稳定提出建议。

一、2015—2017年南通法院工伤认定案件基本情况

2015—2017年3月，南通全市法院共受理一审工伤认定案件340件，占案件总量的10.3%，其中，涉及通勤事故143件，占工伤案件的42.1%，人社部

---

① 该课题系2016年度江苏省南通市中级人民法院重点调研课题。课题编号：NTFYKT20161007；课题主持人：高鸿；课题负责人：杨德华；执笔人：张祺炜、金保阳。

② 上下班途中遭受交通事故或者城市轨道交通、客运轮渡、火车事故伤害，在国外和国际公约中被笼统地称为“通勤事故”，本文为行文简洁，亦采用这一术语。

门予以认定工伤122件，不予认定工伤19件，不予受理工伤申请2件。

（一）用人单位基本信息

1. 按行业门类划分

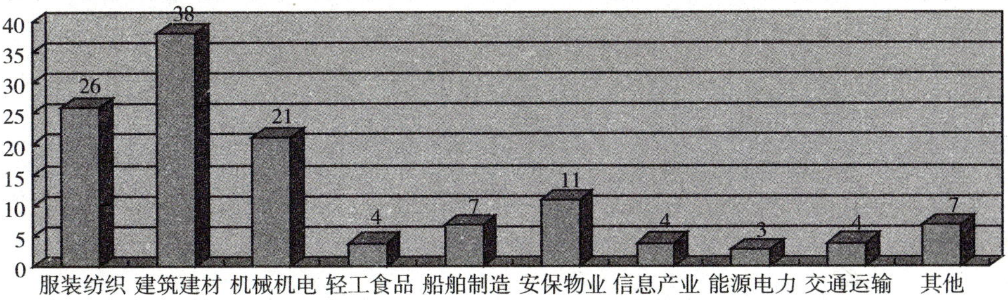

图1　各行业通勤事故发生率分布图

根据上图可见，南通市工伤事故多发于服装纺织、建筑建材、机械机电、安保物业等领域。

2. 按企业性质划分

表1　各类型企业通勤事故发生率分布表

合计	国有企业	私营企业	合伙企业	个体工商户	外资企业
140	17	102	5	13	3

根据上表可见，私营企业通勤事故发生率最高，约为71.3%，

3. 按用人单位所属地区划分

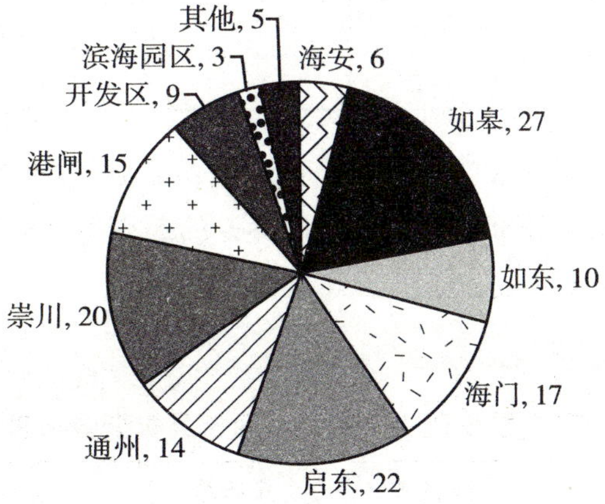

图2　南京市各地区通勤事故发生率分布图

（二）受伤职工基本信息

1. 按职工籍贯划分

表 2 通勤事故受害职工籍贯分布表

南通	江苏其他地区		江苏省外其他地区							
117	泰州	盐城	安徽	河南	浙江	福建	重庆	四川	湖北	云南
	1	1	6	2	1	1	1	3	3	2

根据上表可见，受伤职工仍以本地居民居多，这与南通市经济比较发达，劳动者不需要去异地打工有关。

2. 按职工性别和年龄划分

表 3 通勤事故受害职工性别及年龄分布表

	20 岁以下	20—30 岁	30—40 岁	40—50 岁	50—60 岁	60 岁以上	合计
男	0	10	9	15	27	14	75
女	0	8	12	17	16	11	64
合计	0	18	21	32	43	25	139

（三）被告人社部门基本信息

表 4 各人社局受理通勤事故及出庭率分布表

地区	南通市人社局	海安县人社局	如皋市人社局	如东县人社局	海门市人社局	启东市人社局	通州区人社局	合计
案件数	45	7	26	11	19	21	14	143
出庭数	40	7	26	11	19	21	14	138
败诉数	2		1	2	2			7

根据上表可见，人社部门负责人出庭率较高，败诉率较低，表明人社部门对工伤认定的把握相对较准，对工伤行政诉讼的重视程度较高。

（四）交通事故基本信息

1. 受伤职工采用交通工具

表 5 受伤职工使用的交通工具类型分布表

电瓶车	汽车	摩托车	自行车	步行	其他
89	5	32	5	9	3

根据上表可见，受伤职工采用电瓶车和摩托车发生交通事故的比率最大，这与受伤职工的经济条件有一定关系。

2. 发生交通事故时间

表 6　交通事故发生时间分布表

	2—6 点	6—10 点	10—14 点	14—18 点	18—22 点	22—次日 2 点
上班	10	40	4	6		2
下班		2	7	29	25	11

根据上表可见，交通事故主要发生于上班早高峰和下班晚高峰，基本符合我国劳动者上下班规律。

3. 受伤职工责任

表 7　受伤职工责任承担分布表

主要责任	同等责任	次要责任	无责任	责任无法查清	其他
0	35	67	29	6	6

根据上表可见，受伤职工对交通事故负有一定责任的占较大比例，表明职工交通安全意识也是影响通勤事故发生率的因素之一。

（五）工伤保险基本信息

1. 用人单位参保情况

表 8　用人单位参保情况表

保险缴纳情况	数量	比率
企业缴纳保险	15	10.5%
企业未缴纳保险	127	89.4%
职工已享受退休待遇	1	0.1%

2. 人社部门认定工伤情况

表 9　人社部门认定工伤情况表

认定工伤情况	数量	比率
予以认定工伤	119	83.2%
不予认定工伤	17	11.9%
不予受理申请	2	1.4%
其他	5	3.5%

根据表8、表9可见，企业未参保情况较为普遍，同时，人社部门认定工伤率较高，因为在认定工伤且企业参保的情况下，企业无须负担工伤赔偿，不会进入诉讼程序。

（六）行政案件裁判基本信息

2015年至2017年3月的143件通勤事故工伤认定案件中，用人单位为原告的有124件，受伤职工为原告的有19件，法院判决驳回原告诉讼请求的有70件，通过协调撤诉或者被告改变行政行为后原告撤诉的有51件，判决撤销工伤认定或者确认工伤认定违法的有7件，裁定驳回原告起诉的有9件，以移送等其他处理方式的有6件。

二、南通市通勤事故工伤案件的主要特点及成因

（一）通勤事故工伤是工伤案件的多发领域

相比工作中的工伤案件而言，我市通勤事故工伤案件占全部工伤案件的42.1%，接近一半。主要成因在于：一是用人单位对职工在工作环境中的保护强于工作场所外的保护，用人单位对职工生产过程中的安全保障容易控制，而上下班途中受职工本人及交通条件的影响较大；二是用人单位对通勤事故属于工伤的接受度不足，以小企业、个体工商户尤甚，认为通勤事故与用人单位无关，或者认为职工发生交通事故后有讹诈用人单位的嫌疑，遂提起诉讼；三是经济社会发展增加了通勤事故工伤的风险，随着我市机动车保有量不断上升，加之机动车属高速运动的机器，容易发生交通事故，而上下班又是机动车使用高峰期，导致通勤事故风险剧增。

（二）电动自行车引发通勤事故比例较大

电动自行车引发的通勤事故占全部通勤事故的62.2%，几乎每3起通勤事故就有2起涉及电动自行车，必须引起足够重视。截至2016年6月，南通市仅市区电瓶车保有量便超过90万辆，2015年，南通市区70%以上的交通事故与电动自行车有关，涉电动自行车事故死亡人数占交通事故死亡人数的32%。[①]根据《电动自行车通用技术条件》（GB17761－1999）的规定，电动自行车的最高车速应不大于20km/h，这一技术要求属于国家强制性规定。然而，在现实

① 《南通市区电瓶车拥有量超过90万辆 购买使用需规避风险》，载江海明珠网 http://www.ntjoy.com/news/vod/xwsph/nttv1/nttv/2016/08/2016－08－20506066.html。

生活中却存在大量的最高车速远远大于 20km/h 的电动自行车，有的肇事车辆最高时速达到 50km/h，安全风险性上与机动车并无区别。此类事故的频发暴露出当前对电动自行车行业在生产、流通、使用等领域管理上的缺位。

（三）通勤事故的高发行业较为集中

我市通勤事故从行业类型来看，建筑建材、服装纺织、机械机电三个行业占比较高，共占全部案件的 59.4%，从性质来看，民营企业占比较高，私营、个体工商户及合伙企业共占全部案件的 85.7%，主要原因在于：一是工伤事故发生率与当地主要支柱产业息息相关。南通市是中国近代民族工业发祥地之一，目前形成了以轻纺为主体，机械、电子、化工、医药、建材、船舶、电力等相配套的现代工业体系，是全国船舶、精细化工、电子信息、纺织服装等产品的重要出口基地，企业数量多、规模大，不可避免地伴生工伤事故多发，如我市特色产业船舶工业便发生过 7 起通勤事故。二是工作场所偏远增加通勤事故风险。制造业、纺织业等企业一般均设立于城郊或乡村，导致职工上下班的路线延长，途中的不可控因素也随之增加。三是用人单位参保率低。在 124 件单位提起诉讼的案件中，用人单位未投保的为 118 件，占比 95.2%，另外，涉建设工程的 25 起案件中，共有 22 起系违法转包，在违法转包案件中用人单位参保率几乎为 0。

（四）受伤职工年龄大、学历低问题比较突出

涉及工伤的 139 名职工中，40 岁以上的共 100 人，占比 71.9%，其中超过法定退休年龄的竟达 25 人。受伤职工的主要特点为：一是学历较低，工伤事故多发行业需要大量从事一线工作的体力劳动者，这些体力劳动者多来自乡村，学历较低，交通安全意识较差，受伤职工负同等责任和次要责任的共 102 件，占 71.3%，足见职工的交通安全意识差也是通勤事故多发的重要因素；二是年龄较大，年龄相对较大的职工，交通安全意识、对突发事件的应变能力均低于年轻人，导致通勤事故多发生于年龄较大的职工；三是男女职工比例差距较小，受伤的职工中男性 75 名，女性 64 名，男性略多于女性，但总体差别不大，考虑到体力劳动者以男性居多，故通勤事故的发生率受性别因素影响较小。

（五）部分用人单位存在恶意提起诉讼的可能性

虽然起诉是作为行政相对人的用人单位的法定权利，但是，无利益即无诉权，保障权利也同时意味着对权利滥用的限制，对于任何诉讼案件，都必须满

足“对司法救济有着需要”这样的要求或要件。[①] 事实上，部分用人单位存在恶意提起诉讼之嫌，多表现为：用人单位提起行政诉讼的理由大多明显不能推翻工伤认定，但其穷尽劳动关系仲裁、行政复议、行政诉讼、民事诉讼等一系列程序，故意拖延赔偿时间，并企图通过行政协调达到少赔偿的目的。此类诉讼增加了职工依法获取工伤赔偿的成本，容易导致矛盾激化，影响社会稳定。

三、通勤事故认定工伤的事实因素和法律要件分析

工伤保险制度肇始于德国，1838 年的普鲁士已经确立了雇主责任法，不过对员工的工伤认定和赔偿条件还是很苛刻，只有劳动者无过失，雇主对工伤事故负有责任时，雇主才承担赔偿责任。[②] 从 19 世纪末期开始，德国逐渐完成了从雇主责任制向职业伤害社会保险制度的演变，并从单纯的工作事故，逐渐拓宽认定工伤和视同工伤的范围。从我国有关上下班途中法律规范的演变看，原《企业职工工伤保险试行办法》、2003 年《工伤保险条例》、原劳动和社会保障部《关于实施〈工伤保险条例〉若干问题的意见》（劳社部函〔2004〕256 号）、2010 年《工伤保险条例》先后对上下班途中的范围和标准作了规定。《最高人民法院关于审理工伤保险行政案件若干问题的规定》第六条对“上下班途中”作了列举，主要包括：一是在合理时间内往返于工作地与住所地、经常居住地、单位宿舍的合理路线的上下班途中；二是在合理时间内往返于工作地与配偶、父母、子女居住地的合理路线的上下班途中；三是从事属于日常工作生活所需要的活动，且在合理时间和合理路线的上下班途中；四是在合理时间内其他合理路线的上下班途中。此外，最高人民法院及人社部对通勤事故认定工伤的理解和适用均作出不少解释和复函。由于通勤事故本身极其复杂、内容极其丰富，因此需要更加复杂的法律适用方法相互配合、共同作用。

（一）“上下班途中”的认定

“上下班途中”属不确定法律概念，不确定法律概念之法律功能，在于使法院能适应社会经济及伦理道德价值之变迁，而使法律能与时俱进，以实践其规范功能。[③] 法院和人社部门在作出判断时，应当根据所掌握的证据，结合以下三个因素进行综合判断。

---

① 高鸿：《滥诉之殇引发的再思考》，载《中国法律评论》2016 年第 4 期。

② 孙延宏：《世界各地的上下班途中》，载《检察风云》2009 年第 20 期。

③ ［德］卡尔·拉伦茨：《法学方法论》，陈爱娥译，商务印书馆 2003 年版，第 185 页。

1. 时间因素

顾名思义，通勤事故显然发生于上下班的时间段，但实践中就以下几个问题容易产生争议：

一是迟到、早退发生交通事故的问题。迟到、早退对于企业而言，系单位内部对本单位规章制度落实情况的监督管理是否到位，对违反单位规章制度行为的监管措施是否得力，与社会保险行政部门依照职权审查认定申请工伤认定的职工是否属于在上下班的规定时间发生交通事故的执法行为无关。[①] 对于职工而言，迟到、早退属于违反劳动纪律的行为，应当受到劳动纪律的制约，但这种违反劳动纪律的过错不足以导致其丧失获得工伤保险的资格，因为这种过错和失去工伤保险的资格这一后果相比严重不合比例。迟到、早退的合理时间应当有不同的判断标准，只要职工到了单位，即使提前数小时离开单位，也属于下班，但如果职工“迟到”数小时，则不能简单认为上班，而应当结合其他因素综合判断。

二是不固定上下班的判断问题。对于上下班时间不固定的职工而言，认定是否属于上下班应当结合证据以及行业特点进行综合判断。例如，如皋市东陈镇丁北砖瓦厂诉如皋人社局一案中，虽然职工张某的上下班时间一般为凌晨2点至早上8点，张某发生交通事故的时间为12时30分左右，但张某从事码砖工作，单位对码砖工人的上下班时间并无成文规章制度，且下班时间的早晚受工作量及工作进度等诸多因素的影响，故张某下班时间并不固定，符合工伤认定的条件。

2. 路线因素

司法解释之所以规定“合理路线”，其旨趣在于，职工上下班并不一定是直线距离，还有可能因为客观原因绕道，是否属于“上下班途中”应当视绕道的原因而定。对于绕道的原因，实践中有因客观原因（突发事件、交通堵塞、天气恶劣等）而绕道，也有因私事而绕道等多种情形。因客观原因绕道的，原则上要认定为“上下班途中”。而因私事绕道的，不能一刀切，如职工在上下班途中从事属于日常工作生活所必需的活动，且在合理时间内未改变以上下班为目的的合理路线，应当视为“上下班途中”，其他情形原则上不宜认定为“上下班途中”。前者如接送孩子上学、去菜市场买菜等，后者为下班后朋友聚会等等。[②] 当然，前

---

① 程琥：《工伤保险前沿问题审判实务》，中国法制出版社2014年版，第289页。

② 马永欣、李涛、杨科雄：《〈关于审理工伤保险行政案件若干问题的规定〉的理解与适用》，载《人民司法（应用）》2014年第23期。

述接送孩子上学、买菜、朋友聚会等只是提示性列举，具体是否属于日常生活必须，还是应当结合个案认定。例如，如东天一劳务公司诉如东人社局一案中，职工李某下班途中绕道蚕茧收购站打听蚕茧价格的途中发生交通事故，结合当时正是蚕茧收购季节，且李某确实从事桑蚕养殖，因此该绕道属于日常生活必须。又如，聚会应当区分朋友聚会和商务宴请，后者具有工作性质，下班参加商务宴请后回家途中发生交通事故属于工伤。例如，孙某等诉通州区人社局一案中，死者吴某系茜莎纺织品公司职工，下班后参加聚餐，参与聚餐人员虽有送货人陆某，公司老板宋某，职工吴某、俞某、黄某等人，但根据现有证据不能证明聚餐与工作有关，故吴某聚餐后途中发生交通事故不属于工伤。此外，绕道距离的长短也应作为是否上下班合理途径的考量因素。至于绕道距离多远才属合理范畴，亦应以社会普遍认识为基础加以判断，不可一概而论。①

关于非固定居所到用人单位之间的路线是否属于“上下班途中”的问题，主要涉及两个方面。一是用人单位提供宿舍时，“单位宿舍”不是认定“上下班途中”的唯一标准，如南通森惠公司诉通州区人社局一案中，公司为职工吴某提供了宿舍，但吴某事发当日因故回家，途中发生交通事故属于工伤，因为对于单位宿舍和住所地，职工有选择的权利；二是职工到节假日居住的处所途中发生事故如何处理，对于这一点，最高人民法院〔2008〕行他字第2号给山东省高级人民法院的答复已明确：如邹平确系下班直接回其在济南的住所途中受到机动车事故伤害，应当适用《工伤保险条例》第十四条第（六）项的规定。

另外，路线的长短与是否为“合理路线”无关。虽然传统意义上的通勤都是往返于同一地区，但跨省市通勤实践中也倾向于认定工伤，如南通众艺建筑安装工程公司诉通州区人社局一案中，职工葛某在众艺公司承建的济南某工地工作，春节放假次日，葛某从济南乘坐火车至南通，又从南通火车站回家途中发生交通事故死亡，虽然葛某平时上下班的路线为工地至宿舍，但因春节放假的客观情况，葛某从济南回南通家中的途中，也应视为上下班途中。

3. 目的因素

关于通勤事故目的因素的判断，可以参考日本行政法理论中的中断和脱离理论，日本认定上下班途中的条件是：属于公司从业人员、目的是到公司上班或工作结束后回家、以住宅和公司就业场所为起终点、采用合理的路线和上下

---

① 蔡小雪主编：《行政审判与行政执法实务指引》，人民法院出版社2009年版，第934页。

班办法且上下班途中没有中断和脱离现象。[1] 因日常生活需要而不得不中断或脱离时，只把中断和脱离期间不视为上下班，但回到合理路线后的部分依然视为上下班，如买菜、理发、看病、选举等公共活动、职业培训，但上下班途中看电影、打麻将、喝酒约会等属于日常生活所必须之外的行为，不仅该中断或脱离期间不算上下班且之后回到上下班线路的也不视为上下班。例如，南通陈桥安乐并线织带厂诉南通人社局一案中，职工钱某在单位办理退工手续后，先回家取电瓶车，后去社保所办理失业登记手续的途中发生交通事故，由于钱某办理退工手续后已回到家中，目的已经达到，此后再从事其他活动，不应再认定为上下班途中。

（二）举证责任的分配

《工伤保险条例》第十九条第二款规定，职工或者其近亲属认为是工伤，用人单位不认为是工伤的，由用人单位承担举证责任。该规定主要是工作时间工作原因发生工伤的基本举证责任，而通勤事故与工作原因联系并不十分紧密，由于职工脱离了用人单位的控制，要考虑到用人单位的举证能力，证明责任与证明标准应采取适度从紧的原则。首先，受伤职工提出工伤认定申请的，应当对其在上下班途中、在合理路线上、发生交通事故且非本人主要责任等基础事实承担初步的举证责任。其次，由用人单位就上述事项不成立承担举证责任，且必须达到排除合理怀疑的证明标准，否则用人单位仍应承担不利之后果。当然，由于上下班途中的情况特别复杂，举证责任完全由职工或者用人单位承担都有失公允，为此，人社部门必要时可以向交警部门或者有关企业和职工调查情况。

关于用人单位对职工受伤原因、时间等作出对职工有利的说明，无论基于何种原因，只要无足以推翻的相反证据的情况下，应当视为用人单位的自认。此种情形多见于职工在交通事故理赔过程中，用人单位出具相关材料证明职工上下班的事实，如海门先锋鞋业公司诉海门人社局一案中，先锋鞋业公司基于交通事故理赔的需要，出具了内容为“兹有樊某，于2014年8月3日18时05分，在下班途中发生交通事故，至今未来公司上班，每月工资3000元”的《证明书》一份，后成为认定工伤的重要证据之一。

关于交警部门的调查笔录。交警部门笔录一般在事故发生后第一时间制作，职工一般不会考虑到工伤保险的因素而刻意作虚假陈述，其中关于是否上下班、

---

① 石孝军：《日本工伤保险的经验与启示》，载《中国劳动保障》2006年第6期。

上下班目的地的陈述相对比较可靠，而进入工伤程序后，职工可能会作出对己有利的陈述，真实性相对较弱。例如，南通鑫驰汽车服务公司诉海门市人社局一案中，鑫驰公司主张事故发生前一天职工杨某已口头请假，事发当天杨某的目的地并非单位，而杨某在交警部门陈述“早上7时多点，我一个人驾驶一辆小型电动三轮车从望海台村家里出来，准备去海门货隆厂里上班……”，该询问笔录是发生事故后第一时间杨某的客观描述，证明力较高。

（三）超过法定退休年龄的农民工是否适用通勤事故工伤

最高法院行政审判庭〔2010〕行他字第10号《关于超过法定退休年龄的进城务工农民因工伤亡的，应否适用〈工伤保险条例〉请示的答复》（以下简称《答复》）明确，用人单位聘用的超过法定退休年龄的务工农民，在工作时间内因工作原因伤亡的，应当适用《工伤保险条例》的有关规定进行工伤认定。虽然《答复》针对的是工作时间内因工作原因伤亡的，但《答复》针对的是特定请示事项，不可能涵盖上述所有的认定工伤情形，因此，《答复》中体现的超过法定退休年龄的务工农民应当纳入《工伤保险条例》保护范围的法律适用原则对于同类情形均应予以适用。通勤事故工伤与《工伤保险条例》第十四条第（一）项工作原因工伤属于并列情形，没有理由排除在《答复》的适用范围之外。综上，用人单位招用超过法定退休年龄且未享受养老保险待遇人员，在上下班途中发生非本人主要责任的交通事故的，应当认定为工伤。

（四）单方事故是否应当认定工伤

关于单方事故应否认定工伤的问题，理论及实践颇有争议。[①] 就此笔者认为，之所以有学者就单方事故是否构成工伤形成争议，原因在于把责任主体和责任大小混为一谈。实际上，单方事故是否应当认定为工伤根本不应形成争议，理由在于：

从法律规范的构成要件分析，通勤事故工伤的构成要件是上下班途中、非本人主要责任、交通事故或者其他城市轨道交通等伤害。交通事故领域的单方事故则是指，不涉及第三方人员伤（亡）或财物损失的单方交通事故，即碰撞外界物体，自身车辆损坏，但外界物体无损坏或者无须赔偿。单方事故亦属交通事故的一种，《工伤保险条例》对交通事故的类型并未作限制性规定，仅仅

---

① 就此争议可参见《单方交通事故能否认定为工伤》，载《中国社会保障》2016年第6期；向春华：《因单方交通事故意外死亡能否认定为工伤》，载《中国社会保障》2015年第12期；吴亮亮、蔡中中：《职工发生单方交通事故能否认定为工伤》，载《劳动保障世界》2008年第11期。

是对责任的大小进行了划分，没有理由将单方事故划出工伤认定范围之外。因此，对于发生单方事故的，还是应当回归到认定受伤职工是否存在“非本人主要责任”的情形，而不应纠结于是单方事故还是双方或多方事故。南通迈腾新能源科技有限公司诉南通人社局一案中，职工黄某下班途中撞上被台风刮倒的树干，交警部门认定黄某无责任，故黄某的事故属于工伤。需要注意的是，2017 年年初，众多微信公众号转发《人社部推荐的经典工伤认定案例（单方事故不认工伤）》，该文主要内容是人社部作出人社工险便函〔2016〕13 号函，向各级人社部门推荐苏州中院（2015）苏中行终字第 00372 号行政判决，该判决认可了太仓市人社局对叶某单方事故不予认定工伤的决定。该案例被众多学者和人社部门工作人员解读为“单方事故不认工伤”。笔者认为，苏州中院的判决明确了争议焦点在于“叶某是否受到非本人主要责任交通事故伤害”，同时，认定叶某对“事故承担全部责任”，因此不属于工伤，法院仍是从事故责任的角度，而非事故性质的角度作出判决。因此，微信公众号上的文章实际上存在断章取义之嫌，系对法院判决的误读。

（五）交通事故责任无法查清的处理

《最高人民法院关于审理工伤保险行政案件若干问题的规定》第一条规定了认定是否存在“本人主要责任”等情形时，应当以有权机构出具的事故责任认定书为依据，但有相反证据足以推翻事故责任认定书和结论性意见的除外。前述法律文书不存在或者内容不明确，社会保险行政部门就前款事实作出认定的，人民法院应当结合其提供的相关证据依法进行审查。该条规定明确了两个原则，即人社部门有权在交警部门对交通事故责任无法查清时对受伤职工是否存在“本人主要责任”进行认定，以及事故责任认定书并非无条件适用，有可能被推翻。

在穷尽调查手段仍无法确定事故责任的情况下，应当按照保障受伤劳动者救济与补偿优先的立法目的，作出有利于劳动者的推断。况且，《工伤保险条例》规定非本人主要责任，即是将受伤职工负主要责任、全部责任的交通事故排除在工伤之外，其余包括同等责任、次要责任、无责任及事故成因无法查清的交通事故，均不在排除之列，都应视为属于非本人主要责任的交通事故。林某、顾某诉南通市人社局一案中，因交警部门对林某、顾某之子在上班途中发生的交通事故未作出责任认定，人社局不予认定工伤，法院基于前述理论认为，在没有充足的证据证明林某、顾某之子应负事故主要以上责任的情况下，应视为非其本人主要责任，并认定为工伤，遂撤销了南通市人社局的不予认定工伤决定。

四、预防和减少我市通勤事故工伤、妥善化解工伤纠纷的建议

预防和减少工伤事故，切实维护受伤职工的基本权益是一个系统工程，不仅需要人社部门及法院就是否属于工伤作出及时而准确的认定和判决，还有赖于全社会的参与，尤其是用人单位和职工在缴纳工伤保险、加强安全防护、提高交通安全意识等方面承担各自的责任和义务，为此，笔者提出以下建议。

（一）认定工伤过程中体现适度向劳动者倾斜的原则

倾斜保护原则已成为国际通行的工伤保险制度的基本原则之一，工伤保险毕竟不同于商业保险，其本质上是一种社会保障，工伤保险的立法目的核心要义在于工伤救济与补偿，保障因工作受到伤害的劳动者优先获得救济与补偿。国家的基本权利保护义务要求国家通过提供人民生存的必要条件，减轻人民面临疾病、年老、事故和失业等的经济困境，并实现国家对人民的生存照顾。工伤认定中的倾斜保护原则具体体现在以下几个方面。

一是法律条款适用以劳动者为出发点。正如黄学贤教授所言，“途中工伤”条款是一个内涵和外延极具不确定性的法律概念，从积极方面而言，其不确定不仅能够较好地适应复杂多变的客观情况，从而增强了法律适用的生命力，而且给予有关部门自由裁量权，使其准确灵活地适用行政法律规范。① 对于事实认定和法律适用方面存有争议的案件，在作出最终抉择时，应当以对劳动者的倾斜保护作为出发点。如果劳动保障规范的内容因其抽象性和模糊性而有多种解释结论时，则应作有利于保护基本权利的解释，而不是相反；当出现基本权利中的社会保障权与其他基本权相冲突时，则优先保护社会保障权。② 当然，这里适度倾斜并非无原则的，不能因强调保护弱势群体利益，而对用人单位科以过分的责任或义务，使用类推或目的性扩张应当保持谨慎。

二是依法开展行政协调。对工伤行政案件进行协调应当坚持公平原则，不能因行政协调而迫使受伤职工在赔偿金额上作过多的让步，使用人单位获益，形成不良诉讼导向。实践中，确实存在职工维权周期长、经济下行企业随时可能倒闭、法院执行难等诸多因素，有时职工不得不在赔偿金额上作出一定让步以及时取得实际的赔偿，因此，协调的过程需要法官的智慧。此外，律师、法

---

① 黄学贤、汪厚冬：《途中工伤构成要素的司法判断》，载《苏州大学学报（哲学社会科学版）》2014 年第 4 期。

② 杨曙光：《论工伤认定中途中工伤条款之适用研究——以公民基本权保护主义为视角》，载《行政法学研究》2013 年第 2 期。

律工作者应当承担化解社会矛盾的职责，对明显败诉的案件，多做息诉工作，并建议用人单位通过非诉渠道解决。

三是法院和人社部门构建交流机制，共同解决法律难题。工伤认定作为一种行政确认行为，与法院的裁判一样均具有裁决的性质，因此，通过人社部门和法院对事实认定和法律适用以及其他前瞻性问题定期研讨，逐步形成相对统一、规范的倾向性意见，有助于及时解决工伤争议，同时给用人单位及职工合理的预期。通过开展庭审观摩活动，组织部分工伤高风险企业的管理人员和职工旁听法院审理的工伤案件，切实体会提高安全生产和交通安全意识的重要性。

（二）简化工伤认定和诉讼程序，缩短职工维权周期

目前我国工伤责任认定程序太过烦琐，据相关法律、法规之规定，一个工伤认定案走完全部程序需要 13 个步骤。[①] 即使不经劳动关系仲裁或诉讼，也需要 10 个步骤，一旦涉及第三人侵权，劳动者为了获得赔偿而走完全部工伤认定程序则需要 21 个步骤。[②] 复杂的程序极大地增加了受伤职工维权的成本，间接制造社会不稳定因素。虽然以违反法定程序为代价缩短工伤程序断不可行，但人社部门及法院完全可以通过技术性处理，实现工伤程序的快认、快审、快结。

一是缩短工伤认定流程。人社部门应在受理窗口切实履行"教示义务"，对工伤认定申请的条件、材料、办事期限等作充分告知，尽可能实现一站式办理，减少申请人麻烦，缩短事实清楚、争议不大的工伤认定办理期限，主动就相关事实进行调查，减少受伤职工举证成本。

二是适用简易程序审理工伤确认案件。推进对事实清楚、争议不大的工伤行政确认案件的简易审理程序，促进案件快审快结。有观点建议将工伤认定的行政诉讼程序和工伤赔偿的民事诉讼程序在某些方面予以合并，在行政诉讼中吸收民庭法官，待工伤责任确定后一并解决民事赔偿问题。[③] 这有待司法实践中的尝试和探索。

三是慎重处理工伤程序违法的行政案件。《行政诉讼法》第七十条虽然规定了行政行为违反法定程序的应当撤销，但是，工伤纠纷更多地体现为受伤职工和用人单位之间的争议，对于结论正确而程序违法的案件，一般不会对相对人的权益产生较大影响，反之，如行政行为因程序违法而被撤销，势必重走一

---

① 周贤日：《中国工伤认定制度微探》，载《判解研究》2009 年第 6 辑。

② 参见张伟杰：《工伤认定程序复杂，专家建议简化程序》，载《工人日报》2009 年 3 月 16 日。

③ 参见林莉红主编：《行政法治的理想与现实——行政诉讼法实施状况实证研究报告》，北京大学出版社 2014 年版，第 267 页。

遍行政程序及诉讼程序，拉长受伤职工维权周期。因此，并非实体正义优于程序正义，而仅仅基于利益衡量的选择，法院应慎重处理程序违法的工伤案件。

（三）用人单位建立有效制度切实承担责任，减少通勤事故工伤的风险和成本

虽然职工上下班途中脱离了用人单位的控制，表面上来看，用人单位对交通事故束手无策、难以预期，但用人单位可采取以下措施，降低通勤事故工伤发生后的责任和成本。

一是切实承担工伤赔偿责任。发生工伤事故后，用人单位应当主动承担起工伤赔偿责任，而不应试图通过走程序达到拖延时间的目的，随着劳动者平均工资逐年上升，用人单位拖延时间只能得不偿失。二是提高工伤保险参保率。对于“上下班途中”的宽松认定逐渐得到行政机关和司法机关的认同，其深层次的价值目标在于激励和督促更多的企业购买工伤保险，实现工伤保险广覆盖。[①] 购买工伤保险是用人单位的法定义务，同时也可以降低用人单位的运行风险，还能营造良好的生产经营秩序，增强用人单位凝聚力。三是履行严格的请假制度。用人单位应形成请假规章制度，包括请年休假和平时有事请假，都必须提交书面的请假条，一旦发生交通事故，有利于明确用人单位和职工之间的责任。四是合理安排加班时间。用人单位在生产或者销售旺季安排职工加班加点时，应考虑职工身体承受能力，否则在连续疲劳工作的情况下，职工下班途中很容易发生交通事故。

需要关注的是，虽然建筑法明确禁止违法转包，但实践中，建筑企业违法转包已成了“潜规则”，这与当下的整个社会环境有关，短时间内不可能发生变化，若要求建筑企业为所有工人缴纳工伤保险，或者禁止非法转包，显然不切实际。目前多有建筑企业为建筑工人购买人身意外伤害保险，一方面降低了企业成本，另一方面对职工发生工伤后提供了一定保障，是现阶段可以推广的权宜之计。

（四）加强对电动自行车从生产到通行各个环节的监督管理

虽然电动自行车凭借其便捷、环保、经济以及操控简单的特性成为众多民众，尤其是中低收入者首选的出行方式。但是，电动自行车的普及也引发了一

---

① 谷昔伟：《工伤认定中不确定法律概念的司法判断》，载《行政与执行法律文件解读》2016 年第 12 期。

系列问题，对“电动车乱象”的治理涉及标准修订、生产管理、销售管理和通行管理等多个环节，它们环环相扣，共同组合成一个完整的管理链条。第一，标准修订环节，应当加快推进对现行国标的修订进程，重点是在最高设计时速和整车质量方面作出放宽，同时通过引入超速断电技术，确保电动自行车产品的速度要求获得遵守。第二，生产管理和销售管理环节，实行动态的产品目录管理，只有列入目录的产品方可销售和上路。明确产品缺陷责任，对不达标的车辆在道路上引发交通事故，造成人身和财产损失的，生产企业和销售者应当承担相应责任。督促厂商对不达标产品采取补救性措施。第三，通行管理环节，出台具体的通行规则，强制驾驶者佩戴安全头盔，交警部门加大对电动自行车闯红灯、逆行等行为的查处力度等。[①]

---

① 施立栋、余凌云：《电动自行车的治理》，载《浙江学刊》2015 年第 2 期。

行政诉讼管辖改革研究

张德雄

民主与法治是人类社会文明发展的必然结果，而行政诉讼制度的设立则是中国民主与法治建设的重要里程碑。在我国行政诉讼制度设立之初，其目的就在于通过保障人民群众请求公法救济的权利，监督行政机关依法行政，及时解决行政争议，保障行政相对人被侵害的权益得到及时恢复，修复被损害的“官民”关系，维护社会的和谐稳定。而这一目的能否实现，关键在于所设立的行政诉讼制度能否顺利运转，其功能能否正常发挥。然而，现实情况并不像制度设立之初所设想的那么美好，虽然行政诉讼法自颁布实施以来，在保护公民、法人和其他组织的合法权益，监督行政机关依法行政和化解行政纠纷方面发挥了积极作用，但行政审判的公信力不高也是不争的事实，其具体表现为行政诉讼案件立案难、审理难、执行难和上诉率高、申诉率高、信访率高、息诉率低。其原因多种多样，但行政审判地方化，缺乏应有的独立性是其中重要的因素。

如何破解行政审判地方化难题，理论和实务界进行了大量的研究和探索。从实务界的角度来看，改革现有行政诉讼管辖制度是主要的探索方向之一。早在20世纪90年代，有关行政诉讼管辖的讨论就在相关的理论文章中出现。21世纪初，浙江台州、山东济宁等地行政诉讼管辖改革的探索更是引起了学界和实务界的极大关注。2008年，《最高人民法院关于行政案件管辖若干问题的规定》（以下简称《管辖规定》）下发后，全国各地法院纷纷开展各种形式的行政案件管辖改革的探索，各种理论文章亦常见报刊，理论研究和实务探索达到一个新的高潮。笔者所在的海南省亦进行了行政诉讼提级管辖和交叉管辖改革探索。

从改革情况来看，现行理论研究和实务探索的主要方向为试图通过异地管辖、提级管辖和集中管辖等方式，有效破解司法管辖和行政区划重合的问题，使审判机关脱离行政管辖区域，让司法权对其所在行政区域外的行政权进行监督和制约，减少行政权对司法权的干扰，从而实现行政审判去地方化，确保司法权的独立行使。然而，改革的成效并非想象的那么理想，在试点法院实行异地管辖、提级管辖和集中管辖等方式改革的初期，均取得了较为明显的效果，但随着时间的推移，随着各地行政机关之间相互“打招呼”等新的干预形式的出现，改革的成效正在逐步消失，需要进行新的探索。而前期行政诉讼管辖改革的成果亦并未被完全接受，新修改的行政诉讼法基本上还是坚持原告就被告的行政诉讼管辖制度。同时，新行政诉讼法规定，“经最高人民法院批准，高级人民法院可以根据审判工作的实际情况，确定若干人民法院跨行政区域管辖行政案件”①，为今后行政诉讼管辖制度的改革留下空间。

一、我国行政诉讼管辖改革的实践

产生地方政府干预行政审判问题的根本原因是行政诉讼管辖区域与行政区划重合。所以，实务界与理论界对行政诉讼管辖改革的探索一直以来都是围绕这一原因，采取各种措施隔断行政机关对行政审判的干预，切实解决行政案件的立案难、审理难、原告胜诉难等“三难”问题。实践中，各级法院主要从交叉管辖、提级管辖、集中管辖三个方面对行政诉讼管辖进行了探索与改革，并取得了较好的效果。与此同时，这些改革也存在一些问题，需要我们采取措施进一步完善。

（一）行政诉讼交叉管辖的实践

行政审判实践中立案难、审理难、原告胜诉难等“三难”问题的普遍存在，行政审判受到行政机关的各种阻力施压和干扰，导致行政审判的职能难以有效发挥出来，进而影响我国司法的公信力。因此，我国各地法院在实践中试图用交叉管辖等来解决行政审判的“三难”问题，以保障“保证人民法院公正、及时地审理行政案件”这一行政诉讼首要目的实现，使老百姓敢于“告官”来维护自己的合法权益，行政审判法官敢于公正裁决，让作出行政行为时无理无据的行政机关败诉。

浙江省台州中院是实践中首先对交叉管辖进行探索的法院。行政诉讼案件的异地交叉管辖由台州中院在2002年7月启动，提交给中院并由中院来指定异地审理的案件，包括基层法院受理的十名以上原告的案件以及县级以上人民政府为被告的行政案件。据台州中院统计，在2002年7月至2003年6月这一年的交叉管辖实施过程中，由一审审结的、被告是县级政府的行政案件有72起，其中45起案件被告被判决败诉，败诉率为62.5%。而在此前的一年，台州市一审审结的类似案件有107起，但仅14起案件政府被判决败诉，被告的败诉率

---

① 参见《行政诉讼法》第十八条第二款。

仅为13.1%。这说明在一定程度上交叉管辖能够对地方政府干预行政审判起到遏制作用。紧接着，异地交叉管辖试点工作也在内蒙古自治区法院、山东省济宁市法院相继开展起来。

2013年，《最高人民法院关于开展行政案件相对集中管辖试点工作的通知》（法〔2013〕3号）颁布。该通知要求各高级人民法院要结合本地实际，确定一至二个中级人民法院作管辖改革试点。依据本辖区内的实际情况，试点的中级人民法院把二至三个基层人民法院确定为集中管辖法院，辖区内其他基层人民法院管辖的行政诉讼案件由集中管辖的法院集中管辖。

从2013年4月开始，海南省对交叉管辖进行了探索。海南省的探索跟以前其他地区对此方面的探索相比，更有指导性的意义。其原因就是，按照《管辖规定》以及新《行政诉讼法》关于提级管辖的规定，以县级以上人民政府为被告的案件是由中级人民法院管辖的，但是从2008年至今，海南省法院系统一直施行的是提级管辖，县级以上人民政府以外的其他行政机关为被告的案件由基层法院管辖。所以，海南省对交叉管辖试点工作的探索对新行政诉讼法来说更具指导价值。根据《最高人民法院关于开展行政案件相对集中管辖试点工作的通知》（法〔2013〕3号）的要求，海南省高级人民法院结合本省行政审判工作实践，于2013年制定了《关于进一步加强行政诉讼管辖工作的通知》，该通知的内容包括：（1）规定县、市政府作为被告类的案件由中级人民法院管辖，使得提级管辖制度能够得到严格落实；（2）指定海口海事法院来管辖海事行政案件与海事行政赔偿案件，使指定管辖得到规范与继续深化；（3）积极加深对试点交叉管辖的探索，由海口市龙华区人民法院（以下简称龙华区法院）与海口市美兰区人民法院（以下简称美兰区法院）从2013年4月1日起，对各自管辖的所有行政诉讼类案件实行交叉管辖。

行政诉讼交叉管辖施行后，以下几个方面取得了成效：

首先，交叉管辖的实施有效地避免了行政机关不当的干扰，更有利于司法公正的实现。交叉管辖制度的推行，是在现行法律的框架下将司法审判区域与行政区域有限的分离，此举能够有效保障法院的独立性，保证法院公正地行使审判权。经过笔者对龙华区法院和美兰区法院关于行政机关败诉率情况的调研统计，行政机关的败诉率从2012年的4.49%到2013年的6.38%，再到2014年的26.67%，此项数据说明交叉管辖制度在排除地方干扰的层面确实行之有效。以出现频率较高的行政案件作为交叉管辖试点，以此为突破口，在现行法律制度的框架下推行司法审判区域与行政区域有限的分离，不仅能够保障法院的独立性和审判权的公正行使，并且使地方政府和行政机关都无法或者说很难干预行政审判的相关工作。在实施交叉管辖之前，作为被告方的行政机关往往与一审法院处在同一个行政区域内办公，这不可避免地有着千丝万缕的联系，部分案件甚至很可能会受到不必要的干扰。而交叉管辖制度实施之后，被告方与法院在区域上分散开来，法院在审理案件时不需要再瞻前顾后，这也为法院公正地审理案件，勇敢地判决行政机关败诉提供了坚实的基础。行政案件也将因为审理的公正化，逐渐打破行政机关的败诉率低、行政案件无案可收的挫败局面。

其次，使案件的审判质量得到了提升，行政案件的上诉率与发改率得到了有效降低。例如，美兰区法院与龙华区法院从 2013 年 4 月实施交叉管辖之后，这两方面成绩都很显著。对比这两个试点法院 2012 年和 2013 年的结案情况来看，2012 年两试点法院的案件上诉率比 2013 年要高，2012 年两院的案件上诉率为 60. 12%，而 2013 年为 44. 68%，2012 年改判和发回重审率比 2013 年高 2. 64%，2012 年行政机关败诉率比 2013 年低 1. 9%。这些数据表明施行交叉管辖后，外部干扰在一定程度上得到了避免与降低，因而在行政案件的审理过程中，法院可以更加公正和大胆，对于行政机关的败诉敢于作出判决，对行政相对人的合法权益起到了有效的维护作用。而且，行政管理与司法审查区域在试行交叉管辖之后得到了有限的分离，能够在案件审理过程中让审判人员减少思想顾虑，有效提高行政案件的审判质量，降低行政案件的上诉率与发改率，也使行政案件的息诉服判率得到了很大提升。

最后，交叉管辖制度的推行，有效提高了司法的公信力。交叉管辖制度的充分实施，实现了司法管辖区域与行政区域有限的分离，此举至少能够减少民众对本地行政案件审理的顾虑。在一定程度上，从程序方面引导民众放弃利用过激行为与政府对抗的错误举动，通过正当正确的诉讼流程维护自己的合法权益，增强民众对法院和司法公正的信任。

（二）行政诉讼提级管辖的实践

为了改变本地法院审理不了本地政府案件的现状，最高人民法院于 2008 年发布《管辖规定》，规定县级以上人民政府为被告的案件由中级人民法院审理。自 2008 年至今，海南省法院一直实行提级管辖制度。提级管辖制度的推行，有效地防止了地方政府的不当干预，扭转了行政诉讼原告胜诉难的局面。

首先，提级管辖制度的实行，有效地预防了地方行政权力对司法权的干预，真正地确保了司法公平和正义。自从提级管辖制度实施以来，海南省行政案件的受案数量呈持续上升趋势。2008 年，全省共受理行政案件 1166 件，而到 2015

年全省共受理行政案件3054件，受案数量比2008年上升1888件（详见图1），此项数据也表明人民群众对公正司法的信赖程度明显有所提高。

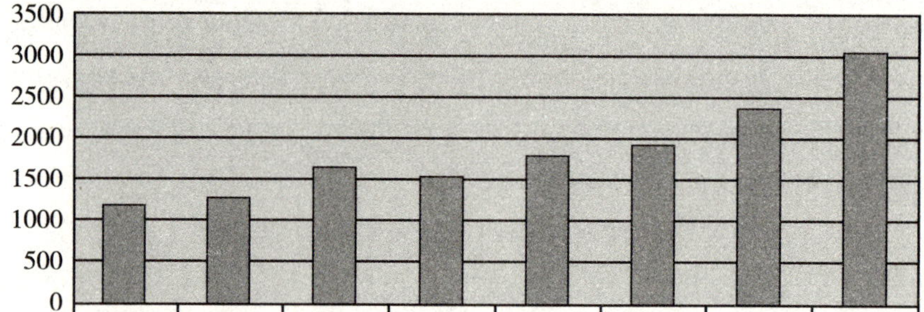

	2008	2009	2010	2011	2012	2013	2014	2015
■收案数量(件)	1166	1270	1649	1542	1804	1939	2367	3054

图1　2008年至2015年海南省行政案件收案情况

按照行政诉讼法的规定，行政案件一般都是由作出行政行为的行政机关所在地负责管辖。但是由于司法体制行政化设置的因素，法院人事的任免和财政的收支必定要受同级的权力机关和行政机关的控制，而这种体制的存在就为行政机关和权力机关出手干预司法的公正造就了一定的空间和条件。在这种情况下，想要做到司法公平公正就异常艰难，行政审判始终无法摆脱行政机关干预，也导致了行政案件的上诉率和申诉率持续升高，行政审判公信力也因此相对较低，人民群众对司法不信任，不想告、不愿告的情况在社会中比比皆是，极大地损害了行政审判的司法权威。实行提级管辖，可以有效避免地方保护主义的干扰，地方政府的干预少了，法官自然将更多的精力投入办理案件中去，办案质量自然也会随之有所提升，人民群众对司法的信任度也会相应提升。

其次，提级管辖从一定程度上提高了案件的调解撤诉率，进而促进了社会的和谐稳定。

2008年，海南省全面推行行政案件提级管辖，提升了各级法院行政案件调解的比例，与此同时，地方政府对协调工作也给予了大力的配合。从2008年至2015年八年的调解撤诉案件数据不难看出，一审调解撤诉案件的数量一直上升，并且趋于平稳，调解撤诉率整体呈现上升趋势（具体情况见表1）。2008年的调解撤诉案件为122宗，调解撤诉率为16.94%；2009年调解撤诉案件为117宗，调解撤诉率为14.15%；2011年的协调撤诉率则达到了20.90%。2008年至2015年的平均调解撤诉率为17.69%。调解撤诉率的提高，有利于化解官民矛盾，促进社会的和谐和稳步发展。实行提级管辖，由较高级别的法院审理某些行政案件，行政机关也改变了高高在上的作风和态度，更加重视法院提出的司法建议和对案件情况的通报，并予以积极回应。同时，地方各级法院与同级政府建立起了良性的互动机制，彼此增进了沟通与交流，如海南省高院于2010年与海南省政府共同出台了《关于建立行政审判与行政复议互动机制的若干意见（试行）》，确定了双方的工作联系、沟通机制、信息沟通与共享机制等。此举对于化解官民之间的矛盾、改善行政纠纷、实质性地化解矛盾起到了很好的推动作用。

表1　2008—2015年海南省法院一审行政案件调解撤诉情况表

数量 年份	结案数（件）	撤诉案件数（件）			撤诉率（%）	被告改变行政行为后原告撤诉占总撤诉案件比率（%）
		原告主动撤诉	被告改变行政行为后原告撤诉	小计		
2008	720	121	1	122	16.94	0.80
2009	827	115	2	117	14.15	1.71
2010	1072	187	28	215	20.06	13.02
2011	1000	190	19	209	20.90	9.09
2012	1228	200	8	208	16.94	3.85
2013	1196	178	4	182	15.22	2.20
2014	1431	250	4	254	17.75	1.57
2015	2054	391	11	402	19.57	2.73
合计	9528	1632	77	1709	17.69	4.37

最后，提级管辖提升了原告的胜诉率，即行政机关的败诉率始终维持在一个较高的水平，有效地保护了行政相对人的合法权益。

从全国的情况来看，“民告官”案件中的原告的胜诉率，已从2007年的11.51%降至2013年的8.62%，已没有再降低的余地。[①] 而海南省法院自2008年实行提级管辖制度之后，原告的胜诉率始终维持在一个相对较高的水平，2008—2013年分别为20.55%、26.6%、17.07%、14%、17.11%、16.3%，

---

① 陈雪梅：《追问、回应与路径——铁路法院置换为行政法院的思考》，载贺荣主编：《公正司法与行政诉讼法实施问题研究》（下），人民法院出版社2014年版，第1285页。2013年数据来源于刘译：《2013年全国法院审理行政和国家赔偿案件办理执行案件情况分析》，载《法治资讯》2014年第4期。

远远超过全国的平均水平（具体情况见图2）。因此，提级管辖制度的推行，有效地保障了行政相对人的合法权益，从一定程度上提高了原告的胜诉率。提级管辖实施之后，行政机关在人、财、物等方面很难再加以阻拦，因此其干预行政审判的难度增加。此举之下，自然会促使行政机关用更加积极的态度对待行政诉讼，在诉讼过程中积极地应诉、举证、质证，很好地配合法院的调解工作，从而确保行政审判工作健康有序地进行。

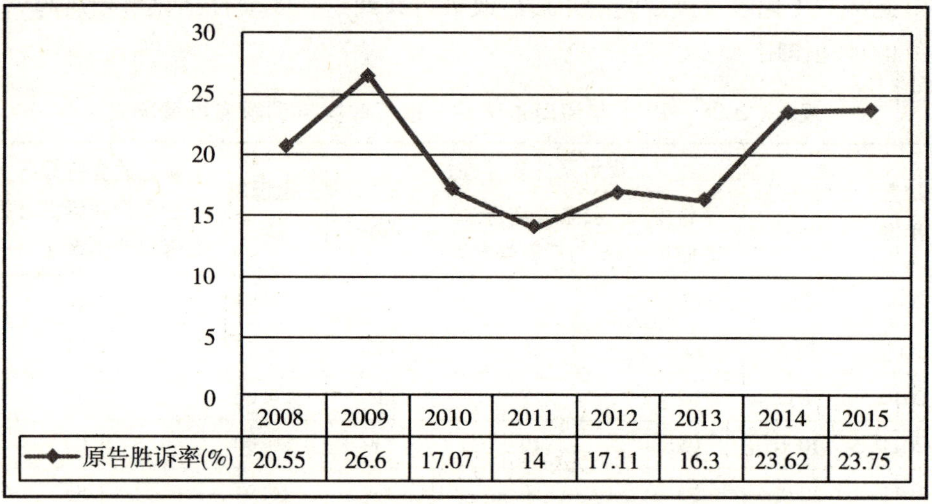

	2008	2009	2010	2011	2012	2013	2014	2015
原告胜诉率(%)	20.55	26.6	17.07	14	17.11	16.3	23.62	23.75

图2　2008 年至 2015 年海南省法院一审行政案件原告胜诉率

（三）行政诉讼相对集中管辖的实践

2010 年，浙江省丽水市中级人民法院出台了《关于完善行政诉讼相对集中指定管辖的意见》，将全市九个基层法院行政案件相对集中的指定由辖区三个基层法院管辖。[①] 据统计显示，丽水市实行行政诉讼集中管辖以来，原告的胜诉率高出之前平均值大概 10 个百分点。2013 年 1 月 4 日，最高人民法院在总结地方经验的基础之上下发了《最高人民法院关于开展行政案件相对集中管辖试点工作的通知》，通知中决定在全国部分中级人民法院辖区内开展行政案件相对集中管辖试点工作，每个高级人民法院根据本地的实际情况，择选 1—2 个中级人民法院进行试点工作，并且确定 2—3 个基层人民法院作为集中管辖法院，负责集中管辖自己辖区内的其他基层人民法院的行政案件。海南省法院自 2011

---

① 江必新：《中国行政审判体制改革研究——简论我国行政法院体系构建的基础、依据和构想》，载《行政法学研究》2013 年第 4 期。

年8月开始对海事方面的行政案件实行集中管辖，从2011年8月到2015年7月，海南省一共受理了海事行政案件28件，结案的有25件，因为案件的数量不是很多，因此无法体现相对集中管辖的效果程度。从全国来看，为了充分发挥相对集中管辖制度的作用，最高人民法院先后设立了第一、第二巡回法庭。其中，第一巡回法庭设立于广东省深圳市，于2015年1月28日正式挂牌成立，主要负责审理广东、广西、海南区域内的重大行政和民商事案件；第二巡回法庭设立于辽宁省沈阳市，巡回区为辽宁、吉林、黑龙江，第二巡回法庭还创新设置了巡回点制度，并于2015年9月25日为巡回点法院授牌。最高人民法院巡回法庭的设立，为行政诉讼集中管辖制度的推行提供了有益的借鉴。先后于2014年年底成立的上海市三中院和北京市四中院也是具有集中管辖性质的法院，这两家法院可以跨区域审理包括行政案件在内的特定类型的案件。北京四中院作为全国首批跨行政区划的法院，自2014年12月30日挂牌履职后，就开始实行立案登记制，对依法应当受理的案件实行“有案必立，有诉必理”。2015年1月至4月，该院受理的以区县政府为被告的一审行政案件共有286件，比2014年同比全市法院受理的216件还高出了70件，赢得了当事人的充分肯定，有力提升了司法公信力。2015年5月1日，新《行政诉讼法》开始实施，根据新《行政诉讼法》第十八条关于跨行政区域管辖行政案件的规定，其他省份也开始陆续开展行政案件的相对集中管辖工作，并且都取得了显著的效果。

从全国范围内来看，行政案件相对集中管辖的模式主要分为三种。

其一，把原来铁路运输法院更改为相对集中管辖的法院，跨行政区划管辖相关的行政案件。例如，兰州铁路运输两级法院跨行政区划集中管辖甘肃省部分行政案件；广州铁路运输中级法院、广州铁路运输第一法院跨行政区划管辖广州市的行政案件，广州市中级人民法院及所属各区基层人民法院自2016年1月1日起不再受理任何行政案件。因铁路法院改制移交到地方统一管理后，除了与铁路相关的少量案件外，大多存在着案件不多，编制、人员和场所闲置的问题。将铁路运输法院改造为跨区域管辖法院，无论是从科学、精简、高效还是从利于实现司法公正的方面，对铁路法院进行整建制改造，都百利而无一害。盘活资源，增加活力，有利于行政审判力量的充分整合和司法环境的进一步优化。

其二，在中级人民法院辖区内，选择1—2个审判力量相对较强的基层人民法院作为集中管辖法院，负责该辖区基层法院管辖的一审行政案件。福建和贵州都在采用这样的模式进行集中管辖。福建省除了龙岩市以外的八个区市，都由基层人民法院对行政案件进行相对集中的管辖，在各中院的司法管辖区域，各选择2—4个基层法院作为集中管辖的法院，负责管辖指定范围的由其他基层法院管辖的一审行政诉讼案件。集中管辖法院，在原则上不再管辖本地行政机关为被告的案件，而由其他集中管辖的法院统一管辖。龙岩市基层人民法院一审行政案件则交由龙岩市中级人民法院进行统一登记，再负责指定被告所在地之外的某个基层法院来管辖。福建省对中级人民法院的管辖区域也作了适当的调整，将全省九个中级人民法院划为三个片区，片区范围内原属当地中院管辖的以市、县（区）人民政府为被告的一审行政案件，统一安排给片区的其他中院负责管辖，且不对应实施交叉管辖。福建省的集中管辖改革是较为彻底的，不仅实现了全省基层法院审理的行政案件全部交由异地管辖，对于中院审理的一审行政案件也全部实现了异地管辖，此举更有利于排除地方政府的干扰，优化司法环境，从而提升行政审判过程中的司法公信力。在我国其他地区，这种集中管辖制度并没有全面广泛地开展，大多数的省份仅在部分中院辖区开展相对集中的管辖，指定某个或几个基层法院作为集中管辖法院。在这种模式的影响下，集中管辖法院的一审行政案件大多移交至其他集中管辖的法院进行办理，集中管辖法院不审理本辖区的任何行政案件。

其三，相对集中的管辖与巡回审判的模式相结合。在中级人民法院辖区内确定一至两个基层人民法院作为相对集中管辖的法院，相对集中管辖的法院将一审的行政案件提级到对应的中级人民法院进行管辖，与此同时确定巡回审判模式，如广东省江门市的做法。自2015年12月19日开始，广东省江门市（江海区除外）的一审行政案件及非诉行政执行案件全部交由江海区法院来审理，其他6个基层法院均不再受理行政诉讼案件和非诉行政执行案件，而江海区的一审行政案件及非诉行政执行案件则提级到江门市中级人民法院审理，江海区人民法院成为广东省第一个实现行政案件的审判区域与行政区域完全分离的基层法院。为了减轻当事人的困扰、节省司法成本，江海区法院特别创制巡回审判模式，对其中一部分行政案件采用巡回审理的方式。

从各省行政案件集中管辖的效果上来看，集中管辖有诸多的优点：

1. 有利于整合行政审判资源，提高行政审判团队的专业化水平。我国行政审判的一个重要特点是行政案件分布不均衡，不同地域的法院，甚至同一地区的法院之间的行政案件收案数量都差别较大。相对地，行政案件收案数量多的法院，在审判资源配置上也较为完善，审判力度也相对较强，而行政案件数量较少的法院，在审判力量配置上也比较薄弱，审判人员办理案件的经验和熟练程度也相对较为欠缺。推行集中管辖制度，把行政案件从案件数量相对较少、办案经验较为缺乏的法院转移到具有更强的审判优势的法院来管辖，同时加强对集中管辖法院的审理资源和力量上的基础配置，集中管辖的法院才能够全心全意地投入行政审判的专项工作中来，为公平审理行政案件提供有力的保障，使行政审判队伍的专业度得到提升。

2. 有利于优化行政审判的司法环境。行政案件相对集中管辖制度的推行，架起了行政区划与司法管辖制度之间的桥梁，这一举措也使得行政审判在一定程度上脱离了“熟人社会”的干扰，在更大程度上有效防止了行政机关的干预，优化了行政审判的司法环境，收案法院也可以专注于司法裁判，从而树立起司法权威，提升行政审判的公信力。

3. 能够更好地促进行政机关依法行政。在未实行集中管辖制度之前，行政机关往往对其存在的问题不予重视，甚至对一些行政诉讼消极地应对，如不在举证期限内举证、仅委派律师出庭参加诉讼，这种情况时有发生。行政案件集中管辖的实施，使行政机关更重视行政行为的合法性，部分行政机关甚至主动邀请当地的法院在行政程序方面给予指导，行政首长对出庭应诉方面也更加重视。可见，行政案件的集中管辖能更好地促进行政机关依法行政。

二、我国行政诉讼管辖改革存在的问题

（一）交叉管辖法院的选择缺乏统一程序

在我国行政诉讼实践中，经常会遇到地域管辖出现争议的现象。比如，经常会有当事人不知道自己的案件应该属于哪个法院管辖，在不同基层法院和中级人民法院之间徘徊，这样不仅浪费了当事人的时间和精力，同时也浪费了大量的司法资源。因此最高人民法院制定了《管辖规定》，但是该规定并没有起到应有的效果，因为其中的规定并不是太具体，所以作用比较小。根据《管辖规定》，不同的法院之间应该相互配合、相互沟通，尤其是在管辖权方面，但是这样并没有给当事人一个明确的指向，所以根据这个规定还是不能作出明确的判断。在我国的司法实践中，确定交叉管辖的一般是中级人民法院的行政庭庭长，但具体负责案件办理的却是法官。也就是说，比较了解具体情况的是法官，但是法官却没有权力指定管辖，这就造成一定的割裂。这种在管辖权上的行政化倾向，实际上带有很大的随意性，与法律的严肃性不相符合，同时会给公正司法带来很大的困难。

（二）造成各级法院的行政审判负担失衡

在我国目前的行政诉讼实践中，中级人民法院和高级人民法院所受理的案件数量非常多，工作非常繁忙，但是基层人民法院的案件数量却非常少，行政审判人员也较为缺乏。案件数量在各个法院之间分布很不均衡、基层人民法院行政审判人员缺乏等问题，已经困扰了中国司法很长一段时间。

以海南省的情况为例，通过对22个基层法院的调研来看：首先，这些基层法院配备的审判人员数量不仅不均衡，而且数量都比较少。其中有8个基层法院仅有1名审判人员，另外8个法院只有2名审判人员，最多的也就3名审判人员（具体情况见表2）。从这里可以看出，审判人员的缺乏是困扰基层人民法院的一个大问题。

表2　海南省法院行政庭及人员配置情况

法院	行政庭	审判员	辅助人员	进审委会	五年以下行政审判经验	五年至十年行政审判经验	十年以上行政审判经验
海南高院	1	15	7	0	9	5	1
海南一中院	1	8	6	1	3	2	3
海南二中院	1	8	5	1	5	1	2
海口中院	1	6	6	1	1	5	0
海事法院	1	3	1	0	3	0	0
三亚中院	1	3	4	1	0	3	0
三沙中院	0	0	0	0	0	0	0
儋州法院	1	2	4	0	0	2	0
美兰法院	1	3	2	0	3	0	0
龙华法院	1	3	4	0	2	1	0
秀英法院	1	2	2	1	0	2	0
琼山法院	1	1	2	1	0	0	1
三亚城郊法院	1	3	3	1	2	0	1
定安法院	1	2	1	0	1	1	0
文昌法院	1	2	3	1	0	1	1
琼海法院	1	2	1	1	0	2	0
万宁法院	1	2	2	0	0	2	0
屯昌法院	1	2	1	1	2	0	0

续表

法院	行政庭	审判员	辅助人员	进审委会	五年以下行政审判经验	五年至十年行政审判经验	十年以上行政审判经验
澄迈法院	1	1	3	1	0	1	0
五指山法院	1	1	2	1	0	0	1
保亭法院	1	1	2	0	1	0	0
陵水法院	1	2	1	1	2	0	0
琼中法院	1	1	1	0	1	0	0
洋浦法院	1	1	1	0	0	1	0
临高法院	1	1	1	1	1	0	0
乐东法院	1	3	3	1	0	0	3
东方法院	1	1	2	0	1	0	0
昌江法院	1	3	2	1	2	0	1
白沙法院	1	6	2	1	3	3	0
群岛法院	0	0	0	0	0	0	0
汇总	28	88	74	17	42	32	14

表 3　2010 年至 2014 年全省基层法院行政庭受理一审行政案件情况表

法院	2010 年收案数（单位：件）	2011 年收案数（单位：件）	2012 年收案数（单位：件）	2013 年收案数（单位：件）	2014 年收案数（单位：件）
美兰法院	81	50	46	40	57
龙华法院	138	78	136	100	37
琼山法院	87	119	95	29	31
秀英法院	12	54	72	99	75
三亚城郊法院	52	42	75	69	131
文昌法院	13	33	20	33	42
琼海法院	6	20	15	9	10
万宁法院	4	23	20	6	16
临高法院	32	16	20	17	35
儋州法院	90	48	88	73	60

续表

法院	2010 年收案数（单位：件）	2011 年收案数（单位：件）	2012 年收案数（单位：件）	2013 年收案数（单位：件）	2014 年收案数（单位：件）
东方法院	19	22	15	32	19
昌江法院	23	12	20	37	23
五指山法院	6	7	12	38	22
乐东法院	18	29	31	14	31
陵水法院	8	9	18	21	12
白沙法院	2	4	6	3	6
琼中法院	7	9	4	8	22
保亭法院	3	4	6	9	9
洋浦法院	6	4	1	9	2
定安法院	3	7	2	5	10
屯昌法院	4	2	8	9	8
澄迈法院	6	9	23	9	15
群岛法院	——	——	——	——	——

其次，大多数基层法院所受理的行政案件数量较少，未能发挥基层法院的作用。从表 2 可以看出，很多的基层法院只有一名审判人员，一旦有案件需要审理，就要从别的法院抽调工作人员。另外，法官专业性不强，行政法官一般都同时在审理民事案件。这种不稳定的审理队伍和较低的专业性，实际上大大降低了案件的审理效果，同时也损害了司法的权威，而最直接的影响就是造成当事人对基层法院的不信任，导致基层法院的案件数量上不去。与此同时，大量的案件堆积在中级、高级法院，所以审理案件占据了中级、高级人民法院法官大量的时间，在其他工作方面的时间就比较有限，如指导基层法院开展工作方面。而基层法院得不到指导，水平不能得到有效提升，审理行政案件的能力就会比较低，长此以往，将加剧基层法院和中级、高级法院之间的差距，形成恶性循环。然而，随着新《行政诉讼法》的颁布实施，行政诉讼的受案范围在不断扩大，案件的数量随之急剧增加，案件的种类也更加多样，但是对行政案件的管辖如果仅仅集中在有限的几个法院，就会加剧不同法院之间的“冷热不均”，造成大量司法资源的浪费。

（三）增加人民法院调查取证和执行的难度

在我国的司法实践中，最大的困扰有两个，一个是执行比较困难，另一个是取证存在很大的困难。与此同时，行政诉讼的异地管辖更是加重了这两个方面的困难。在我国，行政诉讼采取异地管辖，这在一定程度上是具有积极意义的，因为异地管辖可以减少当地行政力量对司法的干预，使司法过程更加公正。但是事情总是存在两个方面，异地管辖也存在缺陷。因为行政诉讼要想顺利进行，必须要行政机关的配合，不然在取证问题上将面临困难，无法做到“以事实为依据”进而作出公正合理的判决。一般而言，行政机关为了维护自身形象，很少主动提交不利于自己的证据，而法院要想取证则容易遇到行政机关的不配合甚至阻挠，这就为行政案件的审理带来了很大的困难。行政案件实施异地管辖之后，不在同一区域内这一客观情况使得法院取证工作难度更是大大增加。由此可以想象，法院的判决想要在行政机关的配合下得到执行更是难上加难。如果法院作出的有利于行政相对人的判决不能得到执行，那么这份判决对于行政相对人来说没有任何的实际意义，行政相对人付出努力之后得到一纸空文，不仅浪费了行政相对人的时间、金钱，而且浪费了国家的司法资源，更是严重损害了司法权威。虽然我国《行政诉讼法》考虑到了这种情况，并作出了相应的规定，但法院在面对强大的行政权时，往往力不从心。在当前管辖制度下，本地法院的执行尚且困难重重，异地法院作出判决后想要得到行政机关的配合，更是难上加难。从这方面来看，实行行政诉讼异地管辖会使得法院执行工作陷入困境。异地执行行政判决，不仅难以调度执行力量，而且被执行人抗拒执行的可能性更高。

（四）增加当事人的诉讼成本

实行行政诉讼案件异地管辖，需要解决行政诉讼案件双方当事人的诉讼成本增加的问题。就原告而言，原告的居住地与管辖法院之间的距离远近决定了诉讼成本的高低。由于实行异地管辖，原告的所在地与管辖法院往往处于不同的行政区划内，与原有管辖模式相比，两者之间的距离无疑大大增加。因此，在起诉、质证、应诉等方面，原告付出的物质成本将大大增加，尤其是交通费用和食宿费用，并且行政诉讼管辖制度中的“便利原则”也在一定程度上被削弱。尽管有的行政案件的原告觉得付出更多的物质成本也要得到应有的公正，但是并非每个人都能接受诉讼成本的增加，因此，诉讼成本的增加是行政诉讼异地管辖实施过程中必须解决的问题，如果这个案件能最终给行政相对人一个满意的结果，还是比较好的，一旦达不到行政相对人满意的结果，会增加社会的不理解。而对于行政机关而言，行政诉讼异地管辖制度实施后，其为了维护自身形象，让管辖法院作出有利于自身的判决，为了达到胜诉的目的，行政机关会不遗余力地利用各种资源去影响管辖法院作出对自身有利的判决，相比较而言，行政机关的诉讼成本在无形中增加了许多。此外，对于法院来说，同样在送达文书、取证以及执行过程中，会有距离上的成本。

三、进一步推进我国行政诉讼管辖改革的构想

近些年来，国家一直对行政审判方面的改革十分重视，多次尝试了新的管辖方式以期改善行政诉讼当前所面临的问题，如利用提级、交叉或是集中管辖等方式，尽管这些尝试从目前的成效来看并不完美，但仍在一定程度上解决了地方行政对司法公正所产生的干扰，取得了不俗的效果。按照党的十八届三中、四中全会精神的要求，为进一步改善行政诉讼所处的困境、克服行政权对司法权的不当干涉，我国进一步探索新的司法管辖制度，具体来看，新《行政诉讼法》在原有的基础上进行了两大修改：一是增设了提级制，以县级或县级以上行政机关为被告的行政案件必须由中级法院管辖；二是设立了跨区管辖制度，即高级人民法院可经最高人民法院准许，确定若干个基层法院跨区管辖诉讼案件。显然这两点从之前部分地区试行到现在直接纳入法律文件中，体现了其合理性与进步性。而对于如何真正达到这两点所蕴含的目的，则是当前最紧迫的问题。

（一）建立统一的交叉管辖法院选择程序

当前我国所实施的异地交叉管辖方式，本质上是同级法院中本由 A 区受理的行政案件交由 B 区代审的制度。具体来讲，这里所说的异地管辖仅仅局限在基层法院中，而中级、高级法院并不能通过这种方式管辖其他地区案件。而之所以存在这一管辖方式，很大程度上也是为了避免当地行政机关对司法公正的不当干涉，这是由于本地法院所处位置关系，很有可能在审判时受到当地政府的干扰，但对于中级及以上法院来讲，其与地方政府往往关联不大，因此抗干扰能力也比较强，所以没有实施异地管辖的必要性。目前行政诉讼的管辖仍是采取与民事诉讼中相同的管辖原则，即原告就被告原则。在本质上，这一原则最初设立的缘由在于保证诉权不被滥用，防止被告自身的权益受到损失，同样也保障被告能够及时反诉，法院在调查取证、传唤等司法程序过程中也比较方便，可以降低司法成本。但这一原则以今天的眼光来看并不适用于行政诉讼，

而且已经成为对行政诉讼制度不满的根本原因。

客观来讲，异地管辖方式并不算一种新创方式，其本身也没有在原诉讼法规定之外，主要原因就是该方式是建立在管辖权指定及转移之上的，即中级法院可指派当事人所在地之外的任一法院受理案件。而具体到应由哪一法院负责的问题上，并没有统一的做法或规定。目前来看，学界中主要有两种观点：一是认为应当由原辖区法院先立案，再交送给中级法院，之后中级法院才能指定本辖区的其他基层法院管辖；但另一种观点却并不认同这种做法，其认为应当直接交给中级法院立案，再进一步指派。不过这两种观点都具有一定的合理性，但同时又有着各自不同的缺陷。对于前者来讲，一旦让当事人所在基层法院进行立案，则极有可能发生行政干扰，以至于诉讼的受理及立案的过程都不能保证顺利进行，使得异地管辖实质上论为空谈，但即便如此，原告还是能够通过向中级法院直接提起诉讼来进一步救济；而对于第二种观点来讲，存在一定的程序性问题，倘若由中级法院进行立案，则一旦当事人提出上诉要求之后，又要在中级法院进行审理，显然会产生问题。

笔者对上述两种观点都不认同，而是主张采取一种更为妥当的办法。具体如下：首先，可以在当事人所在基层法院进行预备立案，一旦该法院不作为，则当事人可以直接向中级法院提交申请。其次，当事人所在基层法院将该诉讼申请移交中级法院指派管辖法院，但在这一过程中，中级法院并不参与到立案中，而是由被指派的管辖法院进行立案受理并编制案号。对于整个异地管辖流程来讲，其中的案号应当统一，代表了一个案件，而这一案号由具体审理该案的法院进行编号，这样既有利于案件的管理，也保障了管辖制度的规范与有序。

对于异地管辖来讲，最大的难题就是如何解决司法效率问题，而且还要保障充分的公平正义性。由于异地审理，原被告都远离了所在地，这与之前所讲的“两便”原则产生了实质的矛盾。而对于这一点，一般中级法院在指定管辖法院时，会适当考虑当事人的要求，但最终是否受允则由中院决定。不过对于这一点，笔者有自己的看法：生效的裁判可以转交至当事人所在地法院来执行，以提高司法效率并弥补异地管辖所存在的这一缺陷。

（二）赋予原告管辖法院的选择权

行政诉讼与民事诉讼最大的不同点在于，原被告双方在现实中的地位差距十分巨大，以至于可能导致被告一方干预司法审判的公正性。而从目前的实际数据来看，实力上的不对等使得异地管辖与预期效果出现了偏差，加之异地管辖加重了当事人的负担，因此，这种管辖方式并未得到当事人完全认可，甚至有的当事人排斥这一管辖方式。造成这种现象的最主要原因在于完全由法院指定异地管辖会给当事人一种官官相护的感觉，使得当事人在败诉或诉讼被驳回之后往往会选择更直接、更激烈的上访方式。故可以看出，如若可以使原告享有充分的管辖法院选择权，但仅限一次，则可以大为改善这种困境。例如，在德国，凡涉及不动产或某一区域内的权利争议等问题，均由该地区法院管辖，而行政机关等引起的诉讼，则由驻地行政法院管辖，而对于一切撤销之诉，凡在该辖区的所有行政法院均具备管辖权。[①]同样的制度在美国的律法中也有体现，对于行政诉讼来讲，当事人可以选择四种具有管辖权的法院：一是被告机关所在地或官员的居住地；二是行为发生地；三是不动产所在地；四是原告的居住地。而对于上诉法院同样也有着多种选择：一是原告居住地；二是行为发生地；三是控制行为生效地。[②] 显然上述两个国家都给予了原告充分的管辖法院选择权，使案件能够在法定范围下更为自由，也更为公正地实现了原告诉权的行使，同时使得行政干预的可能性也大大降低，使司法公正得以确保。而就原告方而言，这种管辖方式恰恰体现了自治原则，从而避免了当事人对司法审判及其结果的猜疑，增强了当事人敢于维权的信心，也增强了当事人对法律的认同与信赖。正如日本学者棚濑孝雄所认为的那样，行政权力所赋予的权力必然会导致持有人内心的膨胀，而为了保障社会的公平正义，政府就必须反映人民的心愿，这一点在法律中就应体现为对个人主体性与自治原则的尊重，赋予他们与过于膨胀的行政权力相对抗的能力。[③]

（三）适当增加中级、高级法院行政审判力量

显然，由于提级管辖的适用，使得各中级、高级法院在短时期内都无法缓解案多人少的窘境。为缓解中级、高级法院案多人少的矛盾，在2016年1月于海南省举行的行政审判优秀成果颁奖及座谈会中，许多与会人员都认为可以将涉及林权、信息公开等多种被告者为市、县政府的案件直接交给基层法院代为审判。而对于这一点，本文并不认同，主要原因如下：一是尽管在原行政诉讼法中认可该做法，但修正后的《行政诉讼法》已经删除了原行政诉讼法中“上级法院也可以把自己管辖的第一审行政案件移交下级人民法院审判”的规定；二是修正后的《行政诉讼法》明确规定，凡县级及县级以上政府的行政行为引

---

① ［德］弗里德赫尔穆·胡芬：《行政诉讼法》，莫光华译，法制出版社2003年版，第179－183页。

② 王名扬：《美国行政法》，中国法制出版社1995年版，第590－594页。

③ ［日］棚濑孝雄：《纠纷的解决与审判制度》，王亚新译，中国政法大学出版社2004年版，第330页。

起的行政诉讼，必须交由中级法院审判。综上所述，即便当前中级、高级法院存在缺乏人力的事实，但依法律规定也不能将中级法院所辖案件直接交付基层法院代审。对于目前存在的人力资源缺乏问题，可以通过其他途径解决，如可以根据各级法院受案数量及压力程度，增补一定的审判力量，加设人员。而从长远角度来看，必须考虑更为具体、合理的应对办法，以解决中级、高级法院案多人少的问题。对于那些还未进行法院员额制改革的地区，应充分考虑未来进行该项改革时的应对措施，真正解决这一压力。对于当前正处于员额制改革覆盖范围内的地区，则短期内应尽快调配好相应数量的法官及工作人员，保障诉讼要求得到满足。而根据目前改革区域的成果来看，海南省已然走在国内前沿，不但改革程度最深，其取得的成果也令人赞叹。

早在 2008 年，海南省法院就开始试行了提级管辖制，而随后的几年里，通过这一方式在摆脱干预、提升胜诉率、妥善分配资源等方面都取得了不俗的效果。据统计，在由海南一中院等三个中院在 2008 年一共受理 300 多件行政案件，而这一数据到了 2014 年提升至 800 多件，案件数量有成倍的增幅，但尽管如此，各中级法院仍能以较高的质量完成审判任务，无一案件出现拖结现象，这显然与各中院司法力量的合理配置有极大的关系。目前海南一中院共有 8 名行政审判员、6 名辅助人员，审判员中有五年以下行政审判经验的 3 人，五年至十年行政审判经验的 2 人，十年以上行政审判经验的 3 人，审判委员会成员 1 人；海南二中院行政庭也配备了 8 名审判员、5 名辅助人员，审判员中有五年以下行政审判经验的 5 人，五年至十年行政审判经验的 1 人，十年以上行政审判经验的 2 人，审判委员会成员 1 人；海口市中级法院行政审判庭有审判员 6 人、辅助人员 6 人，审判员中有五年以下行政审判经验的 1 人，五年至十年行政审判经验的 5 人，审判委员会成员 1 人。为适应提级管辖的需求，满足和应对诉讼要求，海南省高院也一直都处于不断调整、改革的过程之中，高院法官也由以往的 9 人增至 14 人。行政诉讼实行提级管辖，必定会对中级法院和高级法院的工作形成巨大压力。特别是新《行政诉讼法》扩大了行政诉讼的受案范围，而且，新《行政诉讼法》规定实行立案登记制，行政案件数量的上涨是必然的。而要正确应对这一情况，就必须统筹各区域案件的分布状况，增强和巩固中级、高级法院的行政审判资源配置和人员储备。对于基层法院来讲，由于以县级和县级以上政府为被告的案件都由中级法院审理，其自身所面临的压力大大减小，因此可以适当抽调基层力量补充到中级、高级法院，以保证中级、高级法院不致在高负荷的审判压力下失去重心。

（四）因地制宜确定集中管辖法院

在确定集中管辖的法院时，笔者认为应当因地制宜。以海南省为例，上文提到的目前我国集中管辖的三种模式中，海南省采用第二种模式更为合理。原因主要为：第一种模式为铁路运输相关跨区域案件，这一模式并不适合于海南省，原因在于海南省并没有独立性质的铁路运输法院。而第二种模式则是由中院挑选出一到两个能力较强的法院集中受审辖区一审行政案件，而该集中辖区所发生的案件交由其他辖区异地受审，显然这一模式可以将行政与司法审查相隔离，从而最大限度地避免行政干扰，其另一巨大的优势在于统筹了司法资源，有利于人员的专业化。第三种模式是由中院指派一个能力较强的法院集中管辖，而该院的案件则上交至中院管辖，再对集中管辖的案件进行巡回审判。不过在这种方式下，集中辖区的案件会提级至中院管辖，使得中院的负担大大加重，再加上新法中已经规定将县级及以上的案件提级至中院，这就使得本就负担累累的中级法院还要担负起更多的案件，显然是与实际情况相冲突的。所以本文认为海南省采用第二种方式较为合理。而第三种方式中的巡回审判制，也是十分值得借鉴的。具体来讲，根据新《行政诉讼法》的规定，结合海南省行政审判情况，借鉴兄弟法院的集中管辖经验，可以在海口中院辖区、东部市县、西部市县和三亚中院辖区各选择一个收案数量相对较多、审判经验相对丰富、审判资源配置较强的基层法院，通过组建合议庭，再派合议庭直接前往当地审理，这样既可以满足双便原则的要求，也可以提升司法效力，保障司法资源不被浪费。因海南省正在进行司法体制改革，逐步推动省级以下人民法院的人财物统一管理，基层人民法院的审判权逐步摆脱地方权力的干扰，各跨区域管辖法院可以一并审理本地的行政案件。

表4　海南省行政案件相对集中管辖法院及所辖区域的构想表

区域划分	相对集中管辖法院	集中管辖区域
海口中院辖区	海口市秀英区法院	美兰区、龙华区、秀英区、琼山区、三沙群岛法院
东部市县	文昌市法院	文昌市、万宁市、澄迈县、琼中县、屯昌县、白沙县、定安县
西部市县	儋州市法院	儋州市、洋浦经济开发区、临高县、昌江县、东方市
三亚中院辖区	三亚城郊法院	三亚城郊法院、乐东县、陵水县、保亭县、五指山市

此外，我们认为还应当考虑增设原告的选择权，同时定期调整上述集中管辖法院的管辖区域。而对于其中涉及的司法力量分配关系，则可以采用定期挂

职的办法，这样既不变更现有的人事关系，又可以及时抽调非集中管辖法院的审判人员到集中管辖法院挂职工作。通过这些办法，尽可能地保证司法职能的有效利用，同时实现资源最大限度的合理分配。

（五）通过巡回审判的方式，解决提级管辖增加的诉讼成本问题

以本文的观点来看，海南省在提级制改革上取得的成功十分值得借鉴，因此可以参照最高院开设巡回法庭，将高院人员组合成固定合议庭，再指派各合议庭审理指定的几个市县行政案件，周期上以一年或半年轮换一次为益。这样不但能够显著降低司法成本，而且还能最大限度提高人力资源利用率，保证提级制能够发挥出最大的作用。

（六）强化责任追究，解决法院“调查取证难”和“执行难”问题

首先，进一步深化司法体制改革，加快推进省级以下地方法院与地方政府脱离，从人、财、物等方面保障法院独立审判，提升法院审判权威。其次，借助各省的立法权，从本省实际情况出发，不断完善行政诉讼调查取证和行政强制执行措施的相关制度，建立对行政机关拒绝配合法院调查取证和拒绝履行法院生效裁判的罚款等处罚措施。最后，强化司法建议效力，增加强制执行措施，赋予法院查封和扣押行政机关财产的权力，对拒绝配合法院调查取证和拒绝履行法院生效裁判的行政机关的负责人和直接责任人员可处以罚款或予以行政拘留。此外，强化对行政机关执行生效裁判的监督，不仅要将行政机关拒绝履行判决、裁定、调解书的情况予以公告，接受社会监督，还要将执行生效判决作为官员依法行政的重要指标，纳入政绩考核范畴。

（作者单位：海南省第二中级人民法院）

土地房屋征收诉讼案件审理困境及缓解路径研究

——以武汉市江汉区人民法院征收案例为样本

梅小丽　李　丽

江汉区作为武汉市中心城区，旧城改造和城市建设是其一项任重而道远的工程，但其中无法回避的一个问题就是对集体土地的征收以及对土地上房屋及其他附属物的征收和拆迁。城市建设本身是一个长期的过程，对于房屋的征收行为也一直存在，但是随着土地收益和房地产价值的上升，在近十几年间，由征收引发的矛盾愈加集中，最终的体现基本都是被征收人认为补偿标准过低，无法满足自身的利益要求。在我院受理的行政案件中，有1/3以上的案件是由征收直接或者间接引起的。被征收人也进行了大量的信访，包括进京非正常上访和冲击行政机关，进而在法庭上“充分行使每一项诉讼权利”，用各种方式阻挠和妨碍庭审程序进行，对执法人员和司法人员进行人身攻击。

相较于之前的征收，现行的征收法律法规和征收程序都在逐步完善。因土地性质分为国家所有和集体所有两类，加上土地征回后开发利用的性质不同，所适用的法律法规也是不一样的。简单地说，当土地开发属于公益性开发，并且土地所有权属于国有时，此类性质土地上的房屋征收和补偿依据的是《国有土地上房屋征收与补偿条例》。而对于集体所有的土地，或者开发性质属于商业性开发的土地，当前我国并没有专门的法律法规与之相适应，在社会实践过程中，政府、开发商和拆迁户所依据和遵循的主要是《中华人民共和国民法通则》《中华人民共和国合同法》《中华人民共和国物权法》《中华人民共和国城市房地产管理法》等法律中涉及的某些条款和法律原则。但一般来说，基本的程序是调查、登记、报批、公告、签订安置补偿协议、公告、实施安置补偿协议、供地等环节。

按照法律的设计，土地房屋征收程序是较为规范的，被拆迁人也有通畅的权利救济的途径，即使有矛盾，在行政复议或者行政诉讼，包括其他民事诉讼等程序配套下，都是可以解决的。但现实情况却是诉讼和信访数量都高居不下，而且在诉讼阶段，行政诉讼当事人和司法机关的关系也呈紧张的状态。本文试图从征收的类型、现状，引起诉讼的种类，审理的困境和原因出发，以分析缓解之道。

一、征收的类型和现状

1. 国有土地上房屋的征收。从法律的层面来说，此类型的征收法律规定最为完备，涉及宪法、立法法、物权法以及国有土地上房屋征收与补偿条例。此类征收原则上是为了公共利益的需要，并且应当对被征收人进行公平补偿，整个过程必须遵循决策民主、程序正当、结果公开的原则。但这一过程中最大的矛盾就是政府和被征收人之间的利益摩擦。因房地产收益已然成为地方政府财政的支柱，每一个地方政府土地收益的多少，会直接影响当地基础设施的建设，进一步影响当地的经济发展。另外，出于公共利益和政府自身政绩的追求，也使得地方政府有着强烈的征收意愿。对于被征收人来说，既有对拆迁后改善自身环境的需求，也有因不确定性而不愿拆迁，或者对征收补偿方案不满意而不肯拆迁。两者的矛盾导致的问题不少，如开发项目被迫延期、中断甚至取消，暴力事件引发恶性冲突，维权上访不断增加，等等。

2. 集体土地上房屋的征收。从被征收的对象来说，集体土地上房屋征收涉及两类人群：集体组织成员和非集体组织成员。非集体组织成员自然无法享受征收过程中对于集体组织成员的补偿，由此所引起的部分非集体组织成员对征收的抵触是非常明显的。按照法律的规定，集体土地上房屋的交易是受限制的，即使已经签订了合同，也不能办理房屋的过户手续。但是在客观情况下，确实有部分房屋进行了交易，其中大部分房屋在交易之后未办理房屋所有权证和土地使用权证。在征收过程中，有些房屋的原所有权人会到法院提起诉讼，请求确认房屋买卖合同无效，从而要求取得房屋的征收补偿，因为涉及较大的利益，在民事诉讼中矛盾也非常明显。另外，也有部分房屋在交易之后取得了房屋所有权证和土地使用权证，但此部分房屋所有权人对房屋征收补偿的期望往往较高，从而导致征收补偿协议难以达成。当然也有部分集体组织成员对征收补偿方案有不满的地方。集体土地上房屋征收的过程涉及的利益主体相对复杂，包括政府利益、村集体组织利益、村干部利益以及集体组织成员的利益和非集体组织成员的利益，错综复杂。

3. “插花地”上房屋的征收。这里所称的“插花地”指的是在集体土地范围内部分人员持有国有土地使用权证，此种情况形成的原因也许很多，但此类房屋的征收引起的争议也不少。城中村集中进行旧城改造的过程中涉及的范围非常大，少量国有土地上的房屋未单独按照征收条例规定的流程进行征收。对于这些情况，在实际征收的过程中，一部分房屋所有权人与征收单位重新进行协商，对补偿方案达成一致的意见，从而完成征收。一部分房屋所有权人无法就征收补偿方案与征收单位达成一致协议，甚至其中少部分房屋所有权人以征收单位在征收过程中存在错误为要挟，将其作为与征收单位谈判的筹码，不断提高要求。此类房屋征收过程中，征收实施单位会以房屋所有权人取得权证的方式作为抗辩。

二、土地房屋征收引起诉讼的类型

土地房屋征收引起的行政争议类型多样，产生了大量的诉讼，一部分当事人确实有诉讼的要求，另一部分当事人则是通过诉讼表达自身的情绪、向行政机关及司法机关施加压力。土地房屋征收引起的主要有以下几种诉讼类型：

1. 针对征收过程中出现的行政行为逐一提起行政诉讼。土地房屋征收实际是由一系列的行政行为所组成的，包括前期规划报批、用地批复、挂牌公告、签订补偿协议、签订土地成交确认书等，涉及的部门有土地规划部门、土地储备中心、政府机关等，被征收人及利害关系人针对以上行政行为逐一提起诉讼，形成了庞大的案件量。2015 年至今，针对征收过程中的行政行为提起的行政诉讼共计 73 件。

2. 针对征收相关信息不断提出政府信息公开申请并进而提起行政诉讼。部分被征收人针对征收所涉及的文件不断提起政府信息公开申请，申请公开的内容包括规划方案、立项文件、补偿标准甚至专项资金的信息等，并针对政府信息公开及所申请到的内容提起行政诉讼。2015 年至今，因政府信息公开申请提起行政诉讼的案件为 22 件。

3. 针对征收拆迁行为要求公安机关履行法定职责。征收需解决的最主要问题就是补偿问题，在征收单位和被征收人就补偿不能达成一致的情况下，公共利益和个人利益的常态冲突引起的暴力事件时有发生。被征收人有时候针对的是地方政府，有时候针对的是房地产开发商，特别是在旧城改造的情况下，部分被征收人对公共利益不理解，可能与地方政府及开发商之间均形成冲突。在形成冲突以后，被征收人以财物被他人损害为由要求公安机关履行法定职责，并且在事后不断向公安机关邮寄履行职责申请书，并针对公安机关的履职行为提起诉讼。此类型的案件从 2015 至今共计 25 件。

4. 通过非法律途径，不断非正常上访，导致被治安管理处罚，从而形成行政诉讼。据不完全统计，“目前我国每年的上访事件中有近 70% 和拆迁、征地有关”。[①] 此类上访呈现持续时间长、参与人数多，参与人情绪、行为偏激等特点。除了到正常信访接待场所进行信访外，这类人员偏爱到北京重要的党政机关场所进行闹访，甚至有些人员群体冲击省市行政机关的办公场所，扰乱正常的办公秩序。上访一方面增加了社会负担，另一方面也极容易引发一些突发事件，影响社会稳定。针对影响社会稳定，扰乱公共秩序和正常办公秩序的信访行为，公安机关会依法训诫并采取行政处罚措施。针对行政处罚，此部分被征收人不断提起行政复议和行政诉讼，又在行政复议和行政诉讼的过程中妨碍正常程序的进行，形成新的投诉和信访事项。这部分案件自 2015 年至今，共计 41 件。

三、土地房屋征收诉讼案件审理的困境

法律在现代社会的发展，一直在追求法律规范与现实的情况相结合，从而更加合乎社会现实发展的需要，更能真正体现整个社会的公平、正义和人权的理念，但强调整个社会的公平正义，不可避免地就是公共利益对个人利益加以限制，尤其是对体现为私人利益的财产权的日益限制。“土地财产权的限制尤为明显，所有人自由使用土地不受他人干涉的情况已被工业化和人口的压力所改变。”[②] 公共利益与个人利益之间的关系在土地房屋征收中具体表现为代表国家的政府的土地征收权与集体经济组织土地所有权和公民房屋所有权之间的冲突，是公权与私权的冲突，即权力与权利的冲突。而矛盾冲突最集中的体现就是征收补偿，如何补偿、补偿多少，往往就是问题解决的关键。

在被征收人向法院提起的大量的行政诉讼案件中，虽然最终都是为了解决征收补偿的问题，但是大部分的案件都不是直接针对征收补偿来进行的。这类案件在处理的过程中不可避免地就有来自外部环境和案件本身的压力。

1. 诉讼数量激增形成的工作压力。2016 年，我院行政案件共计 482 件，同比增长 23.59%，而土地房屋征收引起的诉讼占其中的 1/3 以上，案件数量的快速增长，在法官人数和辅助人员数量不增加的情况下，对于工作本身来说就是一种压力，需要在原有的工作进度上投入更多的精力。

2. 当事人缠诉闹访的压力。被征收人在行政诉讼中一个重要的表现就是对

---

① 《上访事件 7 成以上与征地拆迁有关》，载新浪网 http：//news. sina. com. cn/c/2013 - 03 - 10/122926487055_ 2. shtml，于 2017 年 6 月 20 日访问。

② ［美］伯纳德·斯瓦茨：《美国法律史》，王军等译，法律出版社 2007 年版，第 202 页。

公权力的不信任。不可否认，政府在公权力运行的过程中难免会出现滥用、误用公权力的情形，行政诉讼设置的目的就是解决行政争议，保护公民、法人和其他组织的合法权益，监督行政机关依法行使职权。但让人遗憾的是，不少被征收人在行政诉讼过程中依然保持着不信任和敌意。根据利益诉求的不同可以将诉讼中的被征收人分为两类：一类是对公平合理补偿追求的；一类则是无节制无道德约束的利益驱使，绝大多数时候无关项目是否具有纯公益属性，皆视征地拆迁为“致富之道”的。对于第一类当事人，在行政诉讼过程中，可以通过对行政行为的审查衡量其诉请，对比正常的征收补偿标准，畅通沟通渠道，解决其问题。对于第二类当事人，提起诉讼仅仅是谈判的筹码之一，是其向政府施加压力的一种手段，而其所有的手段都是有策略性、带有表演性的。在庭审的过程中，这类当事人会用各种手段拖延、阻挠诉讼的进行，用尽诉讼中的每一项权利，重复、拖沓地发表质证、辩论意见，不听从法庭的指挥。我院曾经在审理这类当事人的一件案件时，开庭七次，[①] 给案件的审理和法官的工作造成了极大的困扰。

3. 法律规定不明确带来的审理困难。《国有土地上房屋征收与补偿条例》体现了我国实现征收权职能回归的重大决心，使被扭曲为拆迁制度的征收制度终于迈出了回归到“名实相符”的第一步。该条例界定了公共利益的范围，也界定了征收的权限，其中第四条规定：“市、县级人民政府负责本行政区域的房屋征收与补偿工作。市、县级人民政府确定的房屋征收部门（以下称房屋征收部门）组织实施本行政区域的房屋征收与补偿工作……”明确了征收补偿的时间和标准，也明确了公众的参与机制。该条例颁布以后，相对于以前的拆迁，房屋征收的情况规范了很多，但是被征收人维权、信访的情况依然存在，主要问题有以下几个方面：（1）对于公共利益的界定依然过于宽泛。该条例第八条规定了征收的情形，“但仍无法避免部分营利性开发项目会被纳入其中，立法意图仍是想兼顾缓解城市发展带来的用地需求压力。由此，如果不有效解决非公共利益用地需要，在巨大的用地需求压力及经济利益诱导下，新条例关于‘公共利益用地’的规定终会流于形式，新条例在消除《城市房屋拆迁管理条例》之弊病上所做的努力将会付诸东流”。[②]（2）当事人思维的惯性。在条例颁布以后，当事人并不能完全理解拆迁制度和征收制度的区别，仍然用惯性思

---

① 湖北省武汉市江汉区人民法院（2015）鄂江汉巡民初字第 00223 号，原告陆某诉被告武汉市公安局江汉分局等治安管理行政处罚案件。

② 陈萧：《钉子户问题的制度性成因》，浙江大学博士学位论文，载中国知网。

维来解决问题。

对于集体土地房屋征收，这部分矛盾更为激烈，涉及人数多、社会影响大、情况也更为复杂，纠纷解决难度极大。如何使有限的土地资源发挥最大的效益，推动社会经济发展，使集体组织和集体组织成员的利益得到最大限度的保障、社会矛盾得到调和，是行政诉讼中面临的重要问题。这类型的案件审理的难度主要体现在以下几个方面：（1）征地拆迁法律制度的立法缺失。我国当下的土地征收立法所涉及的几个方面的规范十分分散，主要散见于《宪法》《物权法》《土地管理法》《土地承包法》等相关法律的规定之中，没有统一集中的土地征收立法，与土地征收有关的条文也没有几条，不同的法律有各自不同的立法目的和立法宗旨，土地征收制度建立所需的规范包括征地前提、对集体土地上房屋所有权人财产的保护、征地补偿程序等重要内容在这些立法中都难以得到详细的规定。（2）司法审查标准难以统一也是一个现实问题。前文已经提到，在对集体土地和房屋进行征收的过程中存在不同的征收对象，这些当事人又会针对同一征收行为中的各个环节的一个或者多个行政行为提起诉讼，在法律规范不尽详尽的情况下，对这些诉讼如何立案受理就难以统一。并且针对同一类型的行政行为，也可能产生不同的处理意见。

四、缓解矛盾的现实路径

土地房屋征收所引起的矛盾冲突是我国现阶段必须面对的一个重要的问题，也是城市高速发展过程中无法回避的隐患。如何缓解这些矛盾，平衡各方利益，是在征收立法、行政执法以及司法裁判中必须要考虑的一个重要课题。

利益平衡是指利益矛盾和利益冲突经由一定的调整和整合后形成的一种动态的均衡，法律是利益平衡的有效工具，它平衡个人利益与社会利益、个人利益与个人利益、物质利益与精神利益等不同利益之间的关系，目的就是定分止争，以公平和正义的方式来处理利益纠纷，保障现有的社会秩序和利益格局，促进合法利益的实现。土地房屋征收是一种具有公法性质的行为，其效力不仅是限制了所有权人或者他物权人的权利行使，而且使得所有权人或者他物权人的权利被强制性地转让，因此，在土地征收中，公权力与私权利之间的矛盾是显而易见的，公权力所代表的公共利益和私有利益之间的冲突则不可避免。那么在利益发生冲突时，法律以什么样的标准和准则来选择所要保护的利益，对利益的取舍本身就是一个价值评价和价值选择的过程。

1. 在法律的框架内平衡各方的利益。首先，在立法层面，现行《国有土地上房屋征收与补偿条例》对国有土地上房屋的征收有一个较为规范的规定。但是对集体土地征收的立法则较为分散，实践中，在集体土地征收的过程中产生的矛盾也较多。通过检索我们发现，一些城市制定出台了《集体土地上房屋征收与补偿条例实施细则》《集体土地上房屋征收与补偿暂行办法》等，这些文件效力层级较低，没有统一的标准，在执行过程中难免会出现问题。同时，法律的确定性和统一性保证征收双方在较为明确的状态下进行谈判和协商，避免因为法律规定不确定导致的执法不规范，也避免因为不确定导致被征收人的预期过高。其次，在征收行为实施的过程中，征收部门要保证信息的公开透明和沟通渠道的畅通，信息越对称，越能保证被征收人在理性和合理的范围内沟通征收补偿方案，同时也能减少征收部门的工作量。建议打造各方利益都能展示和协商的平台，兼顾各方的利益，减少矛盾的发生，打消被征收人以拖延等策略作为谈判筹码的企图。

2. 规范行政行为，提高行政执法能力。由于土地征收具有强制性的特点，因此土地在征收过程中就容易产生强制性和非公平性，强制性如果不以严格的程序为前提，就很容易演变成以强权对私人财产的剥夺，成为剥夺一部分人的合法权益去满足另一部分人合法权益的工具。因此，科学合理的土地征收程序可以预先设定政府及土地行政主管部门的权限，规范政府及土地行政主管部门的行为，增加土地征收的透明度，避免暗箱操作和少数人的肆意妄为等现象的出现，以保证征地权力的公正合理行使。行政机关依法行政，提高行政执法能力，可以提高执法效率，也可以充分让行政相对人感受到行政执法的权威以及善于更乐于在法律规定的范畴之内进行协商。

3. 强调司法的公信力，引导当事人理性行使权利。对于进入诉讼程序的当事人，理性表达自身诉求的，而且也是客观上要获取合理合法利益的，可以在行政诉讼的过程中为其搭建与征收相关部门的沟通渠道，按照法律规定对其利益进行评估，保证当事人合理合法的利益得到实现。对于以诉讼和信访作为筹码，期望“暴富”的当事人，对其非法进行信访的行为，应按照法律的规定进行处理，对其冲击、哄闹法庭，在庭审中不听从法庭指挥的行为，严格按照法律的规定进行处理。今年，我院对某被征收人在法庭中阻挠庭审秩序的正常进行，不听从法庭指挥的行为依法视为中途退庭进行了处理，打消了当事人以哄闹法庭作为筹码的念头。

（作者单位：湖北省武汉市江汉区人民法院　湖北省武汉市中级人民法院）

关于行政程序轻微违法司法审查的调研分析

焦明君

引　言

新修正的《行政诉讼法》以强化依法行政为旨要，赋予人民法院对行政权的行使更为直接和全面的监督职能。新法亮点之一是行政诉讼的判决方式得到完善，新增第七十四条第一款第（二）项规定“行政行为程序轻微违法，但对原告权利不产生实际影响的”行政行为确认违法但不撤销的情形。①目前实践中对行政程序轻微违法的审查及对原告权利影响的界定差异很大。本文试图在考察行政程序轻微违法审理情况基础上，对这一条款的适用进行综合分析，探究其司法审查机制，以期对该条款适用有所裨益。

一、实证调研：行政程序轻微违法案件的审理情况分析

为深入揭示行政程序轻微违法类型案件在审判实务中的运行现状，笔者以中国裁判文书网中随机抽取的89份裁判文书为样本，并对M市法院行政法官、行政机关工作人员和行政相对人共105人②进行了调查与访谈。M市位于中国中部省份，其经济社会发展状况基本处于全国平均水平，具有一定的典型意义。此次调查采用网络问卷形式，共发出105份问卷，有效答复76份。结合问卷调查和访谈材料，结论如下。

（一）适用广泛：“万能袋”作用明显

自新《行政诉讼法》实施一年多来，全国各地法院均判定很多“行政程序轻微违法”的案件。笔者在中国裁判文书网中以当事人诉求行政程序违法为基础，在裁判文书中以“行政程序轻微违法”“不产生实际影响”为关键词进行检索③，

---

① 为方便本文论述，下文将此种情形简称为“程序轻微违法”。

② 其中行政法官18人，行政机关（涵盖市县级政府、国土局、市场管理局、征管局、公安局、人社局、环保局等部门）工作人员36人，行政相对人22人。鉴于篇幅原因，本文对调查问卷不再一一列举。

③ 中国裁判文书网 www. wenshu. court. gov. cn，于2016年7月7日登录访问。

经粗略统计，查询到新法施行一年来判令程序轻微违法案件729件，约占当事人诉求程序违法案件的11.36%，且呈逐月增长态势（图1），其中2016年4月占比高达23.6%。

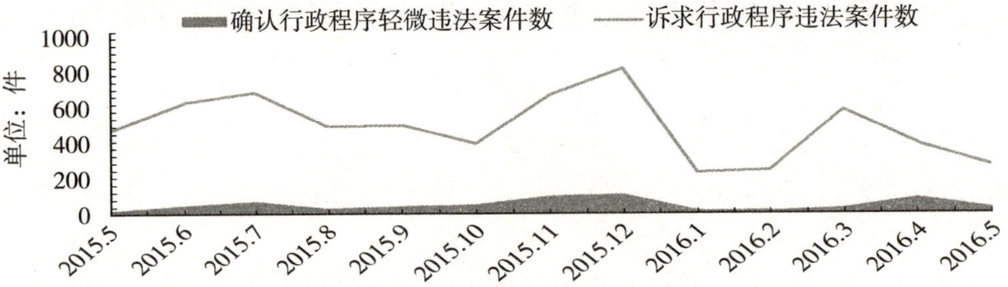

图1　新法施行一年来行政程序违法案件数量走势图

对行政法官的调查显示，新法实施一年来，57.7%的法官遇到行政程序轻微违法案件，21.8%的法官适用过该条款。有法官表示隐忧，行政程序轻微违法无固定审查标准，裁量空间大，很多程序违法案件都能“装进去”，过多认定会使其成为行政审判的“万能袋”，失去原本监督效用。

（二）“灾区”明显：违法程序类型集中

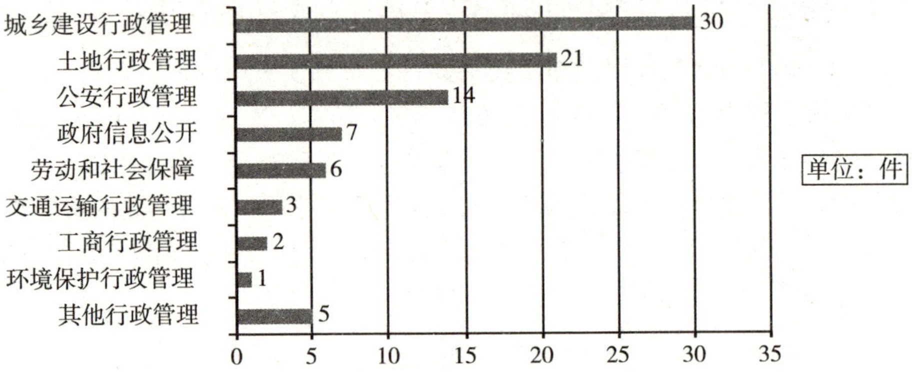

图2　程序轻微违法的行政行为数量图

通过对裁判文书样本的分析，笔者对行政程序轻微违法案件的行为种类进行了统计，案件反映出行政行为和程序种类相对集中，成为该类判决的“重灾区”。具体如下（图2）：在程序轻微违法的行政行为类型中，城乡建设行政管理、土地行政管理、公安行政管理案件数量居于前三位，三者之和约占样本案件总数的73%。

对于行政行为轻微违法的程序种类，对样本分析后得出如下结论（图 3）：轻微违法的行政程序种类主要有超过法定期限、未履行告知义务、送达错误、未按照要求公示或者听证、违反程序顺序规定等，其中前三种类型的程序违法占比 77%。

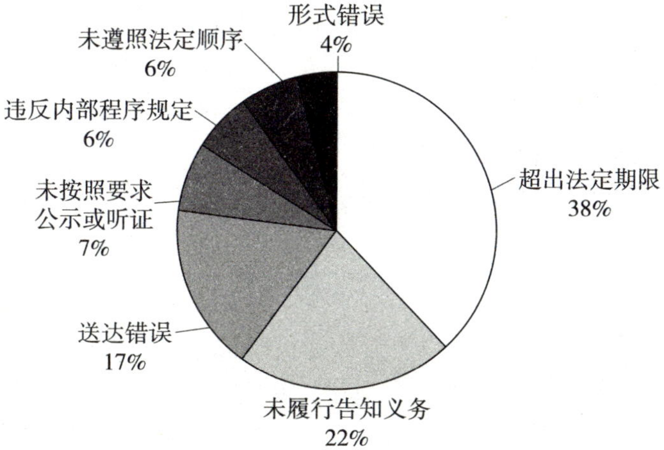

图 3　程序轻微违法案件的类型及数量分布图

对行政机关工作人员的问卷调查显示，19.6% 的受访者认为，行政行为应该依法定程序而为；56.8% 的受访者认为，行政事务庞杂、程序众多，在效率目标下难以完全依照法定程序行使行政权；另有 23.6% 的受访者表示，只要实体处理合理合法，程序轻微违法可忽略。

（三）同案异判：司法公信遭遇挑战

笔者选取治安管理行政处罚案件，以最普遍的行政程序“超过法定期限”为例进行比对，结果如下（表 1）：

表 1　同案异判结果示例表

审理地点	行政行为种类	办案时长（违法程度）	审理结果	判决书关键表述
辽宁①	罚款 200 元	办案用时 237 日，含鉴定、调解时长，但具体鉴定、调解为多少日未告知相对人。	一审认定：行政行为合法。 二审认定：驳回上诉，维持原判。	即便被上诉人存在因调查取证困难等原因导致超过法定办案期限的程序瑕疵情形，亦不能成为其所作出的行政处罚决定被撤销的理由。

① 详见辽宁省大连市中级人民法院（2015）大行终字第 163 号。

续表

审理地点	行政行为种类	办案时长（违法程度）	审理结果	判决书关键表述
山东①	行政拘留5日	办案用时154日，其中鉴定5日，实际办案149日。	驳回原告诉讼请求。	被告虽然存在超期办案的程序瑕疵，但该瑕疵对案件事实的认定、处理结果未造成实质性影响，不足以影响行政行为的合法性。
黑龙江②	罚款200元	办案用时320日，其中鉴定轻微伤用时271日，实际办案49日。	一审认定：行政行为事实清楚，适用法律正确。 二审改判：确认违法，但不撤销行政行为。	程序轻微违法，但该行为未对上诉人的权利产生实际影响。
福建③	行政拘留8日并处罚款200元	办案用时184天，其中组织两次调解，未达成一致。	一审认定：被告行政行为事实认定清楚、适用法律正确，但超出法律规定的办案期限，程序违法。 二审维持原判。	超过法定办案期限，属程序轻微违法。

从上表可以看出，对程序轻微违法的认定，目前并无标准与统一可循，“程序违法”“程序轻微违法”“程序瑕疵”等表述常见诸判决书上。不同地域判决差别迥异，同一地域不同审级判决结果也差异甚大。“同案异判的案件虽少，哪怕仅仅一个，也表述法院的裁判并不是百分百的公平正义”④，这不仅损伤行政公定力，也不利于司法公信力提升。

（四）上诉率高：实际权利认定不清

认定行政程序轻微违法的前提条件是“对原告权利不产生实际影响”。通过对样本分析，在对实际权利影响的表述上，98.6%的裁判文书对实际影响没有进行详述，甚至有裁判文书仅表述为“未对合法权益产生重大影响”⑤，就认定可以构成行政程序轻微违法。

---

① 详见山东省潍坊市青州市人民法院（2016）鲁0781行初8号。
② 详见黑龙江省双鸭山市中级人民法院（2016）黑05行终4号。
③ 详见福建省泉州市中级人民法院（2015）泉行终字第228号。
④ 黄仲夫：《刑法精义》，台湾地区五南图书出版社2009年版，第122页。
⑤ 详见山东省高级人民法院（2016）鲁行终56号。

程序轻微违法案件样本的上诉率高达38.7%。上诉人普遍提出，一审裁判对其实际权利影响认定不清。在对行政相对人的调查中，受访者普遍表示法院未进行实际调查，亦无客观评定标准，裁判文书未阐明如何对原告权利不产生影响。判令行政程序轻微违法但不撤销，并没有使相对人获得任何形式的补偿，行政机关虽败犹胜。

二、瓶颈探析：程序轻微违法认定之难

新《行政诉讼法》规定的行政程序轻微违法构成要件有二："违法情节轻微"和"不产生实际影响"。这无疑是在审查标准上构建起多元化处理机制。但是从上文实证分析中可以看出，对"程序轻微违法"难以统一标准，对"原告权利的实际影响"更是难以界定。

（一）理论解读："轻微违法"要素多样，标准难寻

行政权的行使包罗万象，其程序纷繁复杂，各不相同。何谓行政程序违法，国内现有的理论研究亦众说纷纭，难以统一。有学者采狭义"四要素"[①]说，即行政程序要素包括公正作为义务、受告知权、听证权、说明理由义务，基本要素缺失是判定行政程序违法的基本条件。也有学者采广义"六标准"[②]说，即行政程序标准为法律规定、行政行为形成、法律原则及目的、真实性和正确性、直接涉及利害关系人权益、行政基本秩序。只要违反上述标准即构成违法。

在程序严苛主义与行政实体主义的博弈中，学界逐渐达成共识，行政程序违法是行政行为违反法定程序达到了一定的程度或者具有一定的违法性质。[③]但是对于"轻微违法"的程度，却没有形成统一标准。新《行政诉讼法》施行至今，行政审判实践亦未对"轻微违法"有明确的定义。缘何无法统一标准，很大程度上是个案衡量的技术性问题，而非成文法立法上的技巧性问题。对于"轻微违法"的认定与审查，往往是在对行政效率、成本负担、相对人程序权利保护、公共利益、信赖保护利益等诸多价值综合考量后作出的判断。[④]仅以"程序轻微违法+对原告权利不产生实际影响"两个要件作为衡量标准，难以解决司法审查标准问题。并且可以预见，随着社会进一步发展，行政程序还将

---

① 汤德宗：《行政程序法论》，元照出版有限公司2000年版，第214页。

② 应松年、杨小君：《法定行政程序实证研究——从司法审查角度的分析》，国家行政学院出版社2005年版，第189页。

③ 姜明安：《改革和完善行政诉讼体制机制》，载《国家行政学院学报》2015年第1期。

④ 李义松、丁扬霈：《行政程序违法的裁判类型之再探讨》，载《行政与法》2016年第4期。

会在司法实践中有更多的影响因素，对轻微违法的把控，司法审查时还需要对个案中交织的各种利益、价值进行科学系统衡量。

（二）现实因素：实际权利难以举证

行政程序轻微违法要件之二为“对原告权利不产生实际影响”。通过对裁判文书样本的统计发现，原告诉求的权利有很多种，如公平竞争权、相邻权、经营权等实体性权利，参与权、知情权、救济权等程序性权利，还包括某些潜在权利、卷入其他纠纷等诸多利益。

尽管“任何违法实质上都是对法益的侵害”[①]，但几乎没有当事人能够举证其实际权利受到的具体影响。究其原因，一是实际影响难以量化，如上文举例的行政处罚超期案件，超期20天与100天的影响难以量化比较。因程序违法程度尚无衡量标准，故其影响的实体权利更难以量化。二是行政相对人程序性权利难以衡量。在样本案件中，57.8%的原告认为行政行为影响了其程序性权利。例如，孙某与Z市人民政府行政复议一案[②]中，孙某认为复议延期侵害了其公平权。程序性权利举证难，即使相对人提供证据，法院在审理时也难以考量。三是将来发生的影响能否列入实际影响范畴难有定论。在样本案件中，当事人认为程序违法影响其未来权益的案件占26.7%，如骆某与D市人民政府行政批准一案[③]中，骆某认为被告程序违法“影响了今后的用地额度”未获法院认可，但未来潜在的影响能否认定为实际影响值得商榷。

（三）社会因素：公民权、司法权与行政权的动态博弈

行政程序轻微违法理论分析的众说纷纭，现实个案的不同处理，不仅牵涉地区行政法治程度的差异，也与传统司法运作模式密不可分，但是究其根源，系公民权、司法权与行政权的价值权衡本身一直处于此消彼长的动态博弈中[④]。

长期以来“重实体、轻程序”的法治传统，对行政权行使及司法裁量一直产生巨大的影响力。在传统行政集权专治思想下，将行政实体视为行政行为生命的“程序工具主义”一直活跃于行政权行使中，加之行政效率化致使大量程序违法案件不断滋生。而普遍的、现实的公民诉权的存在，形成了一个约束行政权的潜在的、强大的宪政氛围，在这种无形力量的笼罩下，行政权的行使主体在

① ［德］K. 茨威格特、H. 克茨：《比较法总论》，潘汉典等译，法律出版社2003年版，第95页。
② 详见河南省高级人民法院（2015）豫法行终字第00426号。
③ 详见浙江省高级人民法院（2015）浙行终字第230号。
④ 江必新：《完善行政诉讼制度的若干思考》，载《中国法学》2013年第1期。

权力的运用过程中，往往能够慎重地考虑自己行为结果的正当性和合理性，从而顾及公民利益，并将其作为行政目的的一个重要参数给以足够的重视。[①] 司法权介入行政领域，通过对行政权的司法审查来实现对行政权的制约，在公民权与行政公定力之间寻求衡平。但是在公民权、司法权与行政权动态博弈过程中，良性互动的欠缺，造成了目前行政程序案件频发且价值标准不统一的客观事实。

三、进路探寻："行政程序轻微违法"司法审查初步构想

作为《行政诉讼法》修改后的重大突破，第七十四条第一款第（二）项规定体现了我国依法行政的重大进步。然而，行政程序轻微违法案件之所以现阶段司法审查标准难以量化和统一，其原因在于对"轻微违法"的认定，学界、司法实践各有不同，对"不利影响"难以认定。目前我国尚未出台《行政程序法》，亦无有关"行政程序轻微违法"审查标准的法律规范，笔者针对该类型案件审理现状，提出如下构想。

（一）"程序轻微违法"的司法审查尺度

对程序轻微违法的司法审查，可以采用比较法，通过与其他程序违法或瑕疵相较得出"轻微违法"的审查尺度（图4）。

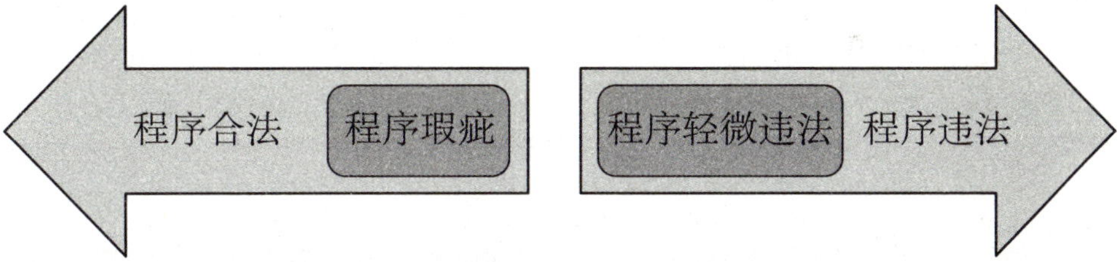

图4 "轻微违法"的审查尺度示意图

1. 向左：程序瑕疵与程序轻微违法

当下司法实践中对行政程序的裁判，除了认定轻微违法外，还有大量判定程序瑕疵的案件。《行政诉讼法》修改之前，实践中对"瑕疵"与"轻微违法"几乎等同使用，二者间界限不清认定不明，成为目前行政审判中亟待解决的问题之一。然而，笔者认为程序"轻微违法"和"瑕疵"二者之间存在合法与否的本质差异，必须加以区分。

"程序瑕疵"并非法律术语，目前法律法规中没有规定行政程序瑕疵的情

---

① 张树义、梁凤云：《现代行政权的概念及属性分析》，载《国家行政学院学报》2000年第2期。

形，故司法裁判上对行政行为进行“程序瑕疵”的定性并不妥当。“瑕疵”应等同于英国行政法中“可以忽略的瑕疵”概念，限定在行政文书非关键位置行文的笔误、记载内容表述错误等。瑕疵不属于违法范畴，不对当事人权益造成任何影响。例如，任某与C海关关税征收一案中，法院认定该海关填发的《物品进口税款缴纳证》存在笔误瑕疵，但该程序瑕疵对纳税人任某的权利义务不产生实际影响，程序瑕疵不足以否定本次征税行为的合法性。①

“程序轻微违法”是修正后的《行政诉讼法》明确规定的违法类型之一，对于前文分析的超过法定期限、未履行告知义务、送达错误、未按照要求公示或者听证、违反程序顺序规定等类型的程序违法，如经审查后确对原告权利不产生实际影响，笔者支持统一适用新《行政诉讼法》第七十四条程序轻微违法的表述。

2. 向右：程序违法程度分水岭

对行政程序违法程度的划分一直是理论和实务中探讨的热点与难点，在当下有关界分程序违法轻重的诸多观点均难以服人的情况下，以“示例性列举”的方式分别列出“严重违反法定程序”和“轻微违反法定程序”的主要情形，再由执法、司法部门通过诸如“举轻以明重”“举重以明轻”等法律方法加以理解、细化和适用，不失为权宜之策。② 因此业界对《行政程序法》寄予厚望，希望通过未来出台的程序法予以明晰。

2015年10月，《行政程序法》（专家建议稿）正式对外发布。其中第二百一十三条③正是采用“示例性列举”，分别从行政程序的步骤、回避、方式、期

① 详见湖南省高级人民法院（2015）湘高法行终字第94号。

② 柳砚涛：《认真对待行政程序瑕疵——基于当下行政判决的实证考察》，载《理论研究》2015年第8期。

③ 《行政程序法》（专家建议稿）第二百一十三条（程序违法的情形）行政机关实施行政行为，具有下列情形的，构成程序违法：

（一）行政执法行为没有表明身份，说明理由和听取行政相对人陈述、申辩的；

（二）对行政相对人作出不利行政行为没有告知其救济途径、方式和期限的；

（三）行政行为的调查人、决定人依法应当回避而没有回避的；

（四）行政行为依法应事先举行听证会、论证会听取社会公众和专家学者意见而没有举行听证会、论证会的；

（五）行政行为依法应公开行为条件、手续和行为结果而未予公开的；

（六）行政行为违反了法定时限、期间、送达等要求的；

（七）行政行为没有履行先调查取证，后作出决定等行政行为顺序要求的；

（八）其他违反法定程序或正当程序要求的。

第二百一十四条（程序违法责任追究）对于程序违法的行政行为，依本节和其他有关法律法规追究相应法律责任。程序违法责任不以违法的程序造成实体损害后果为承担责任的必备条件，但损害后果应作为确定责任形式和幅度的考量因素。

间、送达、顺序等方面列举程序违法的主要情形，第二百一十四条确定可以损害后果作为程序违法轻重的分水岭。笔者认为建议稿较为全面地覆盖了程序违法的情形，但对于“程序轻微违法”，可进一步参考美国行政程序法规定，在损害后果标准之上作限缩性解释，对侵害宪法赋予的公民基本权利的程序违法，即使损害后果轻微，也应予以排除。

（二）扩大“实际影响”审查，引入专业人员陪审

案件涉及的原告权利错综复杂，难以形成客观标准。对抽样文书中“原告权利影响”分析得知，所有抽样文书均对原告权利的现实影响加以考量，将“实际影响”限缩至“已然”的范围内，得出程序轻微违法的结论。笔者认为，应扩大“实际影响”审查范围，即司法审查时不应拘于现实影响，还应包括必然影响。最高人民法院印发的《行政审判办案指南（一）》明确：“对自身合法权益具有潜在的不利影响，如果这种影响以通常标准判断可以预见，则其对该行政行为具有原告资格。”从上述规定类推可认定，“潜在”“可以预见”的影响也属于实际影响，因此可将必然影响纳入程序轻微违法审查范围。

此外，原告权利中有些涉及专业知识，法官在认定权利是否受到影响及影响程度上存在技术障碍。例如，某栋楼居民诉Y市规划局行政许可行为侵权一案[①]中，原告认为被告的规划程序违法，影响其采光通风权，并举出日照间距比、通风换气量、显热发热量等技术参数作为依据，这些对于未接触过该专业知识的人来说，仅凭借社会经验和法律常识往往难于把握。故笔者建议，宜引入专业部门技术人员陪审，对权利实际影响作更为准确的评估。

（三）出具司法建议，源头规范依法行政

行政诉讼往往与区域经济建设发展息息相关，对行政机关具有明确指向性。在程序轻微违法案件涉及行政行为类型中，城乡建设行政管理、土地行政管理、公安行政管理占比72%，行政程序种类中，超过法定期限、未履行告知义务、送达错误占比77%，这为法院出具司法建议提供了可行性。对本区域某时间段内大量出现的程序轻微违法案件，法院可以通过司法建议的方式对行政机关进行规范，从源头上杜绝类似违法情况发生。例如，王某某等人诉社会保障局工伤行政确认纠纷一案[②]的判决书中写道：“……法院可以通过向行政确认机关即

① 详见江苏省扬州市中级人民法院（2004）扬行终字第0131号。

② 详见新疆生产建设兵团农十师中级人民法院（2015）兵十行终字第9号。

被上诉人发出司法建议，指出其违反法定时限等问题，责令其改进工作的方式，达到政治效果、法律效果和社会效果的统一。”

（四）责任承担多路并进，确保法益回归

任何违法包括程序违法，都是对法益不同程度的损害。对于程序轻微违法所损害的法益，在借鉴大陆法系补正制度基础上，新《行政诉讼法》第七十八条正式确立了行政补救制度。程序轻微违法行政行为虽然对原告权利不产生实际影响，无法通过行政赔偿解决轻微违法的问题，但是行政行为程序的轻微违法，实际上对依法行政所代表的公共利益造成了不利益后果，此时应当依据新《行政诉讼法》第七十八条的规定作出补救判决，以补正该程序违法。针对行政程序轻微违法给相对人造成的精神或情感损伤，在补救制度之外，可以参考民事责任的承担方式，责令行政机关采取赔礼道歉或者其他责任承担形式，消弭和平复程序轻微违法造成的相对人心理或情感损失，真正达到法益初始状态的回归。

结　语

正义不仅应得到实现，而且要以人们看得见的方式加以实现。在全面推进依法治国的当下，随着新《行政诉讼法》的施行，行政程序违法性审查也应赋予新内涵。依法行政不断推进的同时，应建立起严格的程序轻微违法的审查体系，以全面保障公民权利。相信，程序正义将作为依法行政重要理念落实于即将出台的《行政程序法》之中。

（作者单位：安徽省马鞍山市中级人民法院）

实证研究

关于行政复议不予受理决定的可诉性再分析

——以新法实施后15个不可诉案例为分析样本

郑红葛

引言：问题的提出

对行政复议不予受理决定是否可诉，一直存在不同看法。有学者经梳理认为，新法实施前，最高人民法院通过司法解释、司法批复和裁判案例，明确了复议不予受理决定具有可诉性这一观点。[①] 2015年，新行政诉讼法实施，其第二十六条第三款规定，复议机关在法定期限内未作出复议决定，公民、法人或者其他组织起诉原行政行为的，作出原行政行为的行政机关是被告；起诉复议机关不作为的，复议机关是被告。根据立法机关对该款的解释，本款是“最高人民法院2000年《若干解释》增加的内容，本款确认了这一规定的法律效力”。因此，复议不予受理决定具有可诉性，看似已被行政诉讼法明示认可，但此后的审判实践仍出现了复议不予受理决定不可诉的裁判案例。这些案例是个别事件，还是具有正当化基础的普遍现象？如果这种趋势继续加强，是否昭示着法院在复议不予受理决定是否可诉方面一直所持的开放态度，正形成一定程度上的保留？能否从这种保留中提炼出相应的裁判规则，从而系统构建正当的复议不予受理决定可诉性判断规则？本文力求对这些问题作出初步回答，以抛砖引玉。

一、复议不予受理决定可诉性的实践观察

审判实践中，复议不予受理决定均具有可诉性，仍是不少法院坚持的观点。例

① 王军：《论行政复议不予受理决定之可诉性——基于最高人民法院司法态度的分析》，载《甘肃政法学院学报》2013年第5期。

如，在王戊辰诉北京市政府复议不予受理决定一案（以下简称王戊辰案）中，北京市第一中级人民法院认为，因王戊辰已先行就原行政行为（土地登记行为）提起诉讼，北京市高院以王戊辰与原行政行为没有利害关系为由作出维持一审不予受理裁定处理，现王戊辰与本案起诉的复议不予受理决定亦没有利害关系，遂再次裁定不予受理。王戊辰不服，提起上诉。而北京市高院认为王戊辰此次起诉符合法定条件，指令一审法院立案受理。[①] 但也有越来越多的法院认为，并不是所有的复议不予受理决定都具有可诉性。笔者于 2018 年 1 月 17 日登录中国裁判文书网，设定全文检索内容为“复议不予受理”、文书类型为“裁定书”条件，从 2015 年 5 月 1 日新法实施至 2017 年 12 月 31 日，共检索出最高法院和各高级法院裁判文书 298 篇，从中选择 15 篇裁定书作为分析依据。15 篇裁定书均作出了复议不予受理决定（含程序性驳回决定，以下同）不可诉的处理，具体信息如下表。

表 1　复议不予受理决定不可诉详情表

法院名称	案号	当事人	裁判理由
最高法院	1. （2016）最高法行申 970 号	周锡华与无锡市锡山区政府	复议机关对信访答复意见决定不予受理，属程序性处理，对申请人权利义务不产生实际影响，不属行政诉讼受案范围
	2. （2016）最高法行申 1466 号	李帮君与公安部	对处理信访事项的行为不服申请复议，既不属于行政复议受案范围，也不属于行政诉讼受案范围
	3. （2016）最高法行申 2410 号	吴新华与北京市西城区政府	申请复议所针对的训诫书，系告知行为，对其权利义务未产生实际影响，不属于复议范围，也不属于行政诉讼受案范围
	4. （2016）最高法行申 2413 号	姜怀俭与北京市西城区政府	申请复议所针对的训诫书，系告知行为，对其权利义务未产生实际影响，不属于复议范围，也不属于行政诉讼受案范围
	5. （2017）最高法行申 1914 号	刘建伟与北京市西城区政府	申请复议所针对的训诫书，系告知行为，对其权利义务未产生实际影响，不属于复议范围，也不属于行政诉讼受案范围
	6. （2017）最高法行申 6369 号	盘玉娟与广东省食药局	即使盘玉娟提交了复议申请，其申请复议的事项也不属于复议范围

① 见北京市高级人民法院（2015）高行终字第 02013 号。

续表

法院名称	案号	当事人	裁判理由
江西省高院	7.（2017）赣行终90号	刘伟民与赣州市政府	复议机关就行政诉讼受案范围外的争议作出驳回复议请求的决定，不属于行政审判范围
湖北省高院	8.（2017）鄂行终1116号	陈桂华与湖北省政府	以同一主体同一事实再次申请复议，不符合复议受理条件，被诉复议决定对陈桂华的合法权益不产生影响
北京市高院	9.（2015）京行终字3132号	俞建莉与北京市东城区政府	申请复议的行为对俞建莉的权利义务不产生实际影响
	10.（2016）京行终2405号	杨国良等50人与国土资源部	国土资源部对申请复议的行为没有进行复议的法定职责，起诉不属于行政诉讼受案范围
	11.（2016）京行终2405号	王福峰与国家发改委	已对复议申请事项作出复议决定，再次申请复议作出的不予受理决定属于重复处理行为，不属于行政诉讼受案范围
	12.（2017）京行终107号	樵彬与国家食药局	申请复议行为是咨询事项的告知行为，被诉行政复议决定对樵彬的权利义务不产生实际影响
	13.（2017）京行终3653号	许宝忠与公安部	申请复议事项不属于行政复议范围，所作的不予受理决定明显未对许宝忠合法权益产生实际影响
广东省高院	14.（2017）粤行终444号	林红、谭震与广东省政府	提出的申请复议事项属于信访事项，不属于复议范围，不予受理决定并未影响林红、谭震的权利义务
山东省高院	15.（2017）鲁行终518号	杨吉全与青岛市政府	浪费行政复议资源、空转行政复议程序、无客观救济需要，明显未对杨吉全合法权益产生实际影响

上述法院认定复议不予受理决定不可诉，所表述的裁判理由主要涉及四个方面：一是对当事人的权利义务不产生实际影响，共计10份裁定以此为由，占三分之二；二是申请复议的事项不属于复议和诉讼受案范围，3份裁定以此为由，占20%；三是复议决定属于重复处理行为；四是复议机关明显没有复议职责，各1份裁定，分别占6.7%。进一步分析，又可作两种区分：一是越过复议不予受理决定，径行对原行政行为或申请复议的事项作出认定，以原行政行为或申请复议的事项不符合行政起诉条件为由裁定不予立案或驳回起诉。案例2、3、4、5、9可归入该情形。二是认定复议不予受理决定不属于行政诉讼受

案范围，而裁定不予立案或驳回起诉。至于复议不予受理决定为何不属于行政诉讼受案范围，理由不一，具体见表 1。

实践中的不一致并非空穴来风，具体考察规则的起始和演变，有助于我们更加客观地认识问题。

二、复议不予受理决定一般可诉的规则考量

1999 年实施的《行政复议法》第十九条规定，复议前置情形下，行政复议机关决定不予受理或者受理后超过行政复议期限不作答复的，公民、法人或者其他组织可以自收到不予受理决定书之日起或者行政复议期满之日起十五日内，依法向人民法院提起行政诉讼。该条所谓的“依法向人民法院提起行政诉讼”语焉不详，以至于在实践中产生分歧认识。的确，该条并没有作出强制性规定，此时向人民法院提起的行政诉讼必须是以复议机关为被告，以复议不予受理决定为标的。在法无明确规定的情形下，司法解释及答复进行了“补位”。

2000 年，最高人民法院出台《关于执行〈中华人民共和国行政诉讼法〉若干问题的解释》（以下简称执行解释）时，赋予复议机关不作复议决定情形下相对人的起诉选择权。[①] 但是复议机关作出不予受理决定，是否可以等同于复议机关在法定期限内不作复议决定，是否可以认为是复议机关不作为，仍存分歧。重庆市高院在董永华等 108 户居民诉重庆市政府拆迁行政复议案（以下称董永华案）中就认为，复议不予受理决定不属于复议机关在法定期限内不作出复议决定的不作为，在非复议前置前提下，当事人对复议不予受理决定不服而起诉缺乏法律依据，故作出驳回起诉一审裁定。2002 年，最高人民法院二审审理此案，认为董永华等 108 户居民对重庆市政府作出的复议不予受理决定可以提起行政诉讼，遂裁定重庆市高院继续审理此案。

虽有此参考案例，但此后数年仍有少数法院认为不予受理决定是不可诉的。以至于 2010 年 6 月，最高人民法院行政庭在给山东省高院的答复中再次重申，复议不予受理决定具有可诉性。分析《中国行政审判指导案例（第 1 卷）》刊载的董永华案评析，以“不予受理决定具有可诉性”之规则填补立法空白的理由有三点：第一，从理论上讲，不予受理决定可归类于不作为，针对不作为提起诉讼具有相应的法律依据。第二，从功效上讲，审查不予受理决定，依法监

---

① 执行解释第二十二条规定，复议机关在法定期间内不作复议决定，当事人对原具体行政行为不服提起诉讼的，应当以作出原具体行政行为的行政机关为被告；当事人对复议机关不作为不服提起诉讼的，应当以复议机关为被告。

督行政机关先行履行复议职责，有利于争议解决，有利于人民法院查清事实和正确裁判，有利于节约审判资源。第三，行政诉讼法和行政复议法均没有禁止当事人对不予受理复议决定提起诉讼，从诉权保护上讲，当事人有权决定起诉对象。

无疑，最高人民法院在董永华案中的司法态度有着极为重要的意义。有学者以“在整个行政复议不予受理决定问题上打通了任督二脉”[①]之言来形容此案对审判实践所产生的积极作用。从更宏观的角度而言，现代法治原则强调国家有义务提供一套完整的且无漏洞的权利救济制度，且这套权利救济制度能够得到有效实施，以保障公民及时完整地实现合法权益。不予受理决定不纳入司法审查，将使行政复议制度有效运行失去外部监督动力，有可能使国家权利救济链条缺少必要的行政内部救济环节。但也应当指出，最高人民法院所明确的复议不予受理决定可诉，并不能在实践中理解成绝对可诉、一律可诉。“现实生活的复杂性要求在原则之外有必要的例外存在。为了防止个别场合下个别正义被丢弃，法律在规定原则的同时必须规定例外。”[②] 本文所摘引的15个案例即是这种“例外”的表现。

三、特定不予受理决定不可诉的类型分析

因法律和司法解释没有对何种情形下的不予受理决定不可诉作出明示规定，在此方面必然地要考虑其他法律规定乃至法理所起的作用。下面所列四项不可诉情形，应无太多争议，当为成立。

（一）不予受理决定本身属假象行政行为

通说认为，狭义上的行政行为（即具体行政行为）须对外产生直接的法律效果。不存在行政法律效果的行为，可称为假象行政行为。有些不予受理决定或告知，不发生行政法律效果，并不符合行政行为的构成要件，当然是不可诉的。

1. 单纯事实的“通知”。行政机关有时会就一事实问题进行描述，这种描述是一种观念通知，或是认知表示，也是行政机关与当事人就认知的沟通、知会，与表现出行政机关执行法律的“意志不同”，不发生法律效果，不属于具

---

① 王军：《论行政复议不予受理决定之可诉性——基于最高人民法院司法态度的分析》，载《甘肃政法学院学报》2013年第5期。

② 姜明安主编：《行政程序研究》，北京大学出版社2006年版，第361页。

体行政行为。如案例9中的“工作说明”、案例15中的“告知书”，便是如此。案例15中，青岛市政府于2016年10月26日向杨吉全所作出青政复办告字〔2016〕56号告知书，仅仅是描述杨吉全的复议申请已经处理完毕的过程，告知其该政府对本次复议申请不再受理，即属于此类情形。

2. 重复处置行为。行政诉讼有关司法解释明确规定，重复处置行为不可诉，盖因“第二次的驳回是重申第一次驳回的理由，因此，事实上第二次的驳回决定，并没有给申请人一个新的法律效果”①。如申请人向行政机关申请复议，而该机关决定不予受理，是为行政行为。但申请人此后再次申请复议，该机关未以新的理由同样决定不予受理，此不予受理决定属重复处置行为。案例11中王福峰向国家发改委两次提起行政复议，发改委第二次作出的不予受理决定即属此例。

（二）复议请求事项明显不属于复议机关权限范围

行政复议，是通过行政机关自身纠正违法、不当行政行为，保障相对人权益的救济方式，是行政机关自我反省、自我纠错的一种法律机制。行政复议权作为行政权的一种，也必然地有其权力运行的边界。边界之外，非复议机关管辖范围，可具体分成两种类型：

1. 复议请求事项不在行政权限范围之内。从法律规定上看，《行政复议法》第一条、第二条开宗明义，复议制度旨在解决行政争议，受理、审查具体行政行为。复议申请受理后，对原行政行为会产生两个法律效果：一是延缓该行为的确定。即“一个具体行政行为，自送达相对人起产生效力。相对人及利害关系人（第三人），如果不在复议期间内申请复议，等此期间一过，具体行政行为便产生确定，相对人等便不可在提起复议。复议的申请便可产生延缓、阻碍具体行政行为的确定”。② 二是影响原行政行为的执行。“行政救济程序的启动，对效力尚处于不确定状态的行政行为产生拘束力。至于对原行政行为拘束到什么程度，完全由各国的法律加以规定。”③ 我国《行政复议法》第二十一条确定的是不停止执行为原则、停止执行为例外，但从该条规定的四种例外情形来看，完全可以在必要的情况下为申请人提供临时的权利救济措施。如果申请复议的事项并没有行政行为存在的根据，复议受理制度的法律效果无从产生，不予受

① 陈新民：《中国行政法学原理》，中国政法大学出版社2002年版，第137页。

② 陈新民：《中国行政法学原理》，中国政法大学出版社2002年版，第293页。

③ 姜明安主编：《行政程序研究》，北京大学出版社2006年版，第360页。

理便无可诉之必要。如某公民对军事机构作出的营房清理决定，因该决定系军事管理行为而非行政行为，该公民申请行政复议而遇不予受理之境遇不受司法监督和评判。

2. 复议请求事项不在复议权限范围之内。执行解释第五十六条曾规定，起诉被告不作为理由不能成立的，人民法院应当判决驳回原告的诉讼请求。何为“理由不能成立”？权威的解释是“在诉行政不作为的案件中，被告具有法定职责往往并不意味着原告的请求必然成立”。[①] 结合该论述部分所举“消防队没有赶来救火的原因属于不可抗力范畴，原告起诉被告不作为的理由自然也不能成立”之例，此处的“理由不成立”是指行政机关具有法定职责前提下的起诉被告不作为的理由不成立，不是指行政机关具有相应法定职责的理由不成立。因此，复议请求事项不属于复议机关复议权限范围的，审判中应作不予受理或驳回起诉处理，新近出台的《最高人民法院关于适用〈中华人民共和国行政诉讼法〉的解释》第九十三条第二款亦明确了该规则。由此观之，针对处理信访事项、公务员待遇处理事项等其他不在复议权限范围之内的案例1、2、7、10、14属于此类。案例6盘玉娟案中，申请人请求复议的是行政机关制作的《涉嫌犯罪案件移送书》，但对此类执法行为，《行政执法机关移送涉嫌犯罪案件的规定》允许行政机关层级监督和检察机关检察监督，并未设计复议监督途径，不属于复议机关权限范围之内的复议请求事项，复议机关作出的不予受理决定是不可诉的。

（三）申请复议缺乏权利保护必要

《行政复议法》第十条第一款规定，依法申请行政复议的公民、法人或者其他组织是申请人。但是不是仅因为参加复议程序，某人就可获得行政诉讼上的原告资格呢？答案是否定的！无论是2000年执行解释还是2018年2月新近出台的适用解释，在有关条文中都要求有利害关系。[②] 但“利害关系”，“是法律明确规定保护的利益，还是法律应当保护的利益，是直接利益还是包括反射利益，学理和实践中仍有不同的理解，即使在日本和我国台湾地区，也是如

---

① 最高人民法院行政审判庭：《行政诉讼法司法解释讲座（二）》，载最高人民法院行政审判庭编：《行政执法与行政审判参考》2001年第1辑，法律出版社2001年版，第136页。

② 执行解释第十三条第（二）项规定，与被诉的行政复议决定有法律上利害关系或者在复议程序中被追加为第三人的，可以依法提起行政诉讼。新适用解释第十二条也规定，在行政复议等行政程序中被追加为第三人的，属于《行政诉讼法》第二十五条第一款规定的“与行政行为有利害关系”。

此”。[①] 尽管如此，但有一点是肯定的，利害关系人并非“无拘无束”，不能将其扩大理解为所有直接或者间接受行政行为影响的公民、法人或者其他组织。基于此，不能仅因为不予受理决定给申请人造成了复议救济障碍，就认可其具有利害关系。最高人民法院在（2017）最高法行申169号刘广明诉张家港市政府程序性驳回复议申请一案中，在最终处理上即使支持了一审、二审判决驳回诉讼请求的结果，但判理中却明示刘广明本人不具备复议申请人和诉讼原告主体资格。该案针对被诉的复议机关程序性驳回决定（实质上与不予受理决定相同），在判理指出，“即使法院认可其原告主体资格，受理其起诉，引起所诉请保护的权益并不会在诉讼中得到保护和尊重，其起诉也就丧失了必要性，不具备诉的利益；因而不承认其原告主体资格，也并不会侵犯其任何权益”。此程序性驳回决定不可诉之意思，跃然纸上！

可见，究其法理，关涉诉之利益。无利益即无诉权，这是当事人提起行政诉讼应受的制约。诉之利益，在法国称“利益”，在德国称“权利保护必要”或“权利保护利益”，在奥地利称“诉讼前提”。[②]我国行政诉讼制度受德国影响较深，对立法上规定的“利害关系”的判断，审判实践中认为“将保护规范理论或者说保护规范标准、将法律规范保护的权益与请求权基础相结合”具有较强的指导意义。具体而言，如果原告所诉请保护的权益，并不是复议机关作出不予受理决定时需要考虑和保护的法律上的权益，便不具有利害关系，即不予受理决定不可诉，案例12、13可按此思路予以论证。在案例13中，许宝忠所申请复议的行为是天津市公安局的层级监督行为，许宝忠权益虽然会受到该层级监督行为间接影响，但并未被相应的行政实体法律规范所统摄，因而该不予受理决定不可诉。

（四）申请复议违反一级复议制度

我国实行一级复议制度，对行政复议机关决定不予受理的，申请人可以提起行政诉讼的同时，根据《行政复议法实施条例》第三十一条的规定，还可以向上级行政机关反映。上级行政机关认为复议机关决定不予受理理由不成立的，可以先行督促其受理，经督促仍不受理的，应当责令其限期受理，必要时也可以直接受理；认为复议申请不符合法定受理条件的，应当告知申请人。据此，复议机关作出不予受理决定，申请人并不能直接向上级行政机关再次提出复议

① 信春鹰主编：《中华人民共和国行政诉讼法释义》，法律出版社2014年版，第70页。

② 郝明金：《行政行为的可诉性研究》，中国人民公安大学出版社2005年版，第294页。

申请，而只能反映下级复议机关不予受理不当；上级行政机关对申请人的反映如果认为确实不符合受理条件的，不必须作出不予受理决定，而是告知申请人即可。这与行政诉讼构造不尽相同，起诉人对法院不予立案裁定有法定的上诉权，若法院既不立案又不作出不予立案裁定，起诉人有权向上一级法院直接起诉。

实践中，个别复议申请人在复议机关决定不予受理后，又向该复议机关的上级机关，甚至是上级机关的上级机关接连提出复议申请，本身就与行政复议法及其实施条例规定的救济途径不相符合。而上级机关告知其申请不符受理条件应不予受理，或者直接作出不予受理决定，申请人对此又提起行政诉讼，是否具有诉讼正当性？最高人民法院在 2017 年 6 月 13 日公布的杨吉全诉山东省人民政府不予受理决定一案中①给出了明确答案，认为该类起诉明显“违背行政复议制度、明显具有任性恣意色彩”“即使行政复议机关予以拒绝，当事人不服提起诉讼的，人民法院也可以不予立案，或者在立案之后裁定驳回起诉”。

以上是本文结合各案例裁判理由并参考法律规定、行政法法理作出的特定类型梳理。四大类情形也许有交叉或者不科学之处，但主要是从方便理解的角度作出的划分，仅供参考。

结语：不予受理决定可诉性的系统思维

通过已有分析，可知不予受理决定一律可诉的观念并不可取；但同时亦应强调，不予受理决定不可诉亦不能随意扩大。审判实践中，随着法院行政案件数量和审判压力增加，加之裁定驳回起诉无须开庭等因素的诱导，一些法院和法官认定复议不予受理决定不可诉的冲动在增加，致使一些不予受理决定不可诉的认定还有商榷之处，如案例 8 陈桂华诉湖北省政府驳回复议申请案。该案中，陈桂华以查处有关违法行为为由，以湖北省食品药品监督管理局为被申请人向国家食品药品监督管理总局（以下简称国家药监总局）申请复议，而国家药监总局未予受理。陈桂华以同一事由和同一被申请人转而向湖北省政府申请复议。根据行政复议法规定，国家药监总局和湖北省政府均有权管辖，国家药监总局和湖北省政府分别作出的不予受理决定都可进行司法审查，后一复议申请与“以同一主体同一事实再次申请复议”的情形不相一致。笔者认为即使裁判结果可行，但裁判理由还是可斟酌和商榷的。

---

① 与案例 15 中的原告系同一人，但此案所涉原一审、二审均系作出判决驳回诉讼请求的实体判决。

因此，对不予受理决定是否可诉，仍应回归本源，即按照行政诉讼的起诉受理各规定来分析。总体原则是：不符合行政诉讼法定受理条件的复议不予受理决定不可诉，除此之外原则上均属可诉之列。言及于此，复议不予受理决定是否可诉，在裁判规则上应形成一套较为成熟的规则体系：对本文所列明显不可诉的特定情形，法院可作不予立案或驳回起诉处理；对应当受理的进行实体审查；对可诉与不可诉之间存在的“模糊地带”，审判者应保持谦抑立场，谨慎作出不可诉的结论。特别是对原行政行为是否属于行政诉讼受案范围尚有可争辩性的，不能将相应的复议不予受理决定拒之门外。例如，省级政府作出的集体土地征地决定，该决定是否属于行政诉讼受案范围本身存在争议，但同时法律赋予省级政府复议监督的权限是明确的。在此情形下，法院不能对省级政府作出的不予受理决定不闻不问，而应将其纳入司法审查范围，以督促省级政府依法履行复议职责。

行政审判权与行政复议权既反映司法权与行政权的区别和关系，也反映解决行政争议的、纠正违法行政行为的共同理念。复议不予受理决定一般纳入司法审查，是两者有所区别的要求；特定情形下又不纳入司法审查，是共同关系的体现。哪些复议不予受理决定不可诉，审判实践已作不少探索，在此予以归纳作成初步分析，不当之处在所难免，仅为管窥之见。

（作者单位：江西省南昌铁路运输中级法院）

行政诉讼原告“合法权益条款”的理解与适用

——基于123起案例厘清新行诉法司法解释第六十九条第一款第（八）项适用思路

孙焕焕

根据2018年2月8日起施行的《最高人民法院关于适用〈中华人民共和国行政诉讼法〉的解释》（以下简称新行诉法司法解释）第六十九条第一款第（八）项（以下简称“合法权益条款”）的规定，“行政行为对其合法权益明显不产生实际影响的”，已经立案的，应当裁定驳回起诉。该条款系对法释〔2015〕9号《最高人民法院关于适用〈中华人民共和国行政诉讼法〉若干问题的解释》第三条第一款第（八）项规定的保留与延续。合法权益条款是判断案件是否进入实体审理的重要依据，对当事人诉权的保护以及不当行使诉权的规制具有积极作用。但由于“合法权益”“明显”“实际影响”等概念较为模糊，造成在审判实践中出现同案不同裁判、适用法律标准不统一等问题，可能对原告获得实体司法救济权利造成影响。

一、实证考察：“合法权益条款”适用中存在的问题

笔者就S直辖市适用合法权益条款驳回起诉的123件一审行政案件进行深入分析。这些案件涉及13家基层法院、2家中级法院及S直辖市铁路运输法院，共计16家法院[①]。从案件类型来看，居首位的政府信息公开案件有38件，占30.89%；其次是房地管理类案件，占17.89%；最后是行政复议类15件。另有投诉举报类14件，拆除违法建筑类12件，市容管理类7件、行政许可类5件、公安管理类4件、信访答复类3件等。

---

① 自2016年7月1日起，S直辖市铁路运输法院集中管辖四个行政区的行政一审案件。S直辖市现共有16家基层法院，3家中级法院，1家行政案件集中管辖法院。

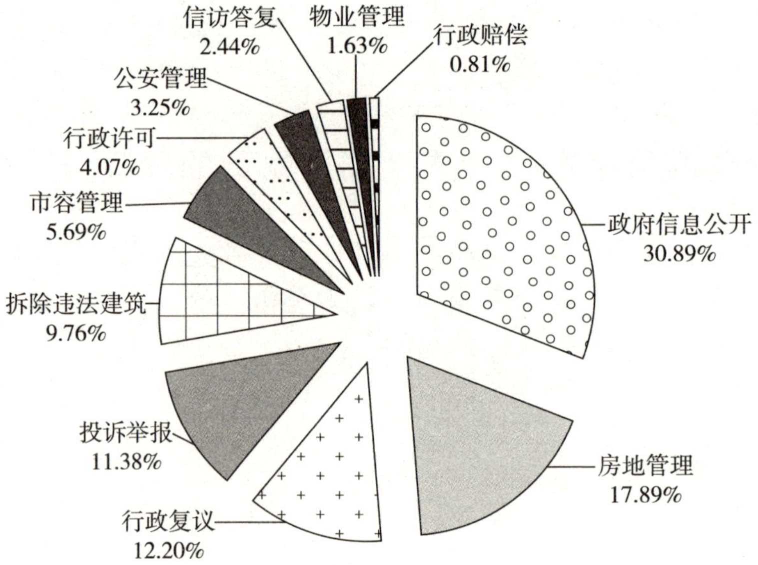

图 1　123 起裁定驳回起诉案件类型分析图

法院在适用合法权益条款时存在如下问题：

（一）定位不明晰：与原告资格、受案范围交叉混合适用

从裁定驳回起诉的裁判理由及适用法律来看，123 起裁定驳回起诉案件包括三类：仅以合法权益条款作出裁定的有 92 件，占 74.80%；以合法权益及利害关系为理由的有 17 件；以合法权益及受案范围为理由的有 14 件。笔者发现，对合法权益条款的运用在实践中存在一些交叉、重叠的现象。

1. 利害关系与合法权益条款混用

根据新《行政诉讼法》第二十五条规定，行政行为相对人以及其他与行政行为有利害关系的公民、法人或者其他组织，有权提起诉讼，即“利害关系”是判断起诉人是否具有原告资格的标准，同时这也是该法第四十九条规定的起诉条件之一。司法实践中存在以下做法：

一是认为对合法权益明显不产生实际影响，却适用利害关系条款裁定驳回起诉。例如，在刘某等诉某区司法局投诉举报答复及该市司法局行政复议决定一案中，原告投诉两位律师的执业违法行为，法院认为该两位律师系原告与案外人在一起返还原物纠纷中该案外人的二审代理人，与原告并无直接关系。原告投诉系一种反映情况、投诉举报的行为。根据合法权益条款规定，原告与上述投诉举报答复之间并不具有法律上的利害关系，依照新《行政诉讼法》第二十五条、第四十九条第（一）项规定裁定驳回起诉。

二是同时适用利害关系条款和合法权益条款裁定驳回起诉。例如，在魏某诉某区市场监督管理局投诉举报答复案中，法院认为，原告既非医院医疗服务的相对方，也非药物临床试验的当事人，故原告向被告投诉该医院在未取得药物临床试验机构资格认定的情况下擅自开展对牙膏临床疗效试验，要求进行查处，仅是一种反映情况的行为。被告针对原告反映内容进行了调查取证，并答复称：牙膏属于化妆品范畴，不属于药物，对原告的权利义务不产生实际影响。原告与被诉答复并不具有法律上的利害关系，据此，法院依照原告资格、合法权益条款之规定，裁定驳回原告起诉。

三是应适用利害关系条款裁定驳回起诉却适用合法权益条款。这种情况在多起案件中存在，笔者试举一例。在吴某诉某区规土局要求确认被告对铁路公寓的用地行为违法一案中，法院认为，原告原所有房屋纳入拆迁许可范围后被拆除，原告也于2006年经房屋拆迁裁决、被强制执行搬离该房。2011年，被告核发了包括铁路公寓在内的建设用地规划许可证，之后铁路公寓建成。该铁路公寓的用地与原告无法律上的利害关系，最终却依照合法权益条款裁定驳回起诉。这应属于起诉条件中的原告资格问题，法院裁定适用法律不正确。

2. 受案范围与合法权益条款未区分

新《行政诉讼法》第十二条和第十三条以“列举+排除”的形式规定了行政诉讼受案范围。受案范围同样也是《行政诉讼法》第四十九条第（四）项规定的起诉条件之一，区别于合法权益条款。但实践中，法院对受案范围与该项的适用也存在交叉重叠。

一是受案范围与和合法权益条款同时运用。例如，在赵某诉某区房管局案中，原告向被告提出政府信息公开申请，被告答复称，原告提交材料不符合信息公开申请要求，不再按照信息公开规定作出答复。法院认为，原告申请名为政府信息公开申请，实质上构成法律咨询，被告答复行为对原告权利义务不产生实际影响，故被诉答复行政行为不属于受案范围，起诉不符合起诉条件。据此，依照《行政诉讼法》第四十九条第（四）项、适用解释第三条第一款第（一）项、第（八）项之规定，裁定驳回原告起诉。

二是认为内部或非终局性行政行为不属于受案范围却适用合法权益条款作出裁定。123起案件中有5起案件是原告就市房管局对区房管局作出的延长房屋拆迁期限批复提起诉讼。根据原S直辖市《城市房屋拆迁管理实施细则》第十六条规定，批复是上级机关对下级机关作出的内部行为，最终区房管局作出的房屋拆迁期限延长公告是对外发生效力的行政行为。5起案件法院均依照合法权益条款裁定驳回起诉，但裁判理由方面，有的认为该批复是房屋拆迁期限延长许可作出的前置行为，对原告合法权益并未产生实际影响，故被诉批复与原告并无行政法上的利害关系；而有的则认为被告作出批复系其对下级行政机关提出的请示给予的回复，并不对原告的权利义务产生直接影响，故原告就此提出的起诉不属于受案范围。到底是利害关系还是受案范围？或者仅仅就是合法权益不产生实际影响问题？目前认识仍不统一。又如，在沈某诉某公安分局交警支队要求撤销被告《注销驾驶证通知书》一案中，被告向原告发出《注销驾驶证通知书》，告知原告办理驾驶证注销手续。法院认为，原告要求撤销的《注销驾驶证通知书》本身并未重新设定原告的权利义务，未对原告的合法权益产生实际的影响，不属于受案范围，故原告起诉不符合法定条件，依照合法权益条款裁定驳回起诉。由此可以看出，该法院将受案范围与对原告合法权益明显不产生实际影响混用，定位不清晰。

（二）审理对象偏差：起诉行政复议决定而认为原行为非受案范围

在张某诉S直辖市住建委要求撤销行政复议不予受理决定一案中，S直辖市某区房地产登记处依查询出具《房地产登记信息》，该登记处在涉案房屋土地状况栏手写标注“该处已批准建设用地”，原告对该记载不服提起行政复议。被告认为该行为未设定原告权利义务，不属于法定复议范围，决定不予受理。法院引用了受案范围条款认为被复议的行为不属于受案范围，认为不符合起诉条件，并适用合法权益条款作出裁定。法院这里对审理对象产生了偏差，原告起诉的是行政复议不予受理决定，应审理行政复议不予受理决定是否符合起诉条件等，并且法院一边称因被复议的行为不属于受案范围而不具备起诉条件，一边却根据明显不产生实际影响条款作出裁定的做法值得商榷。

（三）不当扩大适用：应进入实体审理却裁定驳回起诉

合法权益条款适用有严格限制条件，但实践中存在过于扩大适用而导致案件未进入实体审理影响原告权益的情形。例如，在周某诉某区卫生和计划生育委员会要求撤销投诉回复、重新作出处罚并回复原告案件中，原告在某口腔门诊部接受种植牙治疗，后发现有违规情形，遂向被告投诉，要求查处。被告经调查后认为是某口腔研究所委托某口腔门诊部开展种植牙治疗，收取原告接受某口腔门诊部口腔治疗所付33000元整（已退还原告），答复原告称：已向上述2家机构发出《责令改正通知书》，给予某口腔门诊部诊疗警告；给予某口腔研究所未取得《医疗机构执业许可证》擅自执业罚款5500元。法院认为被告所作投诉答复系向原告告知其对案外人所作行政行为的内容及结果，原告如对前述行政行为存在异议，可通过其他合法途径解决。被诉行政行为对原告的合法权益不产生实际影响，遂裁定驳回起诉。显然，原告是接受种植牙治疗的病人，从原告资格的角度看，原告与被诉投诉举报答复有利害关系；从合法权益角度看，投诉举报答复也对原告的合法权益有较大实际影响。

（四）同案不同裁判：同种情形或实体审理或裁定驳回起诉

这种情形较多地存在于政府信息公开案件中。例如，在张某诉市规土局案中，原告要求获取某绿地新增建设用地计划、耕地占补平衡指标已由市落实证明文件。被告向原告公开了某号 S 直辖市新增耕地确认书。原告认为确认书违法诉至法院。法院进入实体审理，作出了驳回诉讼请求的判决。而在另一件齐某诉市规土局要求确认政府信息公开答复违法案中，原告要求公开土地批准文件，被告向原告公开了该批准文件。原告起诉认为该批准文件违法。法院认为，批准文件是否合法不属于政府信息公开案件的审查范围。被告所作政府信息公开答复对原告的合法权益明显不产生实际影响，遂裁定驳回起诉。

二、根源分析：导致合法权益条款适法不统一的多重原因

（一）缺乏“诉讼构造”“诉的利益”理论

从理论研究以及国外、我国台湾地区的规定看，行政诉讼程序构造可分为起诉要件、诉讼要件以及本案要件审理三个阶段：一是起诉要件审查阶段。只有起诉要件满足之后，案件系属于法院，法院才可进入下一阶段审查。二是诉讼要件审查阶段。诉讼要件是法院对本案实体争议问题进行审理并作出实体判决所需具备的前提条件。诉讼要件的本质是诉的合法性要件。[①] “如果法官确认使（原告）所提起的诉不合法的理由存在，则他应当以所谓的诉讼判决的形式驳回诉；具有实体性质的判决，即所谓的实体判决根本就不会发生。”[②] 各国诉讼要件之内容并非全然一致。其中，大致包括以下内容：本国法院有审判权；属于行政审判权范围；法院具有事务及土地管辖权；具备当事人能力与诉讼能力（或由代理人为诉讼行为且代理权无欠缺）；同一事件别无诉讼系属；非同一事件经终局判决后复行起诉；诉讼标的未经既判力或和解效力所及；起诉符

---

① 参见耿宝建：《立案登记制改革的应对和完善——兼谈诉权、诉之利益与诉讼要件审查》，载《人民司法（应用）》2016 年第 25 期。

② ［德］汉斯·约阿希姆·穆：《德国民事诉讼法基础教程》，周翠译，中国政法大学出版社 2005 年版，第 70 页。

合法定程式；有权利保护必要等。[①]“有权利保护必要”在法国称“利益”，德国称“权利保护必要”或“权利保护利益”，日本、中国澳门等称“诉之利益”，我国台湾地区则兼有德国和日本的称谓。[②] 而英美法系则发展出了“成熟性理论”“可裁判性理论”“诉由消失理论”等。[③] 三是本案要件审查阶段。本质上是对实体争议的判断，这在行政诉讼中主要表现为系争行政行为的合法性判断。[④] 我国行政法学界对于行政诉讼程序阶段研究理论较少，尤其是诉讼要件中的“诉的利益”理论研究探讨不够深入且不成体系，尚未达成共识，有学者认为原因在于我国还处于法治国家建设初期，行政法体系也还远未建成，因而诉权保护比诉权规制更具有现实必要性。然而，有必要不等于放任。[⑤] 在实践中，会遇到有些当事人滥用诉权、恶意诉讼等情形，扰乱诉讼秩序，浪费司法资源。

（二）法律规定不明晰

行政诉讼法及其司法解释并未有起诉要件和诉讼要件的严格区分，只是杂糅在关于起诉条件的规定以及其他法律条文规定中。关于“合法权益”的定位也处于模糊不清状态。一方面，合法权益规定本身较为原则，没有赋予特定内涵。从法律及司法解释规定沿革看，1986 年《民法通则》最早提起了“合法权益”概念，并在 1989 年行政诉讼法、新行政诉讼法立法目的中加以规定。两部《行政诉讼法》第二条关于行政诉讼法调整范围、行政诉权、原告资格、审查内容的规定[⑥]中，均规定了“认为合法权益受到侵害的”，有权提起行政诉讼。1989 年《行政诉讼法》第四十一条第（一）项关于起诉条件的规定中，甚至将合法权益作为认定原告的标准，但执行解释为原告资格又设定了“法律上利害关系”标准。在新行政诉讼法以前，由于有受案范围、执行解释中的“法律上的利害关系”原告资格标准可适用，合法权益相关规定并没有引起特别大的关注或者在实践中大量予以直接引用。另一方面，合法权益条款单独作为裁判理由适用条件不明确。合法权益条款中有“明显” + “实际影响” + “合法权益”等不确定法律概念，该如何界定其内涵和外延尚未形成统一标准，而由于

---

① 参见吴庚：《行政争讼法论》，元照出版公司 2008 年版，第 136 – 140 页。

② 参见黄娟：《两大法系诉的利益学说与立法之比较》，载《民事程序法研究》2004 年第 1 期。

③ 参见耿宝建：《立案登记制改革的应对和完善——兼谈诉权、诉之利益与诉讼要件审查》，载《人民司法（应用）》2016 年第 25 期。

④ 参见梁君瑜：《我国行政诉讼立案登记制的实质意涵与应然面向》，载《行政法学研究》2016 年第 6 期。

⑤ 参见高鸿：《滥诉之殇引发的再思考》，载《中国法律评论》2016 年第 4 期。

⑥ 参见江必新、邵长茂：《新行政诉讼法修改条文理解与适用》，中国法制出版社 2015 年版，第 29 页。

利害关系原告资格标准、受案范围等相对明确具体且司法实践适用源远流长，已形成相对固定思路，这就造成了实践中利害关系、受案范围、合法权益条款的交叉混用状态，而且运用了合法权益条款的案件说理也不够充分。

（三）法官理解适用不统一

我国正处于社会转型时期，纠纷大量涌现。加上立案登记制的推行以及民众法治意识的觉醒，法院收到的行政案件类型呈复杂化、多样化趋势，诉讼请求也是五花八门。西方法谚有云："法官不能拒绝裁判。"法律规定不够明确等因素不能成为法官拒绝裁判的理由。合法权益条款中的不确定法律概念，法官在适用中需要加以主观判断，拥有较大自有裁量权，针对同一问题不同法官也见仁见智，有时可能会脱离法律规定的本意，无法充分保障个案正义。实践中，将利害关系条款、受案范围条款与合法权益条款同时适用者有之；将合法权益条款视为"百搭"条款而径行适用者有之；不理解合法权益条款而不予适用者亦有之，由此损害到原告获得实体司法救济的权利。

三、对策建议：合法权益条款的准确定位与审查思路

（一）将合法权益条款定位为"诉的利益"审查条款

我国行政诉讼法律规定并未体现出行政诉讼构造三阶段，对此学界仍然存在不同观点和争议，笔者着眼于司法实践，在现有的法律框架下，一方面着力解决立案登记制背景下不正当行使诉权的问题，另一方面促进合法权益条款适法统一。因此，笔者认为，合法权益条款可定位为法院在审查认为原告不具有"诉的利益"（不符合诉讼要件）而裁定驳回起诉适用条款，理由如下：一是从字面含义看，合法权益包含了利益，原告在诉讼中的合法权益包含了"诉的利益"。在法治初期对原告合法权益的认识多限制在法定的权利范围，但随着社会的发展、法治的进步，各个行政诉讼发达国家对原告合法权益的认识基本上都是从法律权利与利益两个角度进行的。原告合法权益包括合法权利与合法利益两部分[①]。从保护公民合法权益的角度来说，一个案件是否应当审理，主要看该公民在诉讼中是否有诉讼利益存在。[②] 二是从法律整体规定看，原告资格和受案范围等已作为起诉条件在行政诉讼法中有专门条文予以规定，合法权益条款并非限定原告资格或者受案范围问题。三是从"合法权益"规定看，新旧《行政诉讼法》第二条规

① 参见彭涛：《论行政诉讼中原告的合法权益》，载《政法学刊》2010 年第 1 期。

② 参见江必新、邵长茂：《新行政诉讼法修改条文理解与适用》，中国法制出版社 2015 年版，第 83 页。

定了原告认为其合法权益受到损害的，可以提起行政诉讼，体现了诉的利益的核心内容是“合法权益”。[①] 与该条相呼应，适用解释规定了合法权益条款，并设定了“行政行为＋明显＋不具有实际影响”的前提条件，意旨在于以“原告认为合法权益受侵害”肯定原告诉权的基础上，法院需进一步审查，符合“起诉要件——诉讼要件”的审查步骤，将合法权益条款归入诉讼要件中的诉的利益审查，契合诉讼构造的要求。四是从立案登记制背景看，法院一方面应解决立案难问题，保障当事人依法行使诉权，另一方面需要规制不正当行使诉权的现象。在原告已经符合起诉条件的基础上，进行“诉的利益”的审查，在现有的法律框架下，合法权益条款为“诉的利益”审查和法律适用、规制不正当行使诉权行为提供了较好路径，符合实践需求。五是从保障原告诉讼权益角度考虑，鉴于合法权益条款的判定较为专业，不宜在立案登记阶段径行裁定不予立案，而应在立案后，由行政审判庭询问当事人，由被告作出答辩并提供证据，第三人作出陈述。一方面，法院在充分听取各方当事人意见、审查相关证据后，方能作出准确判断；另一方面，充分保障当事人尤其是原告的程序参与权，努力做到“让人民群众在每一个司法案件中都感受到公平正义”，尽量消除其对法院裁判公正性的质疑。

（二）厘清法院审查判断思路

鉴于新行政诉讼法关于原告资格、受案范围的规定较为明确，是起诉条件的组成部分，并且经过长期的司法实践，已形成相对明确、固定的判断标准和思路，而且合法权益条款又是主要解决诉讼要件中的“诉的利益”问题，因此，应首先进行起诉条件的审查。在起诉条件的审查中，发现不具有利害关系或者不属于受案范围的，则适用行政诉讼法上规定的起诉条件条款不予立案或裁定驳回起诉。如果已经具有利害关系，也属于受案范围的，法院又明显觉得不具有权利保护的必要性，或者没有值得法院审理予以保护的诉的利益的，方可适用合法权益条款作出裁判，以此促进适法统一。

对于合法权益条款中“明显”“实际影响”“合法权益”等不确定法律概念的具体适用，一方面，法官要承担释明职责，即向原告释明同时在裁定书中加强说理，从而督促法官考虑各种相关因素，尽可能准确地实现法的客观价值[②]，不违背合法权益条款的立法本意。另一方面，要禁止过度扩张解释，保障原告因

---

① 参见刘志刚：《论行政诉讼中的诉的利益》，载《诉讼法论丛》（第9卷），法律出版社2004年版，第516页。

② 参见王贵松：《行政法上不确定法律概念的具体化》，载《政治与法律》2016年第1期。

合法权益受到侵害而得到实体审理救济的权利。该条款的适用应把握以下两个要件：一是合法权益理解方面，根据新《行政诉讼法》第十二条第一款第（十二）项兜底条款的规定，认为行政机关侵犯其他人身权、财产权等合法权益的可以提起诉讼。该项中的“等”既归纳了本条本项以上的内容，也为今后司法解释留下了空间，是“等外等”，同时这一内容也与本条第二款“除前款规定外，人民法院受理法律、法规规定可以提起诉讼的其他行政案件”相呼应。[①] 因此，关于合法权益条款的理解，从行政诉讼法及其司法解释整体考虑，“法”应指法律、法规，权益包括但不限于人身权、财产权。对于利益的理解方面，目前行政诉讼诉的利益应是个人利益（行政诉讼不支持个人提起公益诉讼）。当然，不排除侵犯个人利益同时侵犯公共利益的，仍可起诉。二是明显不具有实际影响。根据《现代汉语词典》的定义，“明显”是指清楚地显露出来，容易让人看出或感觉到，“实际影响”则指对人或事物起到实有的、具体的作用。[②] 判断行政行为对原告合法权益明显不具有实际影响应当有所凭借：原告或被告提供的证据能够清楚地显露出对原告的合法权益不会起到实际的具体作用，从而不具有值得通过行政诉讼予以保护的利益，因而无须进入实体审理即可裁定驳回起诉。

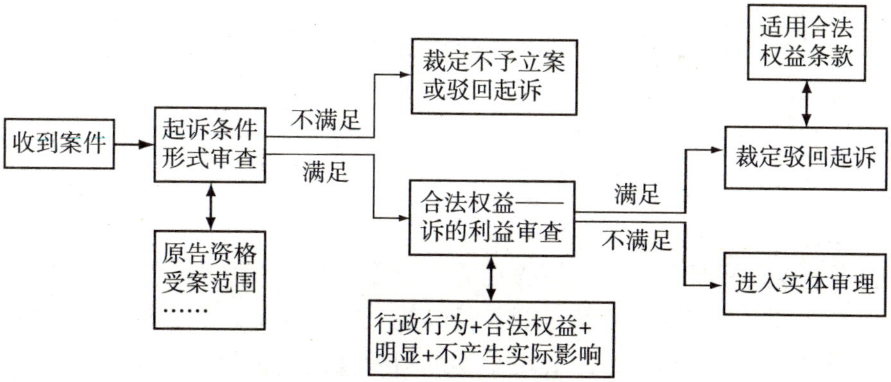

图2　法院适用合法权益条款的审查判断思路进程图

（三）两类典型案件的应对策略

1. 政府信息公开案件涉嫌滥诉的

在信息公开领域，诉权是信息公开申请权的延续。起诉人依靠自己的申请

---

① 参见梁凤云：《新行政诉讼法讲义》，人民法院出版社 2015 年版，第 121 页。

② 参见中国社会科学院语言研究所词典编辑室编：《现代汉语词典》（第 6 版），商务印书馆 2015 年版，第 910、1179、1563 页。

行为就可以获得原告主体资格，利害关系条款根本无法阻挡申请人的起诉行为。这一方面说明起诉权对保障获取政府信息权较为重要，另一方面也为滥用起诉权开启了方便之门。合法权益条款为解决信息公开滥用诉权问题提供了较好的解决途径。“‘诉的利益’是一个普适的限制标准。对于任何诉讼案件，都必须满足‘对司法救济有着需要’这样的要求或要件。诉的利益要求起诉人在所提起的争议中存在或可能存在某种受法律所保护的正当利益，因而具有启动司法救济程序的必要。”① 运用合法权益条款来裁定驳回起诉在司法实践中已进行了有益尝试。例如，在虞某案中，法院认为，被告撤销原答复的行为对原告合法权益明显不产生实际影响，故原告起诉不具有诉的利益，遂裁定驳回起诉。在凌某案中，法院认为被告作出被诉补正申请告知书的行为系针对原告申请内容不明确所作出的一种程序性处置，不属于最终行政决定，未对原告合法权益产生实际影响，遂裁定驳回起诉。在龚某案中，被告对原告的重复申请内容不再答复，所作告知书对原告合法权益明显不产生实际影响。在张某案中，法院认定原告提出的申请系咨询，不符合申请要求，对原告的合法权益明显不产生实际影响，遂裁定驳回起诉。以上所举案例中的原告提起诉讼的目的均“醉翁之意不在酒”，真实意图可能并非是获取政府信息，因此，就信息公开申请权而言，构成了滥用，进而提起的行政诉讼也不具有诉的利益，应按照合法权益条款驳回起诉。

2. 起诉不予受理或者驳回行政复议申请决定的

行政复议法及其实施条例规定了对于不符合行政复议法规定的申请可裁定不予受理，已受理的裁定驳回起诉。对于不服不予受理或裁定驳回行政复议申请决定的，法院审理的对象是该决定的合法性，而非行政复议申请涉及的行政行为的合法性。不予受理或裁定驳回行政复议申请决定属于法院受案范围，不能因行政复议申请不属于行政诉讼受案范围而直接裁定驳回起诉，这是两个层面的概念。那么是否均一律进入实体审理呢？同样地，法院在立案后，也应进行诉讼要件中合法权益条款的审查，如果行政复议申请中的请求本身就不对原告合法权益造成明显实际影响的，可适用合法权益条款裁定驳回起诉。

（作者单位：上海铁路运输法院）

---

① 高鸿：《滥诉之殇引发的再思考》，载《中国法律评论》2016 年第 4 期。

行政案件诉讼请求的实践困境及规范路径

——以某中级人民法院268份行政起诉状为分析样本

肖帮华

行政法学研究在我国起步较晚，行政诉讼案件也相对较少，直到立案登记制度以及新修改的《行政诉讼法》实施以后，随着人们的法律维权意识不断提高，行政案件日益变多并且呈井喷式增长。由于原告在法律知识方面有所欠缺，导致部分原告在提出行政诉讼请求方面存在一些问题。本文主要通过查阅某中级人民法院268份行政起诉状，就原告如何确定诉讼请求提出几点粗浅的建议。

一、实证：诉讼请求基本统计数据分析

（一）不规范的诉讼请求占比最大

从宏观上看，笔者通过查阅某中级人民法院268份行政起诉状，其中规范的诉讼请求有112份，占总数的41.79%，而存在问题的诉讼请求有156份，占总数的58.21%（详见图1）。由此可见，在行政诉讼中，原告提起的诉讼请求大多数存在问题，需要予以规范。

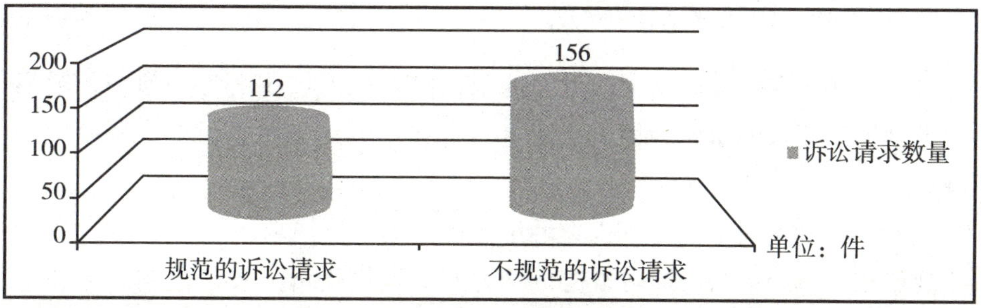

图1　诉讼请求数量图

（二）不规范的成因复杂

从微观上看，156 份行政起诉状体现出不规范的诉讼请求，存在的问题多种多样、相对复杂，其中有部分起诉状中的诉讼请求存在多种问题杂糅的情况。本数据统计仅对每一份起诉状中诉讼请求存在的最主要问题加以统计。经过统计分析，在诉讼请求中法律用语不规范的有 23 份，占总数的 14.74%；多个行政行为同案诉讼的有 52 份，占总数的 33.33%；行政争议与行政赔偿同案诉讼的有 31 份，占总数的 19.87%；行政作为与行政不作为同案诉讼的有 29 份，占总数的 18.59%；诉讼请求不具体不明确的有 21 份，占总数的 13.46%（详见图 2）。通过分别对这些诉讼请求中存在的问题进行分析，有利于我们对症下药，有针对性地解决这些问题。

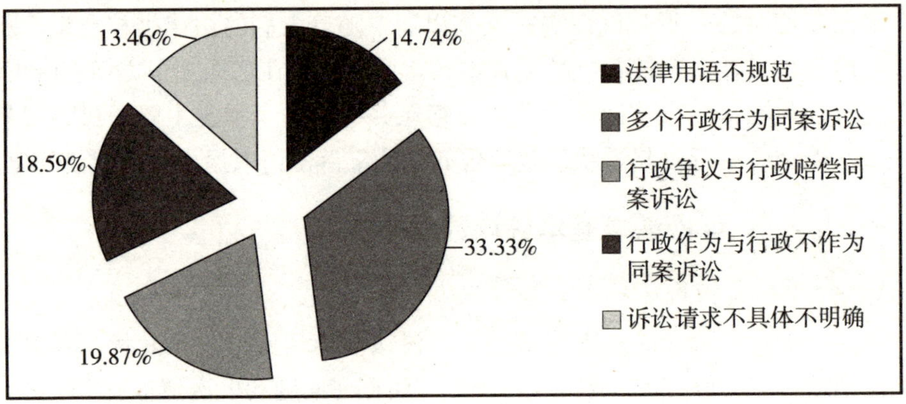

图 2 不规范诉讼请求比例

二、定位：诉讼请求的界定

对于如何界定行政诉讼中的诉讼请求，国内目前极少有专门研究，笔者以国内民事诉讼请求的研究为切入点来进行界定。国内学术界目前主要有以下一些观点。

观点一：诉讼请求是当事人在诉讼中提出的具体请求。[①]

观点二：诉讼请求是原告以起诉的方式，通过受诉人民法院向被告提出的实体权利主张。[②]

---

① 江伟主编：《民事诉讼法》，高等教育出版社 2004 年版，第 12 页。

② 江伟主编：《民事诉讼法学原理》，中国人民大学出版社 1999 年版，第 593 页。

观点三：诉讼请求仅限于实体意义方面的内容，是诉方当事人所提出的解决民事纠纷的具体方案，即原告向被告提出的权利主张。①

观点四：诉讼请求是一方当事人就其与对方当事人之间的民事纠纷如何处理而提交人民法院作为审判客体的诉讼主张。②

观点五：诉讼请求是原告以实体权利为依据，向人民法院提出并要求人民法院予以判决的请求。③

观点六：诉讼请求是指当事人在诉讼过程中根据诉讼标的向人民法院提出的具体权益请求。④

观点七：诉讼请求应当为当事人向人民法院提出的实体权利主张。诉讼请求反映到司法实践中，显然是指原告对所希望获得的救济的主张，也就是对通过诉讼所要获得的法律效果的主张，其具体内容在给付之诉中就体现为要求被告承担民事责任的具体方式，在确认之诉中表现为要求人民法院对某项具体的权利存在与否加以确认，在变更之诉中直接表现为对变更或者消灭某种法律关系的法律效果的要求。⑤

国内学术界关于诉讼请求的各种界定，归纳起来有以下几方面：第一，诉讼请求是否应该以实体权利为根据。有观点认为诉讼请求必须以实体权利为根据，故诉讼请求即为实体权利主张。有观点则认为诉讼请求无须以实体权利为根据。第二，诉讼请求的指向问题。关于诉讼请求的指向存在三种观点，一是一方当事人向另一方当事人提起的请求，二是当事人向人民法院提起的请求，三是一方当事人通过人民法院向另一方当事人提起的请求。第三，通常情况下都认为诉讼请求是一种权利主张，当然也有个别观点认为诉讼请求是“关于民事纠纷如何处理的诉讼主张”。

笔者认为，张晋红教授的界定比较准确地描述了诉讼请求的内涵，即诉讼请求是一方当事人就其与对方当事人之间的民事纠纷如何处理而提交人民法院作为审判客体的诉讼主张。从行政诉讼的角度而言，行政诉讼作为“民告官”的诉讼，本文将诉讼请求界定为原告与被诉行政机关之间的行政争议如何处理而提交人民法院作为审判客体的诉讼权利主张。

---

① 谭兵主编：《民事诉讼法学》，法律出版社 1997 年版，第 79 页。

② 张晋红：《民事之诉研究》，法律出版社 1996 年版，第 16 页。

③ 罗筱琦：《民事判决研究：根据与对策》，人民法院出版社 2006 年版，第 22 页

④ 李龙：《民事诉讼标的理论研究》，法律出版社 2003 年版，第 23 页。

⑤ 赵秀举：《诉讼请求的比较分析》，载江伟主编：《比较民事诉讼法国际研讨会论文集》，中国政法大学出版社 2004 年版，第 450、454 页。

三、困境：行政案件诉讼请求存在的问题

诉讼请求在行政案件审理中的重要地位，要求原告在行政诉讼中能够规范其诉讼请求，提出明确具体的意思表示。然而在现实案件中，原告虽然提出了诉讼请求，但是这些诉讼请求通常会存在一些问题，导致人民法院审理案件时出现审理方向错误或者遗漏诉讼请求，最终违反法定程序进行裁判，导致案件出现反复。笔者以某中级人民法院 268 份行政起诉状为分析样本，归纳、梳理出以下问题进行分析。

（一）法律用语不规范

在行政案件中，经常出现涉及行政征收征用等相关案件。在这类案件中，一些原告在起诉状中会用到“征占”“强占”等相关字眼。在《行政诉讼法》中并没有这些用语，人民法院在收到案件后，很难判断当事人明确具体的诉讼请求究竟是什么。“征占”的意思到底是行政征收、行政征用，还是强制占用，这是三个完全不同的行政行为。类似“征占”“强征”这样的用语可能会涉及多个诉讼请求背后不同的行政行为，如行政征收、行政征用、行政协议、要求履行补偿安置法定职责、对补偿标准的行政裁决或者行政强制执行等。因此，不规范的法律用语直接导致诉讼请求不明确，人民法院就无法进行下一步的案件审理程序，必须依法充分释明，要求当事人明确诉讼请求，非常浪费司法资源。

（二）多项诉讼请求合并起诉

所谓多项诉讼请求合并起诉，是指将与案件相关的多个诉讼请求合并为一个案件进行起诉。

学术界对合并起诉的看法不一，部分学者认为基于不同法律关系的多个诉讼请求可以一案合并审理。《行政诉讼法》第二十七条规定：“当事人一方或者双方为二人以上，因同一行政行为发生的行政案件，或者因同类行政行为发生的行政案件、人民法院认为可以合并审理并经当事人同意的，为共同诉讼。”因此，在行政诉讼中，可以多项诉讼请求合并为一案审理。笔者认为，这些学者可能没有将合并审理和合并立案区分开来，在审判实践中“一案一诉”是人民法院审理案件一般的规则，所谓“一案一诉”是指一个行政行为、一个案由确立一个诉讼，对于多个诉讼请求应该分别立案，结合实际情况进行合并审理。

在行政诉讼中，笔者通过收集查阅某市中级人民法院行政案件起诉状，总

结出多项诉讼请求合并起诉的形式主要包括：多个行政行为同案诉讼、行政争议与行政赔偿同案诉讼，以及行政作为与行政不作为同案诉讼。以下，笔者将结合实际案例进行阐述。

1. 多个行政行为同案诉讼。即一个诉讼请求中包含了多个行政法律关系，不符合“一案一诉”的基本要求。例如，某区政府征收土地过程中强制拆除房屋，原告提起诉讼：请求依法确认被告所作出的拆迁原告房屋的行政行为违法；请求判令被告与第三人签订的《房屋拆迁安置补偿协议》无效。本案的诉讼请求中既包含行政征收、行政强制执行，又包含了行政协议。人民法院在审理这三种行政争议的时候，其审理程序、裁判规则都有所差异，不能将这三种行政争议立为一案处理。

2. 行政争议与行政赔偿同案诉讼。司法实践中，某一行政争议可能会涉及相应的行政赔偿。《最高人民法院关于审理行政赔偿案件若干问题的规定》第二十八条也规定，当事人在提起行政诉讼的同时一并提出行政赔偿请求，或者因行政行为和与行使行政职权有关的其他行为侵权造成损害一并提出行政赔偿请求的，人民法院应当分别立案，根据具体情况可以合并审理，也可以单独审理。但许多原告往往将“一并提出”理解为在“一个起诉状”“一案”中提出。例如，某行政机关征收农民土地，当事人不服，提起行政诉讼：请求判令被告未公告及组织实施征收原告耕地的行为违法无效，恢复原状，采取补救措施。本案的诉讼请求，除了多项诉讼请求合并起诉外，最大的问题在于将行政强制执行与行政赔偿同案诉讼。相关法律规定，行政争议案件不得适用调解程序，而行政赔偿案件可以直接适用调解。就举证责任而言，行政争议案件中由被诉行政机关负举证责任，而行政赔偿案件适用“谁主张，谁举证”证据规则。因此，人民法院在审理类似行政争议和行政赔偿同案诉讼的案件，会出现审理程序、举证责任选择困难。

3. 行政作为与行政不作为同案诉讼。《行政诉讼法》第四十七条规定，公民、法人或者其他组织申请行政机关履行保护其人身权、财产权等合法权益的法定职责，行政机关在接到申请之日起两个月内不履行的，公民、法人或者其他组织可以向人民法院提起诉讼。法律、法规对行政机关履行职责的期限另有规定的，从其规定。简言之，原告起诉行政机关不作为必须以行政机关未履行在先义务为前提，而对行政作为不服提起诉讼的，没有这一要求。但一些原告将行政作为与行政不作为在同一起诉状中提起诉讼请求。例如，某行政起诉状上的诉讼请求为：请求确认被告不发放征收补偿款74250. 60元给原告的征收补偿行政行为违法，判令将该补偿款发放给原告。本案诉讼请求既要求确认被告不发放征收补偿款的不作为行为违法，又要求被告发放补偿款。根据前述法律规定，原告在起诉被告不发放征收补偿款的不作为行政行为违法之前，需要先向被告申请发放补偿款，前置程序完成后才具备起诉条件，不能直接向人民法院起诉。此外，人民法院对于行政作为与不作为的裁判规则也不同，对于行政不作为的裁判结果只有驳回诉讼、驳回原告诉讼请求和判决被告履行法定职责，而对于行政作为的裁判结果却有很多。因此，人民法院难以将行政作为与不作为案件立为一案，合并裁判。

（三）诉讼请求不具体不明确

在司法实践中，如何界定“具体诉讼请求”观点不一。有的观点认为，诉讼请求只要是具体的，就已经满足了诉讼请求的要件，至于它属于什么诉求，应当交由人民法院确定；还有观点认为，为了提高行政审判的效率，应该将诉讼请求进行整理分类，使其更加明确具体，才能保证行政案件审理程序的顺畅进行。

“具体的诉讼请求”表明，原告向人民法院提出要求保护的实体权利请求应当具体明确。从国外不同的诉讼类型制度来看，人民法院的审理对象、方式，原告提出的诉讼请求、起诉条件、举证责任不尽相同，存在差异，国外行政诉讼针对不同的诉讼类型作出了不同的规定。例如，法国就将行政诉讼分为完全管辖权之诉、撤销之诉和解释审查之诉；德国将行政诉讼分为撤销之诉、课以义务之诉、一般给付之诉及确认之诉；日本则分为抗告诉讼、当事人诉讼、民众诉讼及机关诉讼。我国并没有对行政诉讼进行分类，为保证原告能够正确表达诉求，人民法院针对不同诉讼请求，在诉讼程序、举证责任、裁判标准上也不尽相同。因此，《最高人民法院关于适用〈中华人民共和国行政诉讼法〉若干问题的解释》（以下简称《行政诉讼法》解释）中对“具体的诉讼请求”作了列举性规定。即使如此，在行政案件中，原告的诉讼请求仍然不太明确，甚至是杂糅笼统，给人民法院审理行政案件造成了不小的困扰。例如，某案原告在起诉某市政府一案中，请求依法撤销某公司合同备案中位于某市商业广场210 ㎡的商铺的预售登记，请求判令被告将原告拆迁置换位于某市商业广场的商铺进行交付并完善不动产登记。本案诉讼请求第一项涉及不动产登记，但被告却是某市政府而非房屋预售登记的登记机关，第二项诉讼请求要求判令商铺置换属于民事争议，不属于行政诉讼中的“有具体的诉讼请求”。这类诉讼请求不明的行政案件，人民法院难以进行下一步的审理，可能直接裁定驳回原告起诉，造成原告败诉。

四、检视：规范诉讼请求的必要性

（一）诉讼请求贯穿于整个诉讼程序要求对其予以规范

从整体上来讲，诉讼请求贯穿于整个诉讼活动的始终。因此，必须对诉讼请求予以规范。

1. 诉讼请求是原告请求人民法院予以实现其诉讼目的的载体。因为在诉讼中，原告向人民法院请求对方当事人给予自己一定的利益时，其必须得通过一定的方式来表达，使得对方当事人与人民法院明白原告的意思表示，而诉讼请求正是承载这种意思表示的载体。

2. 诉讼请求是确定案件争议焦点的逻辑起点，进而从根本上表达了当事人进行诉讼的目的。因而各国的民事诉讼法中都将“民事诉讼请求”作为诉状的必要记载事项。当然，行政诉讼中，确定诉讼请求也是法律所明文规定的。

（二）规范诉讼请求具有重要的法律实践意义

从原告、被告以及人民法院的角度来看，规范行政诉讼请求同样具有重要意义。

1. 从原告的角度来说，诉讼请求保证其行政争议能够得到解决，能最直观地反映行政相对人内心期待，即人民法院能够保护其正当权益。如果不对原告的诉讼请求予以规范，可能会导致原告的合法权益无法得到理想的保护。

其一，维护行政相对人合法权益是行政诉讼最主要的目的，在司法实践中，行政相对人所理解的合法权益可能并非行政实体法和程序法所保护的合法权益。一般情况下，行政相对人理解的人民法院应该保护的合法权利范围往往大于法律规定应该保护的范围，即超范围的诉讼请求，但超出部分并不属于《行政诉讼法》第十二条所列举的受案范围，需要加以规范。

其二，原被告双方发生的行政法律关系可能是多重的，双方存在多种行政争议。原告希望人民法院能够对所有的行政法律关系一并进行评价，希望所有的行政争议都能得到解决，于是将多重行政争议进行“打包”诉讼。简言之，行政相对人的诉讼请求虽然属于行政诉讼受案范围，但这个诉讼请求却包含了多个行政争议，如此便需要对这些诉讼请求进行甄别规范。

2. 从被告的角度来说，诉讼请求将直接影响其答辩和举证的方向。在行政诉讼中，被诉行政机关对其做出的行政行为负有举证责任。原告诉讼请求不明确，可能导致被诉行政机关无法答辩、举证，可能置被诉行政机关于不利地位。

其一，当被诉行政机关收到行政起诉状后，会根据起诉状的内容进行答辩。

如果诉讼请求不明或者诉讼请求中存在多个行政行为，行政机关在进行答辩的时候可能会顾此失彼，无法对原告的诉讼请求进行梳理，在诉讼过程中处于被动。因此，对原告诉讼请求予以明确成为必要。

其二，如果允许多个行政行为一案诉讼，被诉行政机关针对每一个行为的合法性都负有举证责任。多项诉讼请求合并起诉，会造成被告举证混乱，针对性不强，最终可能导致其败诉。因此，对原告诉讼请求加以规范成为必需。

3. 从人民法院的角度，行政诉讼请求是人民法院了解案件的第一窗口。人民法院在审理行政案件过程中，要通过诉讼请求来确定案由以及案件的审理方向，进而影响裁判思路和裁判结果。诉讼请求不规范，造成人民法院审理案件困难，最终影响的是原告的合法权益的法律保护。

其一，由于诉讼请求不同，人民法院在审理案件时的审理程序、举证责任、裁判规则都可能不同。诉讼请求不规范，诉讼程序则不能正常进行。因此，需要对诉讼请求予以规范以保证审判活动正常进行。

其二，人民法院的审理如果进行下去，会出现两种结果：第一，由于原告诉讼请求不明，人民法院会驳回原告起诉，从而增加原告的诉累；第二，人民法院进入实体审理后，案件经过一审、二审以及再审，很有可能因为诉讼请求存在问题，回到一审人民法院继续审理。就算最终解决了行政争议，也可能因为案件审理时间过长，造成最终的裁判结果失去意义，即“迟来的正义非正义”。

由此可见，规范行政案件诉讼请求的必要性贯穿于整个诉讼活动过程。对于原告而言，有利于更好地维护其合法权益；对于被告而言，可以有针对性地举证、答辩，保证其在诉讼中的正当权益；对于人民法院而言，可以提高审判效率，公正裁判。

五、出路：对诉讼请求的规范与指引

如今，人民法院既要对行政行为的合法性进行全面审查，又要对原告的诉讼请求进行正确识别，这已然成为行政审判的新趋势。过去原告不规范地发起行政诉讼，人民法院亦不对原告的诉讼请求提出过多要求的传统审判思维，在《行政诉讼法》实施 28 年后，应当予以改变和调整。加之，新修改的《行政诉讼法》还在裁判方式上将判决类型化与原告诉讼请求进行关联规定，对人民法院根据原告的诉讼请求是作出履行判决，确认无效判决，还是确认违法判决等进行了明确的界分。也就是原告的诉讼请求必然会影响法官的审理方向和裁判思维，并最终影响到裁判结果。因此，法官对原告不规范的诉讼请求应当进行充分释明和正确指引，才能使行政案件的审理遵循审判规律，实现司法公正。要对原告进行正确指引，就要先解决法律规范和指引标准问题，否则法官的指引也不一定是正确指引，并不一定会取得好的法律效果。因此，应首先从源头上的法律规定层面予以解决，法官才能更好地运用明晰的法律规范对原告进行正确指引。

（一）增设、修改、完善法律规定对原告诉讼请求予以规范

1. 从法律层面增设对原告诉讼请求的具体规定。《行政诉讼法》第四十九条第（三）项仅要求“有具体的诉讼请求和事实根据”，再无下文。从该法条规定的精神来看，要求原告针对被告作出行政行为的性质以及自己权益受损程度，依法提出恰如其分的请求。诉讼请求应明确、具体，不能含混不清，模棱两可。然而，正如俗语云：“一百个人有一百个莎士比亚。”这一规定本身的模糊现状，使得原告、代理律师、法官在司法实践中缺乏相对统一的判断标准，往往导致法官与原告及其代理律师之间，甚至法官之间出现分歧，打断正常的审判流程。基于此，笔者建议，可采取在《行政诉讼法》第四十九条第（三）项下增设“目”的方式，也可在此条增设一款对原告诉讼请求的法定要件作出细化的具体规定。具体可以采用以下设计：“具体的诉讼请求应当符合以下条件：（1）同一案件只能对一个行政行为提出诉讼；（2）请求判决撤销、变更行政行为的，只能选择其一提出；（3）请求确认行政行为违法、无效的，只能选择其一提出；（4）一并提出行政赔偿的，行政行为诉讼与行政赔偿诉讼应当分案提出；（5）行政不作为（履行法定职责）诉讼与行政作为诉讼应当分案提出；（6）请求一并解决相关民事争议的，应当一并另行提起民事诉讼；（7）其他法定要件。”

2. 从司法解释层面修改，完善对原告诉讼请求的具体规定。如果从法律层面增设细化规定存在障碍，那就要在司法解释中予以解决。本文认为，《行政诉讼法》解释专门对诉讼请求进行规定，这是当前此领域的唯一规定，是一大进步。该解释第二条规定，《行政诉讼法》第四十九条第（三）项规定的“有具体的诉讼请求”是指：（1）请求判决撤销或者变更行政行为；（2）请求判决行政机关履行法定职责或者给付义务；（3）请求判决确认行政行为违法；（4）请求判决确认行政行为无效；（5）请求判决行政机关予以赔偿或者补偿；（6）请求解决行政协议争议；（7）请求一并审查规章以下规范性文件；（8）请求一并解决相关民事争议；（9）其他诉讼请求。但该规定实际上仍然是从粗线条进行设计，并未对如何规范诉讼请求予以细化，解决不了在法律实践中五花八门的

不规范诉讼请求的实际问题。因此，建议按照本文前述设计的细化方案，对《行政诉讼法》解释进行修改、充实，以完善该条的规定。

3. 最高人民法院应当及时发布关于诉讼请求规范的指导性案例。如果从法律、司法解释层面均难以及时作出细化规定，那最高人民法院应当充分调研，及时发布关于诉讼请求规范的带有司法解释性质的指导性案例，以及时有力地指导司法实践。案件不断增加，问题始终存在，只有及时解决，相对统一裁判尺度，才不会造成司法实践中法官的无所适从，才能不断消减原告的诉累。

（二）法官运用明晰的法律规范对原告进行正确指引

笔者认为，在解决法律规范和标准问题这一前提条件后，在行政诉讼法律实务中，无论是立案审查法官还是行政审判法官，都应当运用已经明晰了的法律规范或者指导性案例，履行充分的释明义务，对原告的诉讼请求进行正确指引。

1. 诉讼请求应当确定。原告提起行政诉讼时，要做到规范用语，尽量使用法言法语，应该避免使用模棱两可的词语，防止一词多义，造成多项诉讼请求混杂。

2. 应当符合行政诉讼的受案范围。原告要严格依照《行政诉讼法》的规定，对不属于《行政诉讼法》受案范围的诉讼请求，应该予以剔除。虽然行政诉讼的主要功能是维护行政相对人合法权益，但是原告应该正确理解合法权益的含义，行政诉讼只能保护行政诉讼法和有关行政实体法范围内的合法权益，对于民事等其他法律关系，应当通过其他法律规定予以调整，其不在行政诉讼受案范围以内，原告应该加以甄别。

3. 不能“打包”诉讼。“一行为一诉请”，防止多项诉讼请求合并起诉，造成法官无法正常处理。对于原被告双方发生多重行政法律关系，应该结合《行政诉讼法》解释所规定的“具体的诉讼请求”逐一列举，分别起诉。

4. 对于某一行政争议可能涉及的行政赔偿，应当作为不同案件分别提起诉讼进行立案，人民法院可以根据实际情况合并审理，最终依然得分别裁判。此外，行政作为与行政不作为也应当分别提起诉讼。

总之，人民法院作为中立的第三方，应该全力维护原告的合法权益，同时也要兼顾被告在行政诉讼中的正当权益。只有对行政诉讼请求进行规范与指引，人民法院才能及时、公正地作出法律评价，原告的合法权益才能全面、快速地实现法律的保护。

（作者单位：贵州省安顺市中级人民法院）

当事人虚假陈述司法审查制度构建

——以一起行政案件为切入点

陈立洋

一、问题的引出：由一起行政案件切入

2015年9月8日，垫江县人社局受理左文方的工伤认定申请，该局于次日向民润公司的实际经营所在地重庆市垫江县桂溪温州商贸城B2－117号邮寄送达了《工伤认定举证通知书》。同年10月8日，垫江县人社局作出垫人社伤险认决字〔2015〕127号《认定工伤决定书》（以下简称讼争《认定工伤决定书》），根据《工伤保险条例》第十四条第（一）项之规定，认定左文方胸部、全身多处软组织受伤属于工伤。同月14日，垫江县人社局向左文方送达该决定书，并于同日向民润公司的实际经营场所邮寄送达该决定书。民润公司于2016年5月10日提起行政诉讼。①

原审法院作出驳回起诉裁定。民润公司不服，提起上诉。

在二审中，垫江县人社局主张民润公司虚假陈述，请求法庭予以制裁。为证明该主张，该局申请提交新证据，二审法院予以准许。

二审开庭审理中，民润公司承认作了虚假陈述。

二审另查明，2017年1月23日，民润公司与左文方在重庆市九龙坡区劳动人事争议仲裁委员会主持下达成调解协议，主要内容为民润公司支付左文方工伤待遇共99800元，该协议已履行完毕。

民润公司以与左文方达成和解、各方争议已彻底解决为由申请撤回上诉，垫江县人社局和左文方对此无异议。

二审法院认为，行政诉讼应当遵循诚实信用原则，诉讼当事人在依法行使

① 参见重庆市涪陵区人民法院（2016）渝0102行初108号。

诉讼权利的同时，应当尊重法庭，遵守诚信真实义务，维护诉讼的纯洁性。民润公司在与垫江县人社局、左文方发生纠纷后，有权诉诸法庭，但不应隐瞒事实，欺骗法庭，扰乱诉讼秩序，对此民润公司应承担法律责任。鉴于民润公司知错能改，积极争取无过错方谅解，以实际行动表达悔意，虽其虚假陈述已妨害诉讼秩序，但情节较轻，依照《中华人民共和国行政诉讼法》第五十九条之规定，兹作训诫处理。

双方当事人在行使自由和权利的时候，不得损害国家、社会、集体的利益和其他公民的合法的自由和权利。民润公司撤回上诉是真实、自愿的意思的表示，并能积极消除其妨害诉讼行为对法庭和诉讼无过错方的影响，无过错方亦无异议，且不违反法律、法规的禁止性规定，不损害公共利益和他人合法权益，依照《中华人民共和国行政诉讼法》第六十二条之规定，裁定准许民润公司撤回上诉。[①]

作为二审承办人，笔者注意到一审法官通过亲历案件，也应该是敏锐洞察到这是一起牵涉法庭谎言的案件：民润公司应当收到了行政法律文书，但谎称没有收到并提起诉讼，旨在拖延承担责任。进而言之，一审、二审法官都认定当事人作了虚假陈述。不同之处在于处理当事人虚假陈述的不同方式。

一审裁定属于典型的直觉主义裁判思维的产物：通过亲历庭审，特别是长期处理此类案件获得的经验直觉，法官敏锐洞察到原告借诉讼拖延履行责任的真实目的，从法感出发得出原告说谎的直觉判断，[②] 进而认定其主张不能成立，被告抗辩主张与案件真相吻合，遂驳回起诉。

该案二审阶段自2016年10月立案，至2017年3月审结，整个过程一波三折，最终，法庭、当事人各方握手言和，定分止争，在发展法律上也收获颇丰，这一切舍弃诚信诉讼意识和思维，很难成为现实。一审、二审结论相同的原因是对案件真相的共识，对诉讼诚信原则的恪守，裁判理由不同的根源在于对当事人

---

① 参见重庆市第三中级人民法院（2016）渝03行终157号。

② 诚实信用是一项道德准则，民法学界对其研究较为透彻，行政法学也有涉及，但更多是针对行政机关而言，但在工伤这类行政确认案件中，往往是用人单位不诚信，如用人单位先是承认劳动者属工伤，后基于不正当目的，如旨在拖延责任承担等（表现形态诸如滥用程序、多余诉讼、恶意阻碍送达等），把作出工伤认定的行政机关告上法庭，这是行政审判中非常常见的情形，对此能否以及如何遏制，也关系到能否有效禁止滥用诉讼权利的诉讼投机行为，节约司法资源，提升司法公信等宏大主题，值得探索。当然，判断是否为诚信诉讼要谨慎，即使是内心推定也需遵循一定的规范，如果是因当事人文化水平尤其是法律意识淡薄导致的认识错误，则要警惕先入为主的偏见对诉讼产生冷却效果。参见李曼：《诚实信用原则适用的美国经验——〈美国联邦民事诉讼规则〉第11条的透视与启示》，载《华东政法大学学报》2016年第3期。

虚假陈述的态度，即二审裁判过程中增加了对当事人虚假陈述的查处和惩戒。

该案推动了笔者对当事人虚假陈述问题的关注，但笔者同时发现虚假陈述司法审查不力，是一个不容回避的司法现实。

二、问题的界定

深圳法院曾于2016年9月就该市法院虚假证据的情形开展问卷调查，结果显示，参与调查的167名法官均认为在其当年审理的案件中存在虚假证据，其中有50名法官认为出现虚假证据的案件超过全年案件数的5%，按照这一比例推算，深圳法院2015年每名法官面对的虚假证据案件为10.85宗。[①] 这一数据反映的问题足够触目惊心。由于虚假证据必定要在当事人虚假陈述上反映出来，所以，这份调研的结论也大致适用于虚假陈述。

再如轰动一时、对中国司法形象造成严重影响的南京彭宇案。该案的实际情形是：彭宇将撞人事实表述为“做好事”，这是典型的虚假陈述，也属于伪造证据的妨害诉讼行为，于此而言，一审裁判的结论是正确的，只不过说理存在不严谨的地方，二审法院在已有充分证据证明彭宇上诉主张不实且故意说谎的情况下草率准许彭宇撤诉，伪证不作处理，自己藐视法庭，无视诉讼纯洁性，遂令司法蒙羞。[②]

考虑到还有许许多多疑似虚假陈述案件未纳入统计范围，可以进一步印证，虚假陈述不是个例，而是一个广泛存在的现象。因此，浮出水面的虚假陈述案件仅仅是冰山一角，因为信息来源有限以及虚假陈述自身的隐蔽性、发现的滞后性等问题，许多现实中发生的虚假陈述案件并没有被揭露出来或纳入统计。

总之，见诸调研报告、媒体报道的虚假陈述数量仅仅是查证属实的虚假陈述案件，还有大量疑似虚假陈述未能得到有效统计，防范和规制虚假陈述的必要性非常突出。

确保诉讼秩序、维护法庭尊严事关司法公正。当事人陈述是案件的第一信源，对案件事实的司法认定有决定性影响，当事人如实陈述是其诉讼义务，当

---

① 深圳市中院课题组:《论虚假证据司法审查制度的类型化、分离化和程序化构建》，载《求法》（深圳市中级人民法院内刊）2017年第4期。如未作特别说明，以下调研数据均出于此报告。

② 参见徐机玲等:《南京官方称彭宇承认与当事人发生碰撞赔偿1万》，载《瞭望新闻周刊》2012年1月16日。

事人陈述的内容应当真实,[①] 不得误导或欺骗法官，否则可能严重危及司法公正。虚假陈述是虚假证据的一种，防范和识别虚假陈述是打击虚假诉讼的核心内容。但凡虚假诉讼案件，一般都会有虚假陈述存在，因此，抓住虚假陈述，就抓住了虚假诉讼的症结和要害，但从司法实践来看，虚假陈述不易识别，即使认定了也存在制裁不力等普遍问题。所以，虚假陈述成为打击虚假诉讼的瓶颈所在。目前学界和实务界对虚假证据和虚假诉讼的论述及制度安排颇多,[②] 但对当事人虚假陈述的研究较少。本文结合办案经验，以行政审判为视角对当事人虚假陈述司法审查的困境及对策进行尝试性分析，权作引玉之砖，以期引起学界重视。

三、虚假陈述的规范分析

当事人陈述是诉讼当事人就案件事实向人民法院所作的陈述，在学理上，当事人陈述还包括当事人关于诉讼请求的陈述、关于与案件有关的其他事实的陈述、关于案件性质和法律问题的陈述等。但在司法实践中较有意义的仅仅是对案件事实的陈述。

（一）虚假陈述概念

根据诉讼法规定，“当事人的陈述”是法定证据形式。显而易见，当事人的虚假陈述就是伪造证据,[③] 是对法定证据制度的藐视和侵犯，其法律属性即妨害诉讼行为。

虚假陈述是当事人“以捏造的事实”向法庭作出陈述,“捏造的事实”（含隐瞒事实）既包括捏造全部虚假事实（虚构法律关系），也包括在客观存在纠纷的情况下捏造部分虚假事实。因此，虚假陈述的主体是当事人。虚假陈述的载体可以是诉辩状、庭审中的口头陈述、代理词以及上诉状、申诉状等。之所以对虚假陈述作出严格限制，是因为其侵犯了司法过程的纯洁性，“只要行为人以捏造的虚假事实提起诉讼，就侵害了司法过程的纯洁性，妨害了司法秩

---

① 有关当事人真实陈述义务的研究，参见纪格非：《我国民事诉讼中当事人真实陈述义务之重构》，载《法律科学》2016 年第 1 期。任重：《民事诉讼真实义务边界问题研究》，载《比较法研究》2012 年第 5 期。王玲：《论当事人真实义务在我国的确立——基于规制民事诉讼当事人虚假陈述的思考》，载《甘肃社会科学》2016 年第 3 期。

② 如民事诉讼领域有《最高人民法院关于防范和制裁虚假诉讼的指导意见》和指导性案例 68 号等规范举措，《刑法修正案（九）》规定了虚假诉讼罪。

③ 当然，伪造证据的外延很广，当事人虚假陈述只是其中之一。

序”。[①] 虚假陈述的责任形式有训诫、责令具结悔过、罚款、拘留以及承担虚假诉讼罪的刑事责任等。

需要说明的是律师陈述的法律属性，当围绕某事实的证据皆为言词证据时，律师陈述的本质是将当事人陈述作为证据提供给法庭。律师明知当事人虚假陈述仍为其提供所谓的“辩护”，属于《律师法》第四十条明令禁止的“故意提供虚假证据”行为。

（二）虚假陈述应予审查的普适性

虚假陈述实际上反映了诉讼诚信问题。

现今发达国家和地区均高度重视诉讼诚信问题，除了辩论主义诉讼模式对诉讼诚信的整体性保障之外，[②] 尚有其他制度性保障措施，如德国、奥地利、意大利等大陆法系国家明确规定了当事人的真实陈述义务，[③] 英美法系国家则建立了独具特色的藐视法庭制度，其中对虚假陈述的制裁相当严厉，如美国《模范刑法典》规定：“关于公之程序，于为宣誓或代替宣誓之确认后，作虚伪之陈述，或对已作之虚伪之陈述，宣誓或确认后，作虚伪之陈述，或对已作之虚伪之陈述，宣誓或确认其为真实者，如其供述具有重要性而行为人又未信其为真实时，即犯第三级重罪之伪证罪。”

反观我国，《行政诉讼法》未明确诚信诉讼原则，[④] 但《行政诉讼法》第五条可作为法官规制虚假陈述的原则性依据：“人民法院审理行政案件，以事实为根据，以法律为准绳。”[⑤] 目前处理虚假陈述的具体依据是《行政诉讼法》第五十九条：“诉讼参与人或者其他人有下列行为之一的，人民法院可以根据情节轻重，予以训诫、责令具结悔过或者处一万元以下的罚款、十五日以下的拘留；构成犯罪的，依法追究刑事责任：……（二）伪造……证据或者提供虚假证明材料，妨碍人民法院审理案件的；……人民法院对有前款规定的行为之一的单位，可以对其主要负责人或者直接责任人员依照前款规定予以罚款、拘留；构成犯罪的，依法追究刑事责任……”这是行政诉讼惩治虚假陈述的法律依据，体现了维护法庭尊严和诉讼秩序的立法精神。人民法院可根据上述规定

---

① 参见张明楷：《虚假诉讼罪的基本问题》，载《法学》2017 年第 1 期。

② 王福华：《民事诉讼诚信原则的可适用性》，载《中国法学》2013 年第 5 期。

③ 参见翁晓斌：《民事诉讼诚信原则的规则化研究》，载《清华法学》2014 年第 2 期。

④ 2012 年修改的《民事诉讼法》第十三条第一款规定了“民事诉讼应当遵循诚实信用原则”。

⑤ 借助法律解释技术，也可以进一步经由该法第一百零一条“人民法院审理行政案件，关于期间……本法没有规定的，适用《中华人民共和国民事诉讼法》的相关规定”。援引而得《民事诉讼法》第十三条的“诚信诉讼”原则作为行政诉讼规制虚假陈述的原则依据。

追究虚假陈述等藐视法庭行为的法律责任。

域外对虚假陈述主要采用藐视法庭等制度手段加以制裁，其中有部分内容与我国妨害民事、行政诉讼行为的强制措施以及刑事妨害司法罪重合，其特点是制裁措施力度较大，手段多样，如明确规定了对无过错方损失的赔偿制度、律师费的代偿制度。一方面，明示的违法成本和严格的法律责任对潜在的行为人有警戒和预防作用。另一方面，这些措施填补了利益受损人的财产损害，有利于调动社会各界尤其是利益受损人的维权热忱，从而发挥司法维护公正、确保分配正义的制度功能。总体来看，各国制度安排虽有国情差异，但对秩序和正义的价值追求并无二致。

四、虚假陈述司法审查困境探由

虽然涉及虚假陈述的案件数量众多，广大法官也深知这一问题的严重性，但目前披露出来的对虚假陈述作出明确处理的案例却少之又少，前述深圳法院调研发现，实践中没有采取处罚措施的法官占比高达88.55%。以行政诉讼领域为例，通过中国裁判文书网检索发现，行政诉讼中当事人虚假陈述的情形较为普遍，[①] 但真正适用《行政诉讼法》第五十九条予以认定并惩戒的只有民润公司案。[②] 在办理该案过程中，笔者深切感受到目前虚假陈述案件防范、认定和制裁中存在如下比较突出的问题。

（一）主观方面：法官不敢查、不愿查和不能查

通过制裁虚假陈述，明确当事人的诉讼诚信义务，这既是法官的道德义务，更是其法律义务。但现实当中，法官基于主观方面的多重原因审查不力：首先，法官屈服于内、外部司法环境中的各种压力，尤其是在人情社会中，面对领导、同事、亲友的过问、干预甚至是阻拦，以及顾虑容易引发与当事人的对立，出于息事宁人的考虑，索性不管不顾。例如，深圳法院的调研中，有9.64%的法官认为查处虚假陈述“容易得罪人”。在访谈中，有法官承认如果得不到合议庭支持或有可能会导致案件裁判与领导意图相悖的情况下，自己就不敢依法查

---

① 在中国裁判文书网中检索到930个行政案件涉及虚假陈述，样本检索过程的说明：设置检索条件为“案件类型：行政案件；全文检索：虚假陈述”，共找到930个结果。

② 检索过程的说明：设置检索条件为“案件类型：行政案件；全文检索：虚假陈述第五十九条”共找到17个结果，逐一核查，发现只有民润公司案实际适用了行政诉讼法第五十九条对虚假陈述予以训诫。陶红梅与深圳市公安局宝岗派出所治安行政处罚行为案（2015）深中法行终字第499号，就是一个虚假陈述未得到明确回应的典型案例，该案案情是陶向公安局报案称被其上司肖某某猥亵，公安调查未果终止案件遂引发诉讼，在诉讼中，陶主张肖某某方证人虚假陈述，但法院未做回应。

处。其次，尽管法律提供了查处和制裁虚假陈述的手段，但是现实当中法官的自由裁量权过大，无过错当事人对法官不作为的情形缺乏相应的程序救济渠道，还有一种情形就是即便花费很大精力识别和审查清楚了，但制裁措施难以执行，这也会导致法官动力不足不愿查。深圳法院的调研中，有 61.45% 的法官认为查处虚假陈述“缺乏动力”。在访谈中，有法官认为法庭谎言比比皆是，如果个个较真，几乎没办法完成办案任务，尤其是在审限压力下能不处理就不处理。最后，法官缺乏足够的司法能力、方法和技术对虚假陈述案件进行审查和制裁，司法实践中的虚假陈述表现多样，类型繁复，目前的甄别高度依赖于法官个人的司法能力，司法实践目前处于“无法可依”的状态。在深圳法院的调研中，有 68.67% 的法官认为“缺乏法律规定，难以具体操作”。

（二）客观方面：司法工作机制的限制

虽然从实体角度判定虚假陈述存在理论和实践难度，但从司法调研的实际情况来看，一些制度设置不合理也难辞其咎，如法官审判工作评价机制。此外，审判权内部运行机制也会对高效查处虚假陈述造成一定程度的限制。

目前，对虚假陈述的处理工作并未单独纳入法官绩效考核项目之内，但事实上识别、查处和制裁虚假陈述花费的时间、精力和工作量远远超过案件实体审理。尤其是在司法工作量日益攀升、案多人少矛盾日益突出的情况下，审查虚假陈述在消耗法官有限工作时间和精力的同时，却未能在考核中得到恰如其分的评价和肯定，无疑极大影响了法官的积极性。甚至可以说，在现有制度中没有任何以促进法官查处虚假陈述为目的的具体举措。相反，制约、限缩这一积极性的不合理制度安排则未得到纠正或规范。

从司法调研中发现，有的法官不仅知道怎么查处，也愿意且有胆量查处，但由于其不具有独立的裁判权而不能查处。例如，对于严重扰乱诉讼秩序的，训诫以上的措施都需要其他审判主体共同决定，这就造成承办法官单独查处不能。

五、虚假陈述司法审查制度构建

当事人虚假陈述司法审查可以从原则、规则和工作机制等角度进行制度构建。

（一）基本原则

当事人虚假陈述对应的就是当事人如实陈述，其在法律属性上属于诉讼诚信原则的范畴。诉讼诚信作为道德概念具有概括性、抽象性，并无具体的构成要件与法律效果的规定，若不通过一定途径将之具体化，形成适用的条件与程序，难免沦为口号，也可能因被滥用而危及法的安定性与权威性。[①] 结合诉讼法和司法实践，当事人诉讼诚信义务可以通过当事人陈述的亲历原则和完整陈述原则具体体现。

1. 当事人陈述的亲历原则

根据诉讼法规定，人民法院采信的当事人陈述，一般应由其本人到庭陈述。在法人或其他组织作为当事人的情形下，其法定代理人或指定代理人对有关案件事实的陈述视为当事人陈述。无论是从预防还是识别、处理虚假陈述的角度，当事人陈述的亲历性都至关重要。当然，基于审查的灵活性，亲历未必都是在法庭进行，以电话笔录、即时通信工具等形式取得的当事人陈述也可以在一定条件下满足亲历性原则。[②]

2. 当事人完整陈述原则

我国诉讼法均规定，当事人应当就案件事实作真实而完整的陈述。这一点在预防诉讼突袭等诉讼不诚信行为方面有重要意义。

虚假陈述往往伴随着证据突袭，无论是法官，还是另一方当事人都面临挑战，从确保诉讼权利平等、查明事实真相和实现司法公正的角度，应当允许另一方当事人延期提供或补充证据。

理想的诉讼秩序建立在这样一个前提之下：当事人均能诚实守信地提出并穷尽主张、理由和证据，进而言之，诉讼秩序的安定性要求当事人在法定举证时限内提出并穷尽主张。若涉及事实主张变更，应当遵守证据制度的有关规定。但现实当中出尔反尔或不时切换、偷换主张的情况比比皆是。这与当事人诉讼能力有关，也与当事人诉讼诚信品质有关。首先，对法官而言，当事人提出新事实主张就意味着要对该主张进行证据资格的审查，只有符合新证据规则的要求，尤其是与案件基本事实有关的，才具备接受质证的资格。其次，出于对诉讼秩序的捍卫，法官还要对逾期举证的行为性质进行界定并分别评判，具体而言，当事人逾期就案件事实作出新主张的，人民法院应当责令其说明理由，必要时可以要求其提供相应的证据。当事人出于客观原因逾期对案件事实提出新主张，或者对方当事人对逾期主张未提出异议的，视为未逾期。当事人因故意

---

① 参见翁晓斌：《民事诉讼诚信原则的规则化研究》，载《清华法学》2014 年第 2 期。

② 参见深圳市中院课题组：《论虚假证据司法审查制度的类型化、分离化和程序化构建》，载《求法》（深圳市中级人民法院内刊）2017 年第 4 期。

或者重大过失逾期作出的主张，人民法院不予采纳。但该主张与案件基本事实有关的，人民法院应当采纳，并依照诉讼法相关规定予以训诫、罚款。

当事人的诉讼权利很容易受到对方诉讼突袭的影响，[①] 这一点在民润公司案中有所体现。原告在原审庭审中提出起诉状中不存在的新主张和理由——“没有签收讼争《认定工伤决定书》”，属于典型的突袭举证行为。《行政诉讼法》第八条规定：“当事人在行政诉讼中的法律地位平等。”即便是被告行政机关，也依法享有诉讼权利。但在这个案件中行政机关的权利明显受到侵犯。在行政诉讼中，当事人双方地位形式上虽然并不平等，如法律给行政诉讼被告规定了不少义务性条款，但每一条限制都有深刻的行政法理，即旨在实现诉讼法律地位的实质平等。具体来讲，只要行政机关举证行为满足时限性（形式时限起算基点为收到起诉状后，实质时限起算基点应为起诉主张完全固定时）、所举证据满足真实性（形成于行政过程中）、目的性（举证有利于减少讼累、实质性解决争议）等要求，就应当允许其举证，否则会侵害其“平等举证权”，[②] 也不利于查明案情，公平裁判。

（二）虚假陈述司法审查的具体规则

认定虚假陈述涉及诉讼秩序的纯洁性和违法行为的必责性，因其在司法公正乃至社会正义中的根基性地位，有必要秉持“客观真实”立场，[③] 当然，自然正义和正当程序作为诉讼法的基本原理，在这里同样构成当事人举证和法院认证的内在限制。

1. 虚假陈述的证据规则

我国的诉讼模式并非典型的当事人主义模式，但由于种种原因，法官满足于坐堂问案，高度依赖于当事人调查取证，本来该依职权调查取证的没有调查取证，该追加的当事人没有追加，该通知证人到庭的没有通知，这就造成了很多虚假陈述难以被认定。因此，要真正落实诉讼诚信原则，打击虚假陈述，强化法官的主观能动性不可或缺。而作为职权主义的平衡，可以从当事人申请角度完善虚假陈述的证据规则：当事人主张另一方存在虚假陈述、申请提供新证

---

① 有关诉讼突袭，参见杨艺红：《诉讼突袭：一个问题的初步展开》，载《河北法学》2011 年第 12 期。

② 有关当事人的程序平等权，参见许少波：《当事人民事诉讼权利保障机制刍论》，载《西南民族大学学报（人文社科版）》第 5 期。

③ 参见吴大英、沈宗灵主编：《中国社会主义法律基本理论》，法律出版社 1987 年版，第 275 页。陈光中等：《刑事证据制度与认识论》，载《中国法学》2001 年第 1 期。裴苍龄：《证据法学新论》，法律出版社 1989 年版，第 183 页。张继成、杨宗辉：《对“法律真实”标准的质疑》，载《法学研究》2002 年第 4 期。

据的，人民法院应予准许。进而言之，当事人要求查处虚假陈述本身是行使诉讼权利行为，对人民法院而言，确保诉讼纯洁性，也是公正审判的前提条件和当然义务。

这一规则的法理基础是诉讼权利对审判权的制衡原则，也是公民获得公正审判基本权利（the right to a fair trial）的必然要求。[①] 人民法院作为国家审判机关，有义务维护诉讼秩序的纯洁性和完整性，如果任凭伪证肆虐，则国家审判制度将失去严肃性和安定性，司法形象也将因此受损。进而言之，争议纠纷一旦进入法庭，就具有了公法属性，而人民法院一旦立案受理案件，就承担起诉讼秩序的维护职权，既不能超越，也不能放弃。对于虚假陈述而言，一方当事人明确提出查处请求的，人民法院理应依法处置。同时，这一规则是“以事实为根据”裁判原则和处分权主义的必然要求。当事人针对某讼争事项的对立主张从法律上看均属诉讼权利之行使，但从历史事件角度看不可能同时为真，这就需要法官遵循“以事实为根据”的裁判原则，查明真相。由于当事人提出了明确的诉讼请求和主张，根据处分权主义中的请求拘束原则，其对法院的审理行为具有拘束力。[②]

当事人在二审中提供旨在证明对方虚假陈述的证据，并且在一审中对相关事实提出过异议的，应当认定为新证据。对于二审法院而言，识别虚假陈述的一个正当途径就是诉诸新证据规则，二审新证据规则是查处伪造证据行为的有效手段。这是因为对伪证的否定，必须通过相反的证据来支撑，而这些相反的证据必是新发现的证据。例如，原审原告在原审庭审中作了其起诉状之外有关事实的虚假陈述，当事人的这种伪证在原审庭审时必是对方当事人无法准备难以抗辩的。要想真正形成诉讼均势，只能申请延期或补充提供证据，在原审法院未予回应或准许的情况下，这类证据就只能作为二审新证据。在一定意义上讲，对“伪证”的证成必须以新发现的证据为依托，也就是要诉诸“新证据”规则。这样就在新证据规则和妨害诉讼制度之间搭建起桥梁，为法官捍卫法庭尊严、维护诉讼秩序提供了规范依据和正当理由。

具体而言，二审新证据是相对于原审而言的，原审没有出现该证据是认定

---

① 公正审判权是《世界人权宣言》《公民权利和政治权利国际公约》等国际法律文件中的概念，我国宪法、诉讼法和人民法院组织法包含人民法院独立行使审判权原则、诉讼权利平等等公正审判权的基本内容。参见张吉喜：《论刑事诉讼中的公正审判权——以〈公民权利和政治权利国际公约〉为基础》，西南政法大学2008年博士学位论文。

② 关于处分权主义和请求拘束原则，参见许可：《论当事人主义诉讼模式在我国法上的新进展》，载《当代法学》2016年第3期。

"新证据"的前提，其内涵如下：（1）原审时已经存在，但当事人出于客观原因未向法庭提供。例如，《最高人民法院关于行政诉讼证据若干问题的规定》第五十二条第（一）、（二）项规定："（一）在一审程序中应当准予延期提供而未获准许的证据；（二）当事人在一审程序中依法申请调取而未获准许或者未取得，人民法院在第二审程序中调取的证据。"民润公司案即属于第（一）项规定的情形。（2）原审时不存在，当事人在原审后发现而向二审法庭提交。例如，《最高人民法院关于行政诉讼证据若干问题的规定》第五十二条第（三）项规定："（三）原告或者第三人提供的在举证期限届满后发现的证据。"再如，原审时的证人改变了其证言，其改变的证人证言为新证据。

需要注意的是，二审新证据和一审具有内在关联，这意味着尽管二审新证据旨在查证妨害诉讼行为，但仍然要受到一定的规范，进而言之，如果当事人在一审中没有提出过任何虚假陈述的线索，那么二审就不应主动对此进行调查，理由如下：

首先，这是尊重一审庭审严肃性和安定性的要求。不可为了所谓的抽象诉讼秩序的纯洁、完整和真实，而牺牲作为其部分的一审实然诉讼秩序的安定性。

其次，这是审级制度的内在要求。由于虚假陈述往往关系到案件定性、裁判结果等对案件处理有实质性影响的事实，如果二审对一审根本未出现或未审查的、当事人在二审提交的旨在证明存在虚假陈述等妨害诉讼行为的所谓"新证据"进行认定，则意味着对二审终审制度的违背，也侵害到当事人的审级权利。

再次，这也是对二审裁判权限正当行使的要求。二审法官固然可以因着道德直觉对伪证展开主动调查，但没有规范依据的法官职务行为本身就是对法治精神的违背，也容易造成对当事人合法权益的侵害。

最后，法官的基本职责就是依法、中立、秉公裁判，缺乏任何规范依据就去调查所谓的"虚假陈述"有违司法中立性、被动性品质。

因此，对于确实无法找到一审关联系属的所谓"新证据"，二审法官无权将其认定为"新证据"，其诉讼不利益只能由"新证据"的提供者自行承担，如果属于一审法院责任，则只能依相关法律发回重审。

综上，虚假陈述认定规则之构建应当从程序正义角度出发，以寻求真相为首要目标，同时尊重诉权对审判权的内在限制，基于保障公民基本权利的考虑，有必要将其置于正当程序和比例原则的框架中，[①] 以确保审判本身的正当性。

---

① 参见裴炜：《比例原则视域下电子侦查取证程序性规则构建》，载《环球法律评论》2017 年第 1 期。

2. 虚假陈述审查中的释明规则

虚假陈述审查中的释明既包括要求无过错方补充证据的释明，也包括将虚假陈述责任后果向行为人所作的释明。前者涉及法官在收集诉讼资料方面的权限和责任。通常认为，法官在诉讼过程中，应当本着虚心坦怀的信念，为了使纷争得到彻底的解决，结合诉讼的行进状态，在恰当的节点对双方的诉辩主张、取证结果进行分析考量，对当事人在诉讼主张、证据等方面存在的不足给予释明，并不会损害法院的中立性和公正性。当然，因释明权的行使，难免会使诉讼一方产生对己不利的疑虑——释明的结果理所当然包含着对案件某方面情节的预想。但是，如果法官诚实地说明释明的初衷，则诉讼一方在知悉法官想法的情况下，如果认为这种想法和真相并不相符（真相未必总是和法官的释明初衷、预想相一致），那么就会针对这一点给出新的主张、证据等应对措施，这种新的主张、证据从方向上来看应该和法官预想完全相反，如此才可能使得释明完全不起作用，这是当事人应对法官释明应有的姿态，徒然对法官释明表示不满，只不过是懈怠了自己应做的努力而已。[①]

当然，对此并非没有质疑，如吉野正三郎认为："法官对当事人必须始终坚持中立的立场，被看作当事人一方的利益代理人一样的释明，应该称之为'过度'。使应该获胜的一方获胜、应该败诉的一方败诉，这种对曾经支配大法院的释明权的思考方式，并不是在诉讼开始之前就客观地固定了诉讼的结果，而是随着诉讼的进行和法官的诉讼指挥产生若干次的胜败变化，其实质就是无视诉讼实态。"[②] 这段话看上去很中立，但其问题在于将法官完全等同于拳击场上的裁判，任凭当事人互相厮杀，而对正义价值不闻不问，最终结果只能是将法庭蜕化为单纯诉讼技术的竞技场，[③] 这种"去道德化"司法已然造成了严重危害。

民润公司案的释明正是基于对案件本质的直觉预判，依法进行司法探知，规范实施诉讼指挥，在深入理解补充证据制度的基础上行使释明权，指导垫江县人社局取得关键性证据。与此同时，针对民润公司法定代表人，结合《行政

---

① 参见奈良次郎：《法官在收集诉讼资料方面的权限和责任》，载新堂幸司编：《民诉讲座 4 审理》，弘文堂 1985 年版，第 134 页。转引自《日本法官行为与职业伦理（节译），载怀效锋主编：《法官行为与职业伦理》，法律出版社 2006 年版，第 409 页。

② 参见吉野正三郎：《释明权的滥用和法官的回避事由》，载《案件时报》1986 年第 466 号，第 63 页。转引自《日本法官行为与职业伦理（节译）》，载怀效锋主编：《法官行为与职业伦理》，法律出版社 2006 年版，第 409－410 页。

③ 丁广宇、耿宝建：《行政审判如何实现公正》，载《人民司法·应用》2011 年第 19 期。

诉讼法》专门针对单位负责人新增法律责任作了专门讲解,[①] 针对该公司诉讼代理人，结合律师法有关规定作了释明。[②] 本案释明有一个特点，即紧密结合证据规则，在推进诉讼程序进程中开展释明，同时在释明中强化法律教育，如对未到庭的民润公司法定代表人依职权发出通知证人出庭作证通知书,[③] 同时针对其不愿出庭的情形通过电话告知其有可能承担的作伪证的法律责任。此外，还应注意在当事人及其律师之间释明的优先次序：在法庭查明当事人虚假陈述之后，先向当事人释明虚假陈述的责任，然后将当事人虚假陈述的情况告知律师，提醒其如果在法庭释明之后，仍然坚持为当事人虚假陈述背书，则有可能触犯前述法律规定，构成故意提供虚假证据违法行为。虽然最终没有在法定代表人和律师身上实际适用这些法律，但宣讲释明本身即已对他们产生了强有力的震慑，同时，紧密结合《行政诉讼法》第五十九条规定的丰富内涵，向当事人释明不同法律责任适用的条件，阐释法律对积极悔改者从宽处理的精神，告知其认错态度可作为认定其妨害诉讼行为情节轻重的重要参考，促成过错方认错悔错，主动弥补无过错方所受损失，积极与后者和解，在行政审判过程中实现劳动争议仲裁纠纷的实质化解，考虑到此类案件通常要经过劳动争议仲裁和

---

① 新修订的《行政诉讼法》第五十九条在原法第四十九条的基础上明确对有妨害行政诉讼行为的单位的主要负责人或者直接责任人员可以予以罚款、拘留。在以往的行政诉讼实践中，对有妨害行政诉讼行为的行政机关或者其他单位，一般只处罚其具体工作人员，而在幕后决策、指挥的单位主要负责人往往逃脱处罚。针对这一问题，借鉴民事诉讼法的规定，新法增加了上述规定。参见黄薇主编：《最新〈中华人民共和国行政诉讼法〉条文释义及配套法律法规与司法解释实用全书》，中国民主法制出版社 2014 年版，第 97、99 页。

② 《律师法》第四十九条规定了律师作伪证的法律责任，“停止执业六个月以上一年以下的处罚，可以处五万元以下的罚款；有违法所得的，没收违法所得；情节严重的，由省、自治区、直辖市人民政府司法行政部门吊销其律师执业证书；构成犯罪的，依法追究刑事责任”。

③ 该通知书的内容为：

骆荣：

重庆民润建筑劳务有限责任公司与垫江县人力资源和社会保障局、左文方劳动、社会保障行政确认一案，本院现通知你作为证人，就编号分别为 1034607582513 和 1034693285413 的 EMS 专递邮件签收事项出庭陈述证言。你应于 2016 年 12 月 21 日 14 时 30 分携带有效身份证明到垫江县人民法院四号法庭出席证据交换，陈述证言。根据《中华人民共和国行政诉讼法》和《最高人民法院关于行政诉讼证据若干问题的规定》的规定，现将有关事项通知如下：

一、凡是知道案件情况的单位和个人，都有义务出庭作证。

二、证人应当客观陈述亲身感知的事实，不得使用猜测、推断或者评论性的语言。证人不得宣读事先准备的书面证言。

三、证人应当诚实作证，并如实回答审判人员和当事人的询问，作伪证的，应承担相应的法律责任。

四、证人不得旁听法庭审理，不得与当事人和其他证人交换意见。

五、证人的合法权利受法律保护。

劳动争议民事诉讼的普遍现状，本案处理节省了大量司法资源。本案的成功解决在很大程度上得益于法律释明，根本上是法律本身的威慑力。

3. 虚假陈述案件撤诉审查规则

涉虚假陈述案件一旦被查实，继续审理往往对虚假陈述行为人不利，进而言之，在有确凿证据证明当事人违背诉讼真实义务的情况下，若其能认错并撤诉将有助于减轻法庭质证、认证及说理的工作量，因此可以作为认定妨害诉讼行为情节轻重的重要根据。反之，若其无撤诉意思表示，则意味着要将庭审进行下去，本质上是拒不认错，此时就不符合情节轻微的标准，其法律责任形式则相应加重。这是当事人愿意撤诉的动因，但撤诉应当接受审查。[①]

（1）撤诉请求基础规范构成要件分析

在涉虚假陈述案件中，裁定准予撤诉要满足以下条件：

申请撤诉是当事人真实、自愿的意思表示。这一条件体现了自愿原则。当然，虚假陈述当事人慑于法律的威慑力，自愿申请撤诉也属其悔改意思的表达。

当事人已经消除虚假陈述对无过错方的影响，且无过错方无异议。这一条件体现了恢复性司法理念。由于当事人虚假陈述的违法性导致诉讼秩序紊乱，也造成他人权益受损，因此其撤诉的前提应当是修复秩序，赔偿损害，因此，把当事人已经消除虚假陈述对无过错方的影响作为准许撤诉的条件非常必要。无过错方包括对方当事人和第三人等，许多行政案件，如工伤认定纠纷，往往是原告与第三人之间的利益之争。作为被牵扯到本诉中的第三人而言，其因为应诉而遭受不必要的损失，这就要求原告在撤回诉讼的同时，应当征得第三人的同意。

当事人撤诉，不违反法律、法规的禁止性规定，不损害公共利益和他人合法权益。这一条件体现了诉权处分界限原则。撤诉是诉权处分行为，是一项基本权利，本条的实定法依据为《宪法》第五十一条规定，即公民在行使自由和权利的时候，不得损害国家的、社会的、集体的利益和其他公民的合法的自由和权利。

（2）人民法院对履行情况的监控

在当事人之间达成的和解中，往往具有履行权利义务的内容，为防止一方当事人在撤诉后不履行或不及时履行所承诺的义务，致使另一方当事人的合法权益再次遭受侵害，甚至由此产生循环诉讼，人民法院有必要对当事人履行义

---

① 关于行政诉讼撤诉审查，可参见李广宇：《〈关于行政诉讼撤诉若干问题的规定〉的理解与适用》，载《人民法院报》2008年2月1日。

务的情况进行监督，并注意选择作出准许撤诉裁定的最佳时机。

鉴于此，可以规定：在妨害诉讼行为案件中，行为人申请撤诉，有履行内容且履行完毕的，人民法院可以裁定准许撤诉；不能即时或者一次性履行的，人民法院可以裁定准许撤诉，也可以裁定中止审理。对于准许撤诉与中止审理两种处理方法的选择，一般可以视无过错方的意见而定。

（3）对裁定书的必要完善

在目前的法律框架下，涉虚假陈述案件申请撤诉只能借助裁定来实现。在司法实践中，针对程序问题的裁定书都较为简单，但是就虚假陈述规制而言，应予改造：一是应有对虚假陈述作出评价的内容，二是要避免行为人以虚假承诺诱使无过错方同意其撤诉，行为人撤诉后又拒不履行承诺的情形。进而言之，准许撤诉裁定可以载明当事人虚假陈述的基本情况、当事人之间和解的内容及履行情况。准许撤回上诉或者再审申请的裁定参照上述要求制作，并可以明确原裁判全部或者部分不再执行。这样的改造可以解决当事人的合意与原裁判的冲突问题。另外，通过对妨害诉讼行为的基本情况、当事人之间和解的内容及履行情况加以确认，使当事人的权利义务更加明确。

民润公司案审理中对是否以及如何制裁虚假陈述行为有不同意见。一种意见认为只要当事人认错并申请撤回上诉，口头予以训诫即可，没必要一定在裁定书中写明；另一种意见认为裁判文书如实记录并突出法庭对虚假陈述行为的否定性评价，能够凸显诉讼秩序纯洁性和法庭活动庄严性的要求，也能够体现人民法院在诚信问题上的鲜明立场和郑重姿态；还有一种意见认为仅仅是训诫，力度太轻，不足以对提供伪证者构成威慑。合议庭最终采纳了第二种意见。“世不患无法，而患无必行之法。”[①] 裁判文书代表国家法律对个案行为作出评价，重要的是意志宣示和规则昭示功能，本案虽然制裁不重，但彰显的乃是有法必依、执法必严、违法必究的决心，明确并坚决表达的制裁意志才真正对潜在的违法行为人具有震慑作用。

（4）撤诉适用的阶段

妨害诉讼行为案件当事人撤诉应当适用于什么阶段？有人主张，应限定在一审期间，主要考虑在二审期间适用会损害一审判决的既判力和稳定性。行政诉讼法及其司法解释所说的撤诉，一般也是指发生在一审期间的撤诉。但是，妨害诉讼行为被发现后当事人申请撤诉，二审和再审期间也可能出现，如果单

① 桓宽：《盐铁论》。

纯强调判决的既判力和稳定性而不允许撤诉，不利于实现化解行政争议、彻底解决纠纷的目的。

参照《最高人民法院关于行政诉讼撤诉若干问题的规定》第八条第一款关于二审或者再审期间“当事人申请撤回上诉或者再审申请的，参照本规定”的精神，即无论是一审、二审还是再审期间，如果妨害诉讼行为人申请撤诉，只要符合条件，人民法院均应准许。

4. 虚假陈述当事人认错从宽处理规则

当“罪与罚”的决定权“收归国有”，[①] 国家同时就得担负道德失范的治理职责，司法机关自然也责无旁贷。虚假陈述行为应予司法制裁，但制裁不是目的，更重要的是教育和引导。这就要求司法机关充分认识虚假陈述责任制度的内涵，在制度空间内充分挖潜，平衡发挥司法的教育和惩戒功能。

民润公司案确立了妨害诉讼认错从宽处理规则：行为人自愿如实承认虚假陈述行为，认错悔过并取得无过错方谅解，同意法院处理建议的，可认定情节较轻并从宽处理。本规则的内涵是，人民法院应坚持过错责任相适应，根据虚假陈述的事实、性质、情节、后果，依照法律规定准确裁量制裁幅度，确保过错程度与所受制裁相适应。应当保障行为人合法权利，确保其了解认错的性质和法律后果，自愿认错。应当听取无过错方意见，并将行为人是否与无过错方达成和解协议或者赔偿其损失、取得其谅解，作为决定惩戒措施的重要考虑因素。应当告知当事人享有的诉讼权利和拒绝认错可能导致的法律后果，审查其认错的自愿性和认错内容的真实性、合法性。

（三）完善虚假陈述司法审查的工作机制

优化审判运行机制，建立并完善各项工作制度，是遏制虚假陈述的基础工作，具体而言，可以从以下方面加以改进。

1. 建立警示提醒机制

在立案、审判、执行各环节进行虚假陈述风险警示，包括在立案大厅、窗口设置虚假陈述警示宣传牌，在宣传栏张贴虚假陈述案例，在受理案件通知书、应诉通知书、执行申请书等诉讼文书中告知当事人虚假陈述的风险和法律责任，引导当事人诚信诉讼。

2. 落实当事人如实陈述保证制度

当事人如实陈述保证制度使得法官具有了形式上惩治虚假陈述当事人的正

① 参见杨华：《绵延之维——湖南宗族性村落的意义世界》，山东人民出版社2009年版，第182页。

当理由。对当事人进行第一次询问时，可以不要求当事人作出保证，但当事人可以要求保证。在不保证的情形下进行询问，法院应当询问双方当事人，但如果法院仍未能获得待证事实真伪的确信时，便可以命令当事人进行保证后再接受询问，而在保证前，法官同时还应告知当事人对法庭的真实义务，以及作虚假陈述的惩罚后果，以保障保证制度的严肃性，而且应当将当事人的保证与陈述内容记入庭审笔录，并声明该庭审记录将会在以后作为追究当事人虚假陈述时的依据之一。对于当事人而言，可以选择保证，也可以拒绝保证，但当事人拒绝保证的陈述，法官可以不作为证据使用；当事人亦可以在保证后作最后陈述，以给予作虚假陈述的当事人最后的纠正机会。①

3. 建立分离审理的工作机制

虚假陈述的认定本身就是一个较为复杂的过程，法官所要花费的时间和精力往往超过案件审理本身。涉及罚款、拘留等制裁措施的，执行往往也是一个难题。这是虚假陈述司法审查不力的重要原因。为调动法官工作积极性，解决工作量过大、考核激励不够的情况，有必要将虚假陈述的识别和制裁从案件审理中剥离出来，单立案号，依照目前的案号编立体系，可确定案号为司惩字，若当事人对决定不服提起复议的，可立司惩复字。考虑到诉讼效率，可由案件审理法官继续办理。②

4. 构建全方位的“打假”网络

首先，建立疑似案件层报制度。承办法官发现案件存在虚假陈述嫌疑时，应及时将案件层报庭长、主管院长，同时将审理过程详细记录，及时提交合议庭或者审判委员会讨论，集思广益，充分发挥审判机制自身的防御功能。对依法认定的虚假陈述案件，要及时向上级法院报告，上级法院要定期分析、公布虚假陈述的发展态势，为进一步防范打击虚假陈述提供决策依据。

其次，建立疑似虚假陈述案外人通报制度。在诉讼过程中发现案件可能损害案外人利益时，要将情况及时向利益相关人通报。必要时，法院可主动通知第三人参加诉讼。

再次，建立虚假陈述有奖举报制度。虚假陈述之所以容易得逞，是由于很多情况下没有明确的受害人，特别在损害国家利益的场合。通过有奖举报，可以发现更多的线索，促进虚假陈述的发现和矫正。

---

① 李浩：《当事人陈述——比较、借鉴与重构》，载《现代法学》2005 年第 3 期。

② 参见深圳市中院课题组：《论虚假证据司法审查制度的类型化、分离化和程序化构建》，载《求法》（深圳市中级人民法院内刊）2017 年第 4 期。

从次，建立虚假陈述当事人黑名单。应充分利用现有的信息化手段，畅通法院系统内部信息沟通渠道，包括运用审判管理系统软件等，对虚假陈述当事人及案件进行登记、备案，建立“虚假陈述当事人黑名单”，公开发布虚假陈述行为人的信息，供本院及全国各地法院搜索查询，最大限度地防止虚假陈述的再次发生。现代社会的司法不是孤立的司法，而是跟各部门的协作与合作的司法，要提高打击和防范虚假陈述的效率，还必须积极加强社会管理创新体系。针对虚假陈述的多样性和复杂性，还必须完善法院与相关机关之间的信息沟通渠道，主要是人民法院要与国土、房管、税务、劳动监察等部门建立信息沟通机制，与公安、检察、司法建立联网检索机制。相互通报发现的虚假陈述线索，对长期或者多次作出虚假陈述的当事人及其代理人建立黑名单。此外，还要加强与媒体的联系，定期发布虚假陈述案例，打消一些人虚假陈述的想法或念头，从而从源头上减少虚假陈述的发生。

最后，要综合利用司法强制、刑事制裁、问责参与人以及救济利害相关人等手段形成全方位打击虚假陈述的态势。

（作者单位：重庆市第三中级人民法院）

行政诉讼理论

论依申请公开信息之诉的原告资格

——以客观诉讼为目标的建构

王秀忍

自从我国《政府信息公开条例》的制定、公布与生效以来，关于政府信息公开诉讼的讨论就没有在实务部门和学界停止过。对政府的信息公开行为提起行政诉讼的法律依据是《政府信息公开条例》第33条第2款，但其规定过于简单，并未细致地建构政府信息公开诉讼的受案范围、原告资格等具体制度，无法为政府信息公开诉讼这样一个新的重要的行政诉讼领域提供足够的制度支撑。

现行规定的不足导致司法实践的混乱。针对司法实践的混乱研究原告资格问题，本身就具有统一法律适用、确保司法确定性的意义。如果原告资格标准过宽，会浪费司法资源；如果过窄，则会使司法监督的功能大打折扣。因此原告资格问题的澄清将有助于整个政府信息公开诉讼制度的功能完善。

一、依申请公开信息之诉原告资格的争议

（一）争议的提出：基于一起典型案例的分析

1. 案例简介

2013年11月26日，原告陆红霞向被告南通市发改委申请公开“长平路西延绿化工程的立项批文”。同年11月28日，被告南通市发改委作出通发改信复〔2013〕14号《政府信息公开申请答复书》并提供了通发改投资〔2010〕67号《市发改委关于长平路西延工程的批复》。原告陆红霞不服，向江苏南通市港闸

区人民法院提起行政诉讼。

江苏省南通市港闸区人民法院认为，陆红霞不断地向政府及各个有关部门申请获取所谓的政府信息，背后的目的是利用政府信息公开诉讼制度表达对政府拆迁其房屋的不满，并希望能够利用政府信息公开诉讼向政府和有关部门施加压力，以实现其利益的最大化，而并非是真的想要获得其所申请的信息。对于拆迁利益和政府信息之间没有法律上关联性的问题，行政机关已经反复进行了释明和引导，但陆红霞不听劝阻，其行为显然已经不符合《政府信息公开条例》的制度目的，陆红霞借用政府信息公开诉讼制度实现非制度所保护的目的，其行为显然已经构成了对制度的滥用。因此法院认为，“本案陆红霞所提起的相关诉讼因明显缺乏诉的利益、目的不当、有悖诚信，违背了诉权行使的必要性，因而也就失去了权利行使的正当性，属于典型的滥用诉权行为”。①

法院认为，虽然对滥用获取政府信息权以及滥用诉权行为没有一个现行明确规制的法律规范，法院结合立法精神，并根据自由裁量权的审判之义，决定不实体审理原告陆红霞的起诉。为了兼顾维护法律的严肃性、有效利用公共资源和保障原告陆红霞依法获取政府信息、提起诉讼的权利，对于原告陆红霞今后再次向行政机关申请类似的政府信息公开、向人民法院提起类似的行政诉讼，均应依据《政府信息公开条例》的现有规定进行严格审查，原告陆红霞须举证说明其申请和诉讼是为了满足自身生产、生活、科研等特殊需要，否则将承担不利后果。②

最后，法院裁定驳回原告陆红霞的起诉。③

2. 法理分析

本案作为我国认定在政府信息公开诉讼中原告滥用获取政府信息权利的第一案，在理论与实务界引发了广泛的关注与讨论。立足案例本身，法院裁定驳回原告起诉是否有法律依据，成为各界争论的焦点。

本案关键问题在于，“满足自身生产、生活、科研等特殊需要”是否属于依申请公开信息之诉的原告资格要件。如果属于，则对于滥用获取政府信息权利的原告，法院可以直接以不是满足自身生产、生活、科研等特殊需要为理由，

---

① 曹忆蕾、王帝：《一法院裁定拆迁户“滥诉”被指缺乏法律依据》，载人民网 http：//legal. people. com. cn/n/2015/0313/c42510 - 26685880. html，于 2016 年 5 月 20 日访问。

② 王小燕、金琦、冯宏新：《南通港闸法院驳回 8 起滥用获取政府信息权、滥用诉权案》，载中国江苏网 http：//jsnews. jschina. com. cn/system/2015/02/28/023854662. shtml，于 2016 年 5 月 20 日访问。

③（案例）详见南通市港闸区人民法院（2015）港行初字第 00021 号，南通市中级人民法院（2015）通中行终字第 00131 号。

认定原告不具有原告资格，从而裁定驳回起诉；如果不属于，那么“滥用获取政府信息权利”就成为限制原告资格的一个特殊情形，法院对那些不是满足自身生产、生活、科研等特殊需要的申请和起诉，还需要审查是否满足“滥用获取政府信息权利”的构成要件，而后才能以此为理由裁定驳回起诉。

（二）争议的成因

1. 现行规定不清

在我国，对依申请公开政府信息的申请人资格，是否应当附加条件加以限制，进而是否对该申请人提起政府信息公开诉讼的原告资格加以限制，现行规定并不清楚，存在争议。实践中，对《政府信息公开条例》第 13 条的规定存在不一样的理解。有部分观点指出，该条规定意在让申请人只能申请公开与自身三种需求密切相关的政府信息，因此应当将“三需要”作为依申请公开信息之诉原告资格的构成要件。另一种观点针锋相对地指出，《政府信息公开条例》第 20 条第 2 款规定了政府信息公开申请应当包括的内容，并没有要求申请人应当提供证据材料来证明自己的申请是出于自身生产、生活、科研等特殊需要，因此从体系解释的角度而言，“三需要”不应当作为行政机关认定申请人的申请资格以及法院审理依申请公开信息之诉的原告资格。因此，以《政府信息公开条例》的规范体系为基础，推论出其第 13 条的主旨只是在于说明除了各种信息由政府主动公开以外，还可以通过申请人来申请获取政府信息，因此“三需要”只是一种解释性的说明，而非具有规范性的要件条款，不能就此得出“三需要”是具有拘束力的规定的结论。①

但官方的理解似乎更倾向于前一种观点，国务院办公厅《关于施行〈中华人民共和国政府信息公开条例〉若干问题的意见》规定“三需要”应当作为依申请公开政府信息申请人的申请资格。理论界普遍对此持批评态度。

对立法的不同理解进一步造成了司法实践中的分歧，就依申请公开信息之诉原告资格问题，同案不同判的情形广泛存在，有的法院以不满足“根据自身生产、生活、科研等特殊需要”为由驳回原告的起诉，有的法院又明确认为“根据自身生产、生活、科研等特殊需要”不属于原告资格的条件。这种争议的存在，不利于我国政府信息公开诉讼制度的良性运行，需要加以解决。

---

① 费丽芳：《政府信息公开申请理由再观照——基于经纬立法例和本土经验视角》，载《浙江社会科学》2013 年第 9 期。

2. 续造标准不明

当法律存在漏洞或者不完善时，则需要进行法律续造。我国对依申请公开信息之诉原告资格的现行规定并不清楚，亟待通过续造解决实践中的争议。

笔者认为，原告资格问题与制度目的直接相关，如果依申请公开信息之诉的制度目的在于维护政府信息公开活动的客观合法秩序，而不是仅保障申请人的主观权利，那么政府信息公开诉讼的原告资格就不需要以“三需要”为条件。反之，如果依申请公开信息之诉的制度目的在于保障申请人的主观权利，则原告资格就需要以“三需要”为条件。故对原告资格的续造，应以制度目的为判断标准。因此，解决当前我国依申请公开信息之诉原告资格的争议，首先需要厘清我国依申请公开信息之诉的制度目的。

二、制度目的与原告资格关联的一般理论

（一）主观诉讼与客观诉讼：区分行政诉讼制度目的基本理论模型

主观诉讼与客观诉讼是大陆法系研究行政诉讼制度目的的两种理想模型。主观诉讼是指以维护行政相对人的主观权益为主要目的的诉讼类型，客观诉讼是指以维护客观公法秩序为主要目的的诉讼类型。

客观诉讼与主观诉讼的区分理论，被认为最早由法国著名公法学家莱昂·狄骥创立。[①] 按照狄骥的观点，行政诉讼的制度目的，是由行政诉讼所审理案件的性质决定的。因此，他根据法院所审理的行政案件的不同性质，将行政诉讼分为主观诉讼和客观诉讼。而认定行政法院审理案件性质的前提，则是要区分调整案件的法律规则的性质，如果法律规则是调整当事人主观权利状态的，就属于主观的法律规则，如果是调整客观的法律状态的，即是客观的法律规则。[②] 可见，如果被诉行政行为违反了客观的法律规则而侵犯了公共利益和客观的法律秩序时，提起的行政诉讼即为客观诉讼；而被诉行政行为仅仅只是侵犯了原告个人独享的权利时，那么提起的诉讼则为主观诉讼。法国之所以会产生客观诉讼制度，其学理支撑正是狄骥提出的社会连带理论。社会连带理论认为，产生争议的社会各方提起诉讼，并不是为了各方主体实现自身的实体性权利，而是为了促进社会连带关系，因此即使主体不享有实体权利，只要其以促进社会

① 马立群：《主观诉讼与客观诉讼辨析——以法国、日本行政诉讼为中心的考察》，载《中山大学法律评论》2010 年第 2 期。

② ［法］莫里斯·奥里乌：《行政法与公法精要》（上册），龚觅等译，辽海出版社、春风文艺出版社 1999 年版，第 143 - 144 页。

连带关系为目的，也就不影响其提起诉讼的原告资格。

在日本同样也存在主观诉讼与客观诉讼的理论分类。《日本行政事件诉讼法》中规定了抗告诉讼、当事人诉讼、民众诉讼，以及机关诉讼。其中，抗告诉讼、当事人诉讼是以保护救济个人的权利、利益为主要目的，因此一般被称为主观诉讼，而民众诉讼与机关诉讼和个人的权利、利益保护并无直接关系，而是以维护客观的法秩序为目的，因此一般被称为客观诉讼。①

综上，主观诉讼与客观诉讼是以不同的案件性质为标准所进行的学理区分。同时，在制度表现上，存在诉讼目的不同、原告资格不同、判决效果不同等区别。因此，主观诉讼与客观诉讼这一学理分类，就成为研究不同行政诉讼类型制度目的区别的基本理论模型。

（二）主观公法权利与反射利益：主客观诉讼原告资格差异化的具体法理

虽然主观诉讼与客观诉讼理论提出了在两种不同目的的诉讼类型下，诉讼的原告资格应当不同，但对不同制度目的下原告资格如何具体建构并未提供法理支撑。

德国行政法学提出的主观公法权利与反射利益理论，是在德国司法实践中指导建立完善行政诉讼制度的理论基础，通过应用该理论，德国得以界定公民在行政法领域中提起诉讼的范围。主观诉讼是德国行政诉讼制度的根本特征，虽然其他国家日益放松对行政诉讼原告资格的限制，但德国一直坚持严格的主观诉讼立场，不论原告提起何种类型的行政诉讼，原告自身“权利”受到行政行为的侵害是不可或缺的原告资格要件。② 该理论为德国行政诉讼建构主观化的诉讼制度提供了理论支撑，是德国行政诉讼按照主观诉讼目的建构原告资格的具体法理，如果是公民的主观公法权利受到侵害，则公民享有原告资格，而如果是反射权利则不享有原告资格。

德国行政法学提出的主观公法权利与反射利益理论，经历了从经典理论向保护规范理论的变迁，保护规范理论扩展了主观公法权利的内涵，使得主观公法权利的外延不断扩大。经典理论要求主观公法权利需要有按立法者意图以保护私人利益为目的的公法规范作为要素，但保护规范理论则认为按照实际情况只要存在有利于私人的利益，即使该公法规范以保护公共利益为目的，也可成

---

① ［日］室井力编：《新现代行政法入门》，法律文化社 2005 年版，第 331 页。

② 赵宏：《诉讼权能与审查密度——德国行政诉讼的整体关联性》，载《环球法律评论》2012 年第 6 期。

立主观公法权利。可以看出，保护规范理论已经将反射利益纳入了主观公法权利的范围。

但主观公法权利与反射利益的理论划分并没有改变。主观公法权利与反射利益区别的关键是两者的利益性质不同，主观公法权利以个人利益为核心，反射利益以公共利益为核心。保护规范理论基于德国行政诉讼法原告资格的扩张，即将普遍的行政争议均纳入行政法院的受案范围，从而否定了主观公法权利与反射利益在产生原告资格上的区别，也即反射利益也同主观权利一样，能够产生对行政主体的请求权，因此主观公法权利与反射利益在界定德国行政诉讼原告资格上的应用价值消失了，德国将部分曾经的客观诉讼纳入了主观诉讼的范畴。但保护规范理论并未否定主观公法权利与反射利益之间利益性质不同的本质区别，正因为主观公法权利与反射利益在利益性质上的根本区别，在严格区分主观诉讼与客观诉讼的国家，主观公法权利是界定主观诉讼原告资格的具体法理，而反射利益是界定客观诉讼原告资格的具体法理。

三、我国依申请公开信息之诉的原告资格

制度目的决定行政诉讼的原告资格，完善我国依申请公开信息之诉原告资格的命题，就需要首先厘清依申请公开信息之诉的制度目的。如果是主观诉讼，则应以主观公法权利为法理基础续造原告资格；如果是客观诉讼，则应以反射利益为法理基础续造原告资格。本文认为，依申请公开信息之诉是客观诉讼，其原告资格问题应以反射利益为法理基础。

（一）我国行政诉讼的制度目的

政府信息公开诉讼是我国行政诉讼的一种特殊类型，其整体上还是应当以《行政诉讼法》作为基础法律规范。因此，政府信息公开诉讼的制度目的受行政诉讼制度目的影响。

就我国《行政诉讼法》的立法目的而言，该法规定了多重制度目的。《行政诉讼法》第1条规定了制度目的，单从立法目的的规定上看，该法既以解决行政争议，维持客观公法秩序为目的，又以救济当事人的合法权益为目的，具备了主观诉讼与客观诉讼的双重目的。这样的法律条文规定，产生争议也就无可避免了。

但一国行政诉讼制度究竟是主观诉讼还是客观诉讼，并非只从条文规定的立法目的来判断，而应当从具体的制度安排所体现的制度目的来判断。虽然我国《行政诉讼法》明确规定了立法目的，但具体的制度结构安排并未与立法目

的保持一致。我国《行政诉讼法》的具体条文的制度目标指向仍不清晰，部分制度设计显然是以救济主观公法权利为目的。例如，《行政诉讼法》第2条规定公民、法人或者其他组织认为合法权益被侵犯的，有权向法院起诉。但另一部分制度安排又侧重对客观公法秩序的维护，如《行政诉讼法》第6条规定法院在审理行政诉讼案件的时候，审查的是行政行为的合法与否。

虽然我国《行政诉讼法》文本与制度目标定位含混，但随着《行政诉讼法》的修改，我国行政诉讼制度越来越呈现强调客观诉讼目的的倾向。本次《行政诉讼法》的修正，强调了行政诉讼化解行政争议，维持良好的客观公法秩序，监督行政机关按照客观公法秩序合法行政的制度目的。这样的新倾向也是来自实践不断提出的要求。由于我国行政诉讼制度一直以来轻视行政诉讼的客观诉讼功能，造成相当部分行政活动不受法院的审查和监督，限制了行政诉讼审查行政行为合法性，维护客观公法秩序的功能，此次修法正本清源，可谓正确。①

（二）政府信息公开的制度目的

由于政府信息公开诉讼是我国行政诉讼的一种特殊类型，其整体上以《行政诉讼法》作为基础法律规范，因此依申请公开信息之诉的制度目的与原告资格也受到了行政诉讼制度目的含混的影响。

我国的政府信息公开制度存在明显的维护客观公法秩序的价值取向。《政府信息公开条例》第1条规定了立法目的，从该规定可以看出，通过保障行政相对人获取政府信息，同样具有督促政府遵守信息公开客观公法制度的功能，这同样也应当是我国政府信息公开制度的制度目的。甚至有论者认为，维护客观公法秩序才是政府信息公开制度的根本目的。②

我国政府信息公开诉讼维护客观公法秩序的目的，被普遍认为表现在以下方面：1. 维护民主秩序；2. 维护社会稳定；3. 维护廉政秩序。但是，理论与实践受我国行政诉讼制度目的含混的影响，并未认识到政府信息公开维护客观公法秩序的面向，“理论界却忽视了行政诉讼之维护客观法律秩序的性质，把行政诉讼定位为主观公权利的救济，而淡漠了行政诉讼维护行政客观法秩序的功能，这是对行政诉讼性质的误读，不利于准确把握行政审判实践”。③ 因此，

---

① 江必新、邵长茂：《新行政诉讼法修改条文理解与适用》，中国法制出版社2015年版，第4页。

② 涂四溢：《〈政府信息公开条例〉的价值缺陷》，载《行政法学研究》2010年第1期。

③ 邓刚宏：《论我国行政诉讼功能模式及其理论价值》，载《中国法学》2009年第5期。

有必要澄清和强调政府信息公开制度维护客观公法秩序的面向，并以此判断依申请公开信息之诉的制度目的。

（三）依申请公开信息之诉的制度目的

依申请公开信息之诉的制度目的主要不在于保护申请人的具体个人利益，而是希望通过诉讼制度维护政府信息公开的客观公法秩序。依申请公开政府信息，就是在法律上认可了公民的信息公开请求权，也就是说，任何公民无论基于何种原因，更不论与有关的政府信息是否有利害关系，均可以请求政府机关提供有关的政府信息。[①] 因此，本文认为依申请公开信息之诉的制度目的在于维护政府信息公开的客观公法秩序，是客观诉讼。“信息公开诉讼远比个人利益受损才有起诉资格的传统行政诉讼宽泛得多，更多地呈现出客观诉讼的特征。”[②]

四、客观诉讼目的下的原告资格

我国行政诉讼的目的具有主观诉讼和客观诉讼的双重属性，要按照客观诉讼建构依申请公开信息之诉的原告资格，需要思考其与我国《行政诉讼法》原告资格的规定相协调的问题。政府信息公开诉讼和行政诉讼法的立场如何兼容，是我们建构客观诉讼目的下依申请公开信息之诉的原告资格所需要解决的问题。

（一）获取政府信息权的反射利益性质

依申请公开信息之诉以维护客观公法秩序为目的，因此，获取政府信息公开权不属于主观公法权利，其利益内核应当是维护政府信息公开秩序的反射利益，获取政府信息公开权是此反射利益基础上的请求权。

但理论与实践受我国行政诉讼制度目的含混的影响，片面地将政府信息公开的制度目的理解为保护公民的知情权，并未理解属于主观公法权利的知情权，与具有维护客观公法秩序目的的获取政府信息权并不相同。我国理论界将获取政府信息权等同于知情权的倾向明显，这种理论倾向的意图在于将获取政府信息权定位到受宪法保护的公民基本权利的层级，从而使行政相对人获取政府信息权受到更好的保障。但是作为公民基本权利的知情权首先是一种个人权，它要求所保护的利益与公民个人之间具有紧密的利害关系。因此，如果将获取政府信息权等同于知情权，反而将证成以“三需要”作为政府信息公开诉讼原告资格的正当性。

---

① 李广宇：《政府信息公开诉讼的受案范围与当事人》，载《人民司法》2010 年第 5 期。

② 章志远：《行政诉讼法前沿问题研究》，山东人民出版社 2008 年版，第 139－140 页。

将获取政府信息权等同于知情权，作为放松政府信息公开诉讼原告资格的理论进路，其错误的根源在于，没有认识到公法为了保障与公民没有紧密利害关系的客观公法秩序，同样也可以赋予公民公法上的请求权。诚如前述，为了维护客观公法秩序而赋予公民请求权，公民由此提起的公法诉讼被称为客观诉讼。我们认为，政府信息公开诉讼主要是一种客观诉讼，其制度目的主要在于维护政府信息公开的客观公法秩序。为了实现这一制度目的，法律允许公民以提起行政诉讼的方式督促政府公开信息，由于诉讼的目的不在于保护公民的私人性利益，即主观公法权利，因此政府信息公开诉讼的原告资格不应当受原告自身需要的限制。

（二）以反射利益作为法理基础的原告资格

不论是从法理分析，还是域外的立法经验来看，以反射利益作为依申请公开信息之诉原告资格的基础，以使依申请公开信息之诉原告资格不受不必要的限制，这样更为符合依申请公开信息之诉作为客观诉讼的制度目的。但以反射利益为基础建构依申请公开信息之诉的原告资格，仍然需要考虑现有的行政诉讼制度框架，即如何在现有行政诉讼制度框架内实现以反射利益为基础建构依申请公开信息之诉的原告资格。

《政府信息公开条例》第 33 条第 2 款以及《行政诉讼法》第 2 条规定的关于政府信息公开诉讼以及行政诉讼原告资格的基础性条款，都把“合法权益”作为公民、法人或者其他组织能够提起行政诉讼的法律要件。因此，反射利益是否属于上述两个条款所规定的“合法权益”，即回答以反射利益为基础建构依申请公开信息之诉的原告资格是否与现行行政诉讼制度框架相冲突的核心。

1. 反射利益与合法权益

在行政法上，人身权和财产权并不是公民所应享有的公法权利的全部，也就是说，人身权、财产权并不能涵盖全部国家与人民之间的主观公法权利。面对公民、法人或其他组织的其他合法权益，尤其是公法上的合法权益时，私法就会无能为力，只能让位于公法来调整，如政治权利、教育权利、社会文化权利等。

那么反射利益是否也能被纳入“合法权益”中呢？行政法上的反射利益，通常是指国家为保护和增进公共利益，以及维护客观公法秩序而进行的法律规制或行政执行，在事实上给特定的私人所带来的一定利益。[1] 可见反射利益虽然

---

① 张宝华：《行政诉讼法上的法律上利害关系》，载《湖北警官学院学报》2012 年第 9 期。

不同于主观公法权利，但要将反射利益归入行政法上的“合法权益”，从理论上来看是没有问题的。“合法权益”不是一个绝对的概念，而是具有一定的流变性，而流变的依据，应当是公共利益的需要和社会不断进步发展的要求。“合法权益”作为一个法定概念，其法律工具意义在于确定哪些权益应当受到行政诉讼制度的保护。因此，真正起决定作用的，是哪些权益值得受到行政诉讼制度的保护，这些权益就应当被纳入“合法权益”的范畴。

诚如前述，政府信息公开制度以及其中的依申请公开信息之诉制度，以维护政府信息公开的客观公法秩序为目的，以实现政府信息公开的公共利益为目的，而这两项制度的发动，以及通过这两项制度监督政府的信息公开行为，均需要依赖行政相对人在个案中去发现问题，提起司法审查和监督，从而使政府信息公开的客观公法秩序和公共利益更切实地得到维护。因此，以反射利益作为依申请公开信息之诉原告资格的基础，以使依申请公开信息之诉原告资格不受不必要的限制，这样更为符合依申请公开信息之诉作为客观诉讼的制度目的。从这个角度来说，行政相对人因提起依申请公开信息之诉而得到的反射利益，应当是值得行政诉讼保护的利益，应当被纳入“合法权益”的范畴。

总之，我们探讨反射利益与合法权益的关系，认为反射利益属于合法权益，以反射利益为基础建构依申请公开信息之诉的原告资格，并不与现有的行政诉讼制度框架相冲突。

2. 反射利益与法律上的利害关系

虽然反射利益与合法权益并不冲突，但如果能够更进一步为以反射利益为基础建构依申请公开信息之诉的原告资格阐明更为明确的法律依据，则更有利于排除争议，更好发挥依申请公开信息之诉维护客观公法秩序的制度功能。

我们认为，行政相对人因为依申请公开信息所享有的反射利益，属于法律值得保护的权益，应当被归入法律上的利害关系。被归入法律上利害关系的反射利益，实质上是已经法律化的反射利益。行政相对人因为依申请公开信息所享有的反射利益，可以通过理论阐释，被理解为属于法律上的利害关系，从而对此反射利益的侵害，行政相对人有权提起行政诉讼。由此，《最高人民法院关于执行〈中华人民共和国行政诉讼法〉若干问题的解释》第 12 条就能够作为以反射利益为基础建构依申请公开信息之诉的原告资格的法律依据。

3. 反射利益与“三需要”

基于《政府信息公开条例》第 13 条的规定，有观点认为依申请公开信息之诉的原告资格应当以“三需要”为要件。如果将“三需要”作为依申请公开信息之诉原告资格的构成要件，那么依申请公开信息之诉将成为一个以保护申请人主观公法权利的主观诉讼，前述法律所想要依申请公开信息之诉起到的维护客观公法秩序的客观诉讼目的就无法完全实现。因此，“三需要”得到满足，是依申请公开制度的反射利益，为了维护政府信息公开的客观公法秩序，法律依赖行政相对人来发动监督和制裁政府的政府信息公开违法行为，由此客观地产生了满足行政相对人信息需求的事实效果，但这并不是依申请公开制度的根本目的。如果将“三需要”作为依申请公开信息之诉原告资格的构成要件，那么很多不是基于“三需要”的依申请公开信息之诉就无法得到法院的审理，依申请公开信息之诉的客观诉讼目的就无法实现。故而，“三需要”不是依申请公开信息之诉原告资格的构成要件。

（三）反射利益对滥用诉权的限制

在本文开始提到的案例中，法院认为原告存在滥用诉权的问题。反对将依申请公开信息之诉建构为客观诉讼的一个主要理由，就是认为这样会造成滥用诉权的情况。但是，如果以反射利益为法理基础建构依申请公开信息之诉的原告资格，则其本身就形成了限制滥用诉权的机制。反射利益的根源来自对公共利益的维护，反射利益是追求公共利益的结果，因此反射利益的享有也以公共利益为前提，如果反射利益的享有违背了公益目的，则应当予以限制。在依申请公开信息之诉中，如果原告提起诉讼的目的并非是要维护自身的信息获取权，并非是要监督政府合法履行政府信息公开义务，而是要给政府制造麻烦，甚至借政府信息公开要挟政府偏离公共利益，以实现自身的目的，那么显然在这种情况下，原告的诉是不存在反射利益基础的，原告的诉即属于滥用诉权。

可见，以反射利益为基础建构依申请公开信息之诉的原告资格，不仅符合依申请公开信息之诉的客观诉讼目的，还能够具备限制滥用诉讼的法理机制。随着政府信息公开诉讼制度的不断发展，被认定滥用诉权的案例不断增多，我们还可以通过立法抽象出滥用诉权的构成要件，从而使依申请公开信息之诉限制滥用诉权的机制更加完善。

（作者单位：福建省泉州市惠安县人民法院）

新问题探究

机构改革对行政审判的影响与应对

刘 涛

党的十九届三中全会审议通过了《深化党和国家机构改革方案》（以下简称《方案》）。《方案》全文近 2 万字，以加强党的全面领导为统领，以国家治理体系和治理能力现代化为导向，以推进党和国家机构职能优化协同高效为着力点，内容涉及党中央机构、人大机构、国务院机构、政协机构、行政执法体制、跨军地、群团、地方机构等八大方面改革，单列出来的具体改革条目达 60 条。可以说，改革力度之大、影响面之广、触及的利益关系之复杂，都是少有的，是一场系统性、整体性、重构性的变革。

行政审判的被告一方始终是行政机关，行政审判的重要任务之一便是监督行政机关依法行使行政职权，这也决定了本次机构改革，特别是行政机构改革以及随之而来的职权调整，必然会对行政审判工作产生重大而深远的影响。行政审判工作人员需未雨绸缪，增强行政审判工作的主动性和预见性，积极有效予以应对，为改革的平稳有序推进提供良好的司法服务和保障。

需要说明的是，行政机构改革包括国务院机构改革和地方政府机构改革两个方面。《方案》中国务院机构改革方面单列出来的具体改革条目达 23 条，且在《方案》公布之前，《国务院机构改革方案》已由十三届全国人大一次会议表决通过①。因此，国务院机构改革的内容是具体明确的。但《方案》中地方机构改革方面只公布了原则和导向性意见，并未公布具体改革条目。因此，省

---

① 《方案》中“深化国务院机构改革”部分与《国务院机构改革方案》的内容基本相同，只有《方案》第三十六条“组建中央广播电视总台”的相关内容在《国务院机构改革方案》中并未涉及。

市县政府机构改革的具体内容尚不可知。不过，从《方案》规定的“省市县各级涉及党中央集中统一领导和国家法制统一、政令统一、市场统一的机构职能要基本对应”这一原则来看，省市县政府机构职能与国务院机构职能会基本对应。故从国务院机构改革的具体条目内容中可把握和预判地方政府机构改革的大体内容。此外，党中央机构改革、行政执法体制改革方面也有部分内容涉及行政机构的变动及职责调整。接下来，笔者将全面梳理此次改革中行政机构的变动及职责调整情况，在此基础上分析其对行政审判在行政诉讼适格被告认定、职权法定原则下的合法性审查、行政复议机关确定等方面产生的影响，并提出关于如何应对的一些思考。

一、行政机构的变动及职责调整情况

此次机构改革中行政机构变动及职责调整情况主要有六种类型：

1. 组建新行政机关，整合原来跨部门领导的一些业务相近的职责。该情形下机构名称发生变更。例如，自然资源部、生态环境部、退役军人事务部、应急管理部、农业农村部、国家卫生健康委员会、国家市场监督管理总局、中国银行保险监督管理委员会等新机构的组建，大都包括以往两个或两个以上部委部分职能部门的合并。

2. 改组原行政机关，调整和补充原有职责。该情形下机构名称并不变更，如科学技术部、司法部、审计署、国家知识产权局等。特别是改组后的司法部整合了原国务院法制办公室的行政复议应诉职责，行政审判工作人员对此尤应注意。

3. 整合组建综合执法队伍，相对集中行政处罚权。例如，整合组建市场监管、生态环境保护、文化市场、交通运输以及农业综合执法队伍，统筹配置相关领域行政处罚职能和执法资源，统一行使相关领域行政执法职责。

4. 行政机关转为监察机关。该情形下不仅机构名称发生变更，机构性质更发生根本转变，如监察部、国家预防腐败局转为国家监察委员会，省市县监察厅（局）转为省市县监察委员会。而各级监察委员会是行使国家监察职能的专责机关，不属于行政机关。

5. 行政机关并入中国共产党机关，不再保留单设的行政机关。例如，国家公务员局并入中央组织部，由中央组织部承担相关职责，中央组织部对外保留国家公务员局的牌子，但不再保留单设的国家公务员局。国家宗教事务局、国务院侨务办公室并入中央统战部亦是如此。另，国家新闻出版广电总局的新闻出版管理职责及电影管理职责划入中央宣传部，对外则分别加挂国家新闻出版署（国家版权局）及国家电影局牌子[①]。

6. 行政机关归口中国共产党机关领导，但仍作为行政机关。例如，国家民族事务委员会归口中央统战部领导，但其仍作为国务院组成部门。

前三种类型是行政机构改革中最为主要的情形，后三种类型虽只涉及少数的行政机关，但却是本次改革不同于历次改革的最突出的特色所在，十分重要[②]。

二、行政诉讼适格被告的认定

1. 新建或改组行政机关适格被告的认定

对于机构改革彻底完成后行政机关新作出的行政行为不服提起的行政诉讼，确定适格被告问题不大，作出行政行为的行政机关即为适格被告。但对机构改革前行政机关作出的行政行为不服，在机构改革后提起行政诉讼，这种情况下在确定被告上便容易出现问题。相当一部分公民、法人或其他组织可能并不能及时准确地了解机构变动和职责调整的具体内容，只是将机构改革前的行政机关作为被告，尤其是在行政机关未被撤销只是职权发生变更的情形下更易如此。例如，机构改革前住房和城乡建设部门作出了建设用地规划许可，公民不服，在机构改革后提起行政诉讼，其极可能仍以作出建设用地规划许可的住房和城乡建设部门为被告。而机构改革后住房和城乡建设部门虽然仍存在，但其城乡规划管理职责已划入自然资源部门，由自然资源部门继续行使建设用地规划许可职权。这种情况下，两个部门谁是适格被告，便需人民法院准确认定。

笔者认为，《中华人民共和国行政诉讼法》第二十六条第六款规定："行政机关被撤销或者职权变更的，继续行使其职权的行政机关是被告。"《最高人民法院关于适用〈中华人民共和国行政诉讼法〉的解释》第二十三条规定："行政机关被撤销或者职权变更，没有继续行使其职权的行政机关的，以其所属的人民政府为被告；实行垂直领导的，以垂直领导的上一级行政机关为被告。"《最高人民法院关于适用〈中华人民共和国行政诉讼法〉的解释》第二十六条第一款规定："原告所起诉的被告不适格，人民法院应当告知原告变更被告；

---

① 国家新闻出版广电总局的广播电视管理职责由新组建的国家广播电视总局承担，而国家广播电视总局是国务院直属机构，因此，严格说来，国家新闻出版广电总局并未完全并入党的机构。

② 《方案》以加强党的领导为统领，在党中央机构改革中推进职责相近的党政机关合并设立或合署办公，在地方机构改革方面也指出要"在省市县对职能相近的党政机关探索合并设立或合署办公，市县要加大党政机关合并设立或合署办公力度"。

原告不同意变更的，裁定驳回起诉。”根据上述规定，人民法院在行政机关被撤销或职权变更的情况下，要根据涉案行政职权的所在来确定适格被告，并且，在发现原告所起诉的被告不适格时应充分释明，依法处理。因此，前述列举情况下人民法院应告知原告将被告由住房和城乡建设部门变更为自然资源部门，原告拒不变更的，裁定驳回起诉。

另需特别注意的是，若原告提起行政诉讼时机构尚未改革，其所列被告起诉时是适格的，但在诉讼过程中被诉行政机关被撤销或职权变更，而此时由于已进入二审程序，人民法院无法再告知原告变更被告，这种情况下案件应如何处理？笔者认为，人民法院应直接变更适格行政机关作为当事人参加诉讼，并在裁判文书“经审理查明”部分阐明二审行政机关与一审被诉行政机关不一致的原因以及变更理由。

2. 综合执法队伍适格被告的认定

《方案》指出要整合组建市场监管、生态环境保护、文化市场、交通运输以及农业综合执法队伍，相对集中行政处罚权。但《方案》并未对综合执法队伍的法律地位作出规定。综合执法队伍是独立的行政机关还是由行政机关组建但不具有独立承担法律责任能力的机构？对综合执法队伍以自己名义作出的行政处罚决定不服，综合执法队伍是否是适格被告？从作为跨领域跨部门综合执法体制改革最早实验田的城管机构的运行情况来看，上述问题极有可能出现。当前，我国城管机构的法律地位主要有三种：一是作为地方政府组成部门；二是作为地方政府直属机构；三是作为地方政府组成部门的内设机构①。前两种模式中城管机构是独立的行政机关，而第三种模式中城管机构只是地方政府组成部门组建的不具有独立承担法律责任能力的机构。

笔者认为，因《方案》指出对跨领域跨部门综合执法涉及的法律法规要及时进行清理修订，故若修订后的法律法规明确赋予相关综合执法队伍独立的行政机关地位，那么，前述列举情况下综合执法队伍是适格被告。在法律、法规未作出明确规定时，则应视机构改革具体情况而定。例如，《方案》指出市场监管、生态环境保护、文化市场、交通运输以及农业综合执法队伍分别由国家市场监督管理总局、生态环保部、文化和旅游部、交通运输部、农业农村部指导，若改革是由地方政府对应职能部门加挂相关综合执法队伍的牌子，实行“一套人马、两块牌子、合署办公、以人为主”模式，那么，相关综合执法队

---

① 参见王敬波：《相对集中行政处罚权改革研究》，载《中国法学》2015 年第 4 期。

伍便是独立的行政机关，是行政诉讼适格被告；若改革是由地方政府对应职能部门组建相关综合执法队伍作为其内设机构，这种情况下相关综合执法队伍便不具有独立承担法律责任的能力。《最高人民法院关于适用〈中华人民共和国行政诉讼法〉的解释》第二十条第一款规定："行政机关组建并赋予行政管理职能但不具有独立承担法律责任能力的机构，以自己的名义作出行政行为，当事人不服提起诉讼的，应当以组建该机构的行政机关为被告。"因此，这种情况下相关综合执法队伍并非适格被告，组建该队伍的地方政府职能部门才是适格被告。但需注意的是，在特定情况下，即使综合执法队伍是内设机构，其也可能成为行政诉讼的适格被告。《最高人民法院关于适用〈中华人民共和国行政诉讼法〉的解释》第二十条第二款规定："法律、法规或者规章授权行使行政职权的行政机关内设机构、派出机构或者其他组织，超出法定授权范围实施行政行为，当事人不服提起诉讼的，应当以实施该行为的机构或者组织为被告。"因此，若法律、法规（设区的市即可制定地方性法规）、规章（设区的市即可制定地方政府规章）授权作为内设机构的综合执法队伍行使相关行政处罚权，那么，综合执法队伍便是适格被告。当然，若没有法律、法规、规章规定，相关地方政府职能部门授权作为内设机构的综合执法队伍行使行政职权的，根据《最高人民法院关于适用〈中华人民共和国行政诉讼法〉的解释》第二十条第三款的规定，属于行政委托，当事人仍应当以地方政府职能部门为被告①。

3. 行政机关转为监察机关时适格被告的认定

对机构改革彻底完成后各级监察委员会新作出的行为不服提起行政诉讼的，人民法院处理起来问题不大。因为各级监察委员会是行使国家监察职能的专责机关，不属于行政机关，且《中华人民共和国监察法》第七章就"对监察机关和监察人员的监督"专门作出了系统的规定，因此，当事人对各级监察委员会作出的行为不服提起行政诉讼的，不属于行政诉讼受案范围，当事人可依据《中华人民共和国监察法》的相关规定寻求监督和救济。但对机构改革前作为行政机关的监察部（厅、局）作出的行政行为不服，在机构改革后提起行政诉讼或虽在改革前起诉但诉讼过程中机构改革，这种情况下在确定被告上便容易出问题。例如，公民、法人或其他组织在监察局并入监察委员会之前申请政府

---

① 《最高人民法院关于适用〈中华人民共和国行政诉讼法〉的解释》第二十条第三款规定："没有法律、法规或者规章规定，行政机关授权其内设机构、派出机构或者其他组织行使行政职权的，属于行政诉讼法第二十六条规定的委托。当事人不服提起诉讼的，应当以该行政机关为被告。"

信息公开，对监察局作出的答复不服，在并入之后提起行政诉讼，或虽在并入前起诉但上诉过程中并入。这种情况下由于监察委员会并非行政机关，故不适用《中华人民共和国政府信息公开条例》，但此时也无继续行使原监察局职权的行政机关，人民法院应如何处理？

笔者认为，此时应适用《最高人民法院关于适用〈中华人民共和国行政诉讼法〉的解释》第二十三条规定："行政机关被撤销或者职权变更，没有继续行使其职权的行政机关的，以其所属的人民政府为被告；实行垂直领导的，以垂直领导的上一级行政机关为被告。"即以原监察局所属的人民政府为被告提起行政诉讼。因已上诉而无法变更被告的，人民法院直接变更原监察局所属的人民政府作为当事人参加诉讼，并在裁判文书"经审理查明"部分阐明二审行政机关与一审被诉行政机关不一致的原因以及变更理由。

4. 行政机关并入中国共产党机关或归口中国共产党机关领导时适格被告的认定

行政机关归口中国共产党机关领导的情况下，认定行政诉讼适格被告问题不大。例如，国家民族事务委员会虽归口中央统战部领导，但其仍作为国务院组成部门，仍属行政机关，故对国家民族事务委员会作出的行政行为不服，仍应以国家民族事务委员会为被告。但是，行政机关并入中国共产党机关的情况下，确定行政诉讼适格被告极易引发争议。因并入后不再保留单设的行政机关，由中国共产党机关承担相应职责，那么，中国共产党机关能否作为行政诉讼的适格被告？

笔者认为，《中华人民共和国行政诉讼法》第二条第一款规定："公民、法人或者其他组织认为行政机关和行政机关工作人员的行政行为侵犯其合法权益，有权依照本法向人民法院提起诉讼。"因此，行政诉讼的适格被告通常为行政机关。传统行政诉讼法理论以及司法实践中，一直认为中国共产党机关并非行政机关，不能作为行政诉讼的适格被告。有学者认为："此次改革，将部分行政机关直接置于党的机关管理之下，二者呈现水乳交融之势。与此同时，行政法的基本原理受到挑战，要进行重新建构"，并建议"以公法主体这一概念代替行政主体，以包容党的组织"，"改《行政复议法》、《行政诉讼法》和《国家赔偿法》为《公权复议法》、《公权诉讼法》和《公权赔偿法》"[1]。笔者并不

---

① 姬亚平：《机构改革对行政法制度与理论的挑战》，载微信公众号西北公法学 http://mp. weixin. qq. com/s/Jp3jgHb_ LzJ48we8YbIMgEA。

赞同这一观点，原因有二：一是该观点对传统行政诉讼法理论、司法实践以及现行立法的颠覆性过大，为保持理论、实践、立法的连续性、稳定性、有效性，除非有足够必要且充分的理由、不改变则无法满足现实需要的，方可进行颠覆性改变。而当前理论和立法尚能应对机构改革的影响，对此笔者稍后将予详述。二是该观点提出以公法主体这一概念代替行政主体，以包容中国共产党机关。但公法主体这一概念似乎过于宽泛，不仅包括作为行政机关的人民政府及其职能部门以及中国共产党机关，人民代表大会及其常务委员会机关、监察委员会、人民法院、人民检察院、中国人民政治协商会议各级委员会机关、民主党派机关和工商业联合会机关、管理公共事务的组织，都可归入公法主体这一概念之中。而通过向人民法院起诉上述公法主体来解决公法争议，无疑是不现实的，也明显超过了人民法院的能力范围。

笔者认为，国家公务员局、国家宗教事务局、国务院侨务办公室虽并入中央组织部或中央宣传部，但对外仍保留国家公务员局、国家宗教事务局、国务院侨务办公室的牌子。同样，国家新闻出版广电总局的新闻出版管理职责及电影管理职责虽划入中央宣传部，但对外加挂国家新闻出版署（国家版权局）及国家电影局的牌子。若中央组织部等中国共产党机关可以自身名义直接对外行使相关行政管理职责，则无须再保留或加挂行政机关的牌子了。因此，笔者认为，行政机关并入中国共产党机关后，系实行“一套人马、两（多）块牌子、合署办公、以人为主”模式，对外行使相关行政管理职权的，系以保留或加挂牌子的行政机关的名义作出（或同时加盖中国共产党机关印章）。当事人不服提起行政诉讼的，应以保留或加挂牌子的行政机关为被告。这样的话，就无须颠覆传统行政诉讼法理论并大规模修订现行立法了，相关的监督与救济也能得到保障。有学者认为，“如果党内机构事实上就以自己名义行使行政权了，那么可以比照现行《行政诉讼法》第二条第二款‘前款所称行政行为，包括法律、法规、规章授权的组织作出的行政行为’的规定，将其视为授权组织，纳入行政诉讼之中。否则的话，行政相对人的救济权将难以得到保障。尤其是今后党政合并模式在市县全面铺开后，很可能会出现一些部门以党内机构名义行使职权并规避法律责任的现象”①。笔者亦不赞同这一观点，原因有三：一是《中华人民共和国行政诉讼法》第二条第二款所规定的法律、法规、规章授权

① 吕长城：《行政机构改革的不同模式与行政主体探寻》，载微信公众号芥莘斋行政法实务笔记 http：//mp. weixin. qq. com/s/Ws7UiCTxNPOOJzqYaOz4Qw。

的组织，通常是指承接政府聚焦核心职能过程中转移分流出的部分社会公共事务行政管理职能的社会组织（如高等学校等事业单位、律师协会等行业协会、村民委员会等基层自治组织等），以及行政机关的内设机构、派出机构或其他组织，中国共产党机关的性质与上述组织的性质截然不同，不宜混为一谈；二是法律、法规、规章授权的组织都由行政机关（地方人民政府、地方人民政府工作部门或国务院部门）直接管理，《中华人民共和国行政复议法》第十五条第一款第（三）项也规定“对法律、法规授权的组织的具体行政行为不服的，分别向直接管理该组织的地方人民政府、地方人民政府工作部门或者国务院部门申请行政复议”，而中国共产党机关显然并不由行政机关管理，对其行为不服的更不能向行政机关申请复议；三是在全面推进依法治国的背景下，前述学者担心的一些部门会以党内机构名义行使职权并规避法律责任的现象不大可能出现。机构改革前纪委与监察部门已是合署办公，但实践中很少发生以纪委名义行使行政监察职权以规避法律责任的现象。笔者认为，只要确定了以保留或加挂牌子的行政机关的名义对外行使行政管理职权这一基本规则，很少有部门会采取违背该基本规则、属于重大且明显违法的方式去规避法律责任。因此，前述担心并无必要。

三、职权法定原则下的合法性审查

在解决适格被告问题后，人民法院在实体审理过程中对行政行为进行合法性审查的首要方面便是审查“职权是否法定”，即“法无授权不可为、法定职责必须为”，由此监督行政机关依法行使职权①。这便要求人民法院对机构改革后行政机关行政职责调整的情况予以准确掌握，在此基础上做好合法性审查。需要注意的是，落实此次机构改革的内容，涉及法律规定的行政机关职责和工作的调整，需要修改有关法律规定。而此次机构改革涉及的法律数量多、内容多，情况各异，中央与地方机构改革彼此也不同步，因此，机构改革涉及的法

① 狭义的职权法定原则仅针对行政作为，即行政机关所行使的职权必须有法律规定，必须在法律规定的职权范围内活动，非经法律授权，行政机关不能作出行政管理行为，超出法律授权范围则属行政违法。本文采取广义的职权法定原则，不仅针对行政作为，还针对行政不作为，即法定职责必须为。

律修改工作，难以在很短时间或经一次“打包”修改来完成[①]。这便容易产生一个问题，即过渡期内行政机关职责已调整到位，但相关法律规定尚未及时修改，导致行政机关行使职权在形式上不符合现行法律的规定。这种情况下人民法院如何进行合法性审查，如何把握职权法定原则？

笔者认为，十三届全国人大一次会议批准的《国务院机构改革方案》具有法律效力，国务院各机构的设立和职责履行具有合法性。此外，为强化机构设立重组、职责调整和管理执法工作的合法性，确保机构改革在法治轨道上有序推进，2018 年 4 月 27 日十三届全国人大二次会议通过了《全国人民代表大会常务委员会关于国务院机构改革涉及法律规定的行政机关职责调整问题的决定》。该决定第一条明确规定：“现行法律规定的行政机关职责和工作，《国务院机构改革方案》确定由组建后的行政机关或者划入职责的行政机关承担的，在有关法律规定尚未修改之前，调整适用有关法律规定，由组建后的行政机关或者划入职责的行政机关承担；相关职责尚未调整到位之前，由原承担该职责和工作的行政机关继续承担。地方各级行政机关承担法律规定的职责和工作需要进行调整的，按照上述原则执行。”因此，根据《国务院机构改革方案》进行的中央和地方行政机关职责调整并不违反职权法定原则。

需要注意的是，全国人大的上述决定只对《国务院机构改革方案》涉及法律规定的行政机关职责调整问题作出了规定，而《方案》中党中央机构改革、行政执法体制改革方面也涉及行政机关职责的调整，如行政机关并入中国共产党机关或归口中国共产党机关领导、综合执法队伍相对集中行政处罚权等[②]。笔者认为，全国人大若就《方案》中党中央机构改革、行政执法体制改革方面涉及法律规定的行政机关职责调整问题也作出类似决定，便更为周延，也更有

---

① 主要情况有：第一，虽然机构改革对法律规定的机构名称、职责作出了调整，但法律是以机构的职责定位来表述主管部门或行政机关，如测绘法中的“测绘地理信息主管部门”，不需要修改。第二，机构改革对法律规定的机构名称、职责作出了调整，与法律的相关表述存在不一致，需要对法律规定作相应修改。第三，机构改革对法律规定的机构名称、职责作出了调整，且涉及管理体制较大变动，需要对法律规定作较大修改。第四，机构改革对法律规定的机构名称、职责作出了调整，但相关职责划分、工作机制等尚不明确，需在理顺关系的基础上修改完善法律。同时，根据《深化党和国家机构改革方案》要求，国务院机构改革要在 2018 年底前落实到位，地方机构改革任务要在 2019 年 3 月底前基本完成。参见 2018 年 4 月 27 日发布的《全国人民代表大会宪法和法律委员会关于〈全国人民代表大会常务委员会关于国务院机构改革涉及法律规定的行政机关职责调整问题的决定（草案）〉审议结果的报告》。

② 《方案》中行政机关转为监察机关的内容，也涉及法律规定的行政机关职责调整问题，但全国人大已在《方案》发布前通过了宪法修正案以及《中华人民共和国监察法》，因此，上述机构改革内容已有法律依据。

利于强化相关改革的合法性。例如，《中华人民共和国行政处罚法》第十六条规定："国务院或者经国务院授权的省、自治区、直辖市人民政府可以决定一个行政机关行使有关行政机关的行政处罚权，但限制人身自由的行政处罚权只能由公安机关行使。"《国务院关于进一步推进相对集中行政处罚权工作的决定》（国发〔2002〕17 号）进一步明确："国务院授权省、自治区、直辖市人民政府可以决定在本行政区域内有计划、有步骤地开展相对集中行政处罚权工作。"因此，若改革是由地方政府对应职能部门组建相关综合执法队伍作为其内设机构，那么，相关综合执法队伍便不是行政机关，其若相对集中行使行政处罚权便违反《中华人民共和国行政处罚法》第十六条的规定。若改革是由地方政府对应职能部门加挂相关综合执法队伍的牌子，实行"一套人马、两块牌子、合署办公、以人为主"模式，那么，相关综合执法队伍便是独立的行政机关，这种情况下其相对集中行政处罚权必须经过省、自治区、直辖市人民政府批准，改革中若未取得上述批准便由相关综合执法队伍相对集中行政处罚权同样违反了《中华人民共和国行政处罚法》第十六条的规定。因此，全国人大若不作出调整适用相关法律的决定或修改相关法律，则可能出现违反职权法定原则的情形。相信随着机构改革的逐步深入推进，全国人大会对这一问题作出决定或直接修改相关法律，确保机构改革在法治轨道上有序推进。

四、行政复议机关的确定

行政机关的变动以及职责调整，自然会影响行政复议机关的确定。确定行政复议机关本是行政复议中的重要问题，并不直接涉及行政诉讼。但是，当事人对复议行为不服的，通常可再向人民法院提起诉讼（复议终局的除外），而在诉讼中人民法院进行合法性审查的首要方面便是被诉行政复议机关是否具有法定的复议职责。因此，行政审判也应充分考虑机构改革对确定行政复议机关的影响。该影响主要有四点①。

1. 改革过渡期内行政复议机关的确定

《方案》规定，中央和国家机关机构改革要在 2018 年年底前落实到位，省级党政机构改革要在 2018 年年底前机构调整基本到位，省以下党政机构改革要

① 因综合执法队伍的主要问题集中在行政诉讼适格被告的认定上，只要解决了适格被告认定问题，对综合执法队伍作出的行政处罚决定不服申请复议的，根据《中华人民共和国行政复议法》的相关规定便很容易确定行政复议机关，不存在疑难问题，因此不再赘述。行政机关转为监察机关的，已不再适用行政复议法律，亦不赘述。

在2019年3月底前基本完成。可见，国务院与省市县政府机构改革彼此并不同步。省政府机构改革完成时，市县政府机构改革可能尚未完成；上级行政机关职责已调整到位，下级行政机关职责可能尚未调整到位。例如，省组建了自然资源厅时，市可能尚未组建自然资源局。若公民、法人或其他组织对市住房和城乡建设局的城乡规划管理行为不服，选择向上一级主管部门申请行政复议，那么，从形式上看，市住房和城乡建设局的上一级主管部门应当是省住房和城乡建设厅，但从涉及的职责来看，省住房和城乡建设厅的城乡规划管理职责已调整至省自然资源厅。这种情况下，省住房和城乡建设厅、省自然资源厅谁才是上一级主管部门？换言之，二者谁才是负有法定复议职责的行政复议机关？

笔者认为，《全国人民代表大会常务委员会关于国务院机构改革涉及法律规定的行政机关职责调整问题的决定》第二条明确规定："法律规定上级行政机关对下级行政机关负有管理监督指导等职责的，上级行政机关职责已调整到位、下级行政机关职责尚未调整到位的，由《国务院机构改革方案》确定承担该职责的上级行政机关履行管理监督指导等职责。"因此，应当以相关行政职责的所在来确定行政复议机关。前述列举情况下，城乡规划管理职责已调整至省自然资源厅，因此，省自然资源厅才是负有法定复议职责的行政复议机关，而非省住房和城乡建设厅。

2. 地方司法厅（局）作被申请人时行政复议机关的确定

此次机构改革将司法部和国务院法制办公室的职责整合，重新组建司法部，作为国务院组成部门，由重组后的司法部承担指导行政复议应诉职责。相信地方政府机构改革中也会照此原则执行，即省市县法制办并入司法厅（局），由重组后的司法厅（局）承担相应的行政复议应诉职责。有学者提出困惑："改革前，法制办承担同级政府行政复议的具体职责，对同级政府职能部门作为复议被申请人的案件，以同级政府的名义作出复议决定。改革后，按照现行《行政复议法》第十四条的规定，司法部仍然可以作为自身行政行为的行政复议机关，不受改革的影响；但地方的司法厅（局）作为复议被申请人，同级政府再作为复议机关是否合适？"[①] 这确实是一个值得思考的紧迫问题。

《中华人民共和国行政复议法》第十二条第一款规定："对县级以上地方各级人民政府工作部门的具体行政行为不服的，由申请人选择，可以向该部门的

---

① 吕长城：《行政机构改革的不同模式与行政主体探寻》，载微信公众号芥莘斋行政法实务笔记 http：//mp. weixin. qq. com/s/Ws7UiCTxNPOOJzqYaOz4Qw。

本级人民政府申请行政复议，也可以向上一级主管部门申请行政复议。”因此，笔者认为，从现行法律规定上，公民、法人或其他组织对地方司法厅（局）的行政行为不服，以其作为被申请人申请行政复议，可以选择向本级地方政府申请行政复议。但改革后地方司法厅（局）负责本级地方政府的行政复议应诉职责，故若本级地方政府作为行政复议机关的话就会出现实质上由地方司法厅（局）自己复议自己的情形，有违“任何人或团体不能做自己案件的法官”的自然公正原则。因此，地方司法厅（局）作为复议被申请人时本级地方政府不能作行政复议机关。笔者认为，可以参照《中华人民共和国行政复议法》第十二条第二款“对海关、金融、国税、外汇管理等实行垂直领导的行政机关和国家安全机关的具体行政行为不服的，向上一级主管部门申请行政复议”的规定，在《中华人民共和国行政复议法》中增加“对县级以上地方各级人民政府司法行政部门的行政行为不服的，向上一级司法行政部门申请行政复议”的规定①。即对地方司法厅（局）的行政行为不服的，只能向上一级司法行政部门申请行政复议。

3. 行政机关并入中国共产党机关时行政复议机关的确定

如前所述，笔者认为，行政机关并入中国共产党机关后，系实行“一套人马、两（多）块牌子、合署办公、以人为主”模式，对外行使相关行政管理职权的，系以保留或加挂牌子的行政机关的名义作出（或同时加盖中国共产党机关印章）。当事人不服提起行政诉讼的，应以保留或加挂牌子的行政机关为被告提起行政诉讼。若该观点成立的话，那么，笔者认为，公民、法人或其他组织对以保留或加挂牌子的行政机关的名义作出（或同时加盖中国共产党机关印章）的行政行为不服申请行政复议的，应当向上一级主管部门申请行政复议。由于行政机关已并入中国共产党机关，不受本级人民政府的领导，因此，本级人民政府不作为行政复议机关。例如，市公务员局并入市委组织部后，对外行使相关行政管理职权的，以保留牌子的市公务员局的名义作出。公民不服的，应当向上一级主管部门即省公务员局（由省委组织部保留省公务员局的牌子）申请行政复议。由于保留市公务员局牌子的市委组织部不受市政府的领导，因

① 《全国人民代表大会常务委员会关于国务院机构改革涉及法律规定的行政机关职责调整问题的决定》第三条明确规定：“实施《国务院机构改革方案》需要制定、修改法律，或者需要由全国人民代表大会常务委员会作出相关决定的，国务院应当及时提出议案，依照法定程序提请审议。”笔者认为，地方司法厅（局）作复议被申请人时，行政复议机关的确定问题便是需要修改法律或需要由全国人民代表大会常务委员会作出相关决定的事项。相信后续立法机关会明确该问题的解决方式。

此，市政府不能作为行政复议机关。

4. 行政机关归口中国共产党机关领导时行政复议机关的确定

笔者认为，行政机关归口中国共产党机关领导的情况下，由于其已不再受本级人民政府的领导，应以上一级主管部门作为行政复议机关（以国务院部门为被申请人的除外）。例如，国家民族事务委员会归口中央统战部领导，但其仍作为国务院组成部门。《中华人民共和国行政复议法》第十四条规定："对国务院部门或者省、自治区、直辖市人民政府的具体行政行为不服的，向作出该具体行政行为的国务院部门或者省、自治区、直辖市人民政府申请行政复议。对行政复议决定不服的，可以向人民法院提起行政诉讼；也可以向国务院申请裁决，国务院依照本法的规定作出最终裁决。"因此，对国家民族事务委员会的行政行为不服的，国家民族事务委员会自己作为行政复议机关。对市民族事务管理部门的行政行为不服的，应当向省民族事务管理部门申请行政复议。由于市民族事务管理部门归口市委统战部领导，因此，市政府不能作为行政复议机关。

五、其他应注意的问题

落实本次机构改革涉及大量法律、法规、规章的立、改、废。此外，《方案》中关于地方机构改革只公布了原则和导向性意见，并未公布具体机构改革条目。但毫无疑问，地方政府机构改革会赋予省级及以下机构更多自主权，突出不同层级职责特点，允许地方根据本地区经济社会实际发展，在规定限额内因地制宜设置机构和配置职能。这也给行政审判工作带来了重大机遇。行政审判工作人员应积极延伸和拓展行政审判职能，充分发挥自身在法律等方面的专业优势，及时全面了解相关立法工作及行政机构改革的进展，结合行政审判实践中的突出问题为行政机构改革建言献策，积极参与相关法律特别是地方性法规、地方政府规章的制定、修订与清理，与行政机关特别是重组后的司法行政部门良性互动，助力构建起职责明确、依法行政的政府治理体系，推进法治政府建设，从源头上预防和减少行政争议的产生。

（作者单位：河北省高级人民法院）

类案研究（工伤）

在交通事故责任认定不明的情况下，用工单位需承担不予认定工伤的举证责任

——郭婧诉兰州市人力资源和社会保障局、甘肃省人力资源和社会保障厅社会保障行政确认案

朵利民

【裁判要旨】

在工伤认定案件中涉及排除性事由的认定，举证责任应当在用人单位。有权国家机关应当首先出具相应的结论，如果不出具、无法出具或者出具结论不明确的，社会保险行政部门不应直接认定排除性事由成立，而是应当要求用人单位继续负举证责任，如果用人单位无法举证的，应承担举证不能的不利后果。

【案号】

一审：甘肃省兰州铁路运输中级法院（2015）兰铁中行初字第37号。

二审：甘肃省高级人民法院（2016）甘行终401号。

【案情】

原告：郭婧。

被告：兰州市人力资源和社会保障局（以下简称兰州市人社局）。

被告：甘肃省人力资源和社会保障厅（以下简称甘肃省人社厅）。

第三人：兰州蓝天浮法玻璃股份有限公司（以下简称蓝天浮法公司）。

兰州铁路运输中级法院审理查明：2014年4月14日，原告之父郭惠强在

家吃完午饭后，骑自行车上班途经地下通道时，与相向而来的另一自行车相撞，后郭惠强到单位上班，期间摔倒在地，被送至医院。医院诊断为：创伤性特重型颅脑损伤；脑疝；创伤性硬膜外血肿；颅骨骨折；矢状窦破裂；脑挫裂伤；吸入性肺炎。兰州市公安局交警支队西固大队于2014年4月28日作出公交认字〔2014〕第32号道路交通事故证明，认为该事故成因无法查清，事故责任无法认定。2014年12月3日，原告郭婧向被告兰州市人社局申请认定郭惠强所受伤害为工伤。2014年12月31日，兰州市人社局作出兰人社工伤字〔2014〕1147号兰州市职工工伤认定决定，认为郭惠强事故伤害发生在上班途中，其事故责任公安交警部门无法认定，没有证据证明郭惠强系非本人主要责任的交通事故，不予认定郭惠强为工伤。郭婧不服，向被告甘肃省人社厅申请行政复议。甘肃省人社厅于2015年5月15日作出甘人社复决字〔2015〕6号行政复议决定，维持兰州市人社局作出的工伤认定决定。

【审判】

兰州铁路运输中级法院认为：根据各方当事人的诉辩意见，本案的争议焦点是原告郭婧之父郭惠强是否具有《工伤保险条例》第十四条规定应当认定为工伤的情形。根据《工伤保险条例》第十四条第（六）项的规定，职工在上下班途中，受到非本人主要责任的交通事故或者城市轨道交通、客运轮渡、火车事故伤害的，应当认定为工伤。该条文从责任划分角度排除了在交通事故中负主要责任的受害人可以享受工伤保险待遇的情形，并未排除在事故责任无法认定情形下受伤害职工可以主张享受工伤保险待遇的权利。《工伤保险条例》第十九条第二款规定："职工或者其近亲属认为是工伤，用人单位不认为是工伤的，由用人单位承担举证责任。"本案中，第三人蓝天浮法公司提交给被告兰州市人社局的证据除了该公司说明及意见外，只有劳动关系证明、道路交通事故证明、公司营业执照副本复印件。两被告与第三人均认为郭惠强是在上班途中发生交通事故受伤，但从其提交的道路交通事故证明看，依法有权对交通事故作出认定的公安机关交通管理部门并没有认定郭惠强在交通事故中应负主要责任。被告兰州市人社局并未调查收集到不应认定郭惠强为工伤的有力证据。综上所述，被告兰州市人社局作出不予认定郭惠强为工伤的决定，以及被告甘肃省人社厅作出维持兰州市人社局工伤认定决定的复议决定，主要证据不足。依照《中华人民共和国行政诉讼法》第七十条第（一）项的规定，判决：一、撤销被告兰州市人力资源和社会保障局于2014年12月31日作出的兰人社工伤字〔2014〕1147 号兰州市职工工伤认定决定及被告甘肃省人力资源和社会保障厅于2015 年5 月15 日作出的甘人社复决字〔2015〕6 号行政复议决定；二、被告兰州市人力资源和社会保障局在60 日内重新作出职工工伤认定决定。

兰州市人社局上诉称：一、该案的主要证据是交警大队的道路交通事故证明，虽然该证明对事故成因无法查清，事故责任无法认定，但是证实了郭惠强发生自行车相撞的事实。道路交通事故证明作为法定机构出具的证据，已具备足够的证明效力，不存在主要证据不足的情况。二、道路交通事故责任认定的法定机关交警部门都无法判定责任，人社局更加无权也无法查明事故责任，因申请人提供不了责任认定书或责任无法确认时，用人单位又不举证，只能作出不予认定工伤决定。三、郭惠强受伤的原因是交通事故，交通部门的道路交通事故证明并未排除郭惠强负主要责任，甚至全部责任的可能，无法认定责任不等于不负主要责任。因此，请求撤销一审判决，驳回原告的诉讼请求。

第三人蓝天浮法公司的上诉理由和兰州市人社局的理由基本一致。

二审查明的事实和一审查明的事实基本一致。

甘肃省高级人民法院审查认为，本案争议的焦点是人社部门在道路交通事故责任无法认定的情况下，如何适用《工伤保险条例》第十四条第（六）项的规定。

根据《工伤保险条例》第十四条第（六）项规定，在上下班途中，受到非本人主要责任的交通事故或者城市轨道交通、客运轮渡、火车事故伤害的，应当认定为工伤。根据该条规定，对非本人主要责任的交通事故应当认定为工伤。《中华人民共和国道路交通安全法》第七十三条规定：“公安机关交通管理部门应当根据交通事故现场勘验、检查、调查情况和有关的检验、鉴定结论，及时制作交通事故认定书，作为处理交通事故的证据。交通事故认定书应当载明交通事故的基本事实、成因和当事人的责任，并送达当事人。”但是在现实道路交通事故中，存在道路交通事故成因确实无法查清，责任无法认定的情形，对此，《道路交通事故处理程序规定》第五十条规定：“道路交通事故成因无法查清的，公安机关交通管理部门应当出具道路交通事故证明，载明道路交通事故发生的时间、地点、当事人情况及调查得到的事实，分别送达当事人。”本案中，兰州市交警支队西固大队依据所调查的事故情况，作出了《道路交通事故证明》，已经对交通事故作出了结论，该证明并没有认定郭惠强负事故主要责任。《工伤保险条例》第十九条第一款规定：“社会保险行政部门受理工伤认定申请后，根据审核需要可以对事故伤害进行调查核实，用人单位、职工、工会组织、医疗机构以及有关部门应当予以协助……”，《最高人民法院关于审理工伤保险行政案件若干问题的规定》第一条规定：“人民法院审理工伤认定行政案件，在认定是否存在《工伤保险条例》第十四条第（六）项‘本人主要责任’……等情形时，应当以有权机构出具的事故责任认定书……为依据，但有相反证据足以推翻事故责任认定书和结论性意见的除外。前述法律文书不存在或者内容不明确，社会保险行政部门就前款事实作出认定的，人民法院应当结合其提供的相关证据依法进行审查……”根据上述规定，社会保险行政部门在工伤认定程序中应当结合申请人和用人单位提供的证据进行调查核实。《工伤保险条例》第十九条第二款规定：“职工或者其近亲属认为是工伤，用人单位不认为是工伤的，由用人单位承担举证责任。”本案中，上诉人蓝天浮法公司作为用人单位，认为郭惠强不属于工伤，其在工伤认定程序中提交给兰州市人社局的证据包括劳动关系证明、道路交通事故证明、公司营业执照副本复印件。上述证据并没有否定郭惠强与其存在的劳动关系，也未否定郭惠强以上班为目的、在合理时间、合理路线的上班途中发生交通事故。上诉人兰州市人社局根据各方提供的证据，未能调查核实出郭惠强负事故主要责任的前提下，作出不予认定工伤决定缺乏事实依据。

《工伤保险条例》第一条规定：“为了保障因工作遭受事故伤害或者患职业病的职工获得医疗救治和经济补偿，促进工伤预防和职业康复，分散用人单位的工伤风险，制定本条例。”该条例的立法目的旨在保护劳动者的合法权益，在工伤保险中就是最大限度地保障主观上无恶意的劳动者在生产劳动过程中遭受事故伤害或患职业病后能获得医疗救治、经济补偿和职业康复的权利。执行《工伤保险条例》的社会保险行政部门，在法律法规没有明确规定在交通事故责任无法认定时如何认定工伤的情况下，应当按照法律法规的立法目的，秉持有利于申请人权益保护的原则作出工伤认定。本案中，上诉人兰州市人社局以申请人未提交证据证明郭惠强系非本人主要责任的交通事故作出不予认定工伤决定，相当于推定了郭惠强负事故主要责任，其作出不利于受伤害职工的工伤认定决定不符合《工伤保险条例》的立法目的。

综上，甘肃省人社厅在未查清上述问题的情况下，作出维持被诉工伤认定决定的复议决定亦应予撤销。一审法院判处并无不当，上诉人的上诉理由不能成立。依据《中华人民共和国行政诉讼法》第八十九条第一款第（一）项之规定，判决驳回上诉，维持原判。

【评析】

一、背景情况

工伤保险行政案件是涉民生类案件，是否认定工伤关系到职工的切身利益，虽然《社会保险法》和《工伤保险条例》等法律、法规、规章对工伤认定标准作了一些规定，但是由于社会生活的复杂性，具体情形千差万别，上述规定对于人社部门和法院处理工伤类案件来说还是显得捉襟见肘，导致人社部门的认定和法院的判决经常发生冲突，本案例以实际生活中常见的交通事故为切入点，研究了上下班途中发生交通事故，在事故责任不明情况下，从各方在工伤认定程序中承担的举证责任和立法目的两个方面进行论述，从而作出判断。

二、举证责任分配

举证责任是法律规定由特定当事人对特定事项所承担的提供证据证明其诉讼主张的责任，负有举证责任的一方不能提供证据时，则对自己的主张承担不利法律后果的制度。[①] 根据举证责任的分类，可以将举证责任分为初步举证责任和说服举证责任：初步举证责任主要是行政程序或者诉讼程序的启动，申请人应当提供符合启动程序的相应证据材料；说服举证责任又称法定责任，在工伤认定程序中，一般是用人单位承担职工是否符合工伤认定条件的举证责任，在行政诉讼中一般是被告运用证据对其作出的行政行为进行说明、论证，使法官形成对案件事实的确信。本案中，我们首先要厘清申请人（职工）、用人单位、社会保险行政部门应当承担什么样的举证责任，通过厘清各方的责任就易于作出合法的工伤认定决定。

（一）申请人承担初步的举证责任

一般来说，工伤认定中通常由用人单位承担举证责任，但是申请人也应当根据《工伤保险条例》第十四条、第十五条、第十八条的规定承担初步的举证责任。具体来说就是：（1）存在劳动关系的证明；（2）证明受害人在事故中受到了伤害；（3）提供受到伤害的事实证据，如医院病历、职业病诊断书或者鉴定书等；（4）提交了相应的申请材料。作为申请人来说，要启动工伤认定程序，就要向当地人社部门提供证据证明上述事实成立。如果涉及行政诉讼，根据《最高人民法院关于行政诉讼证据若干问题的规定》第四条第一款规定，

---

① 李国光主编、最高人民法院行政庭编著：《最高人民法院〈关于行政诉讼证据若干问题的规定〉释义与适用》2015 年版，第 176 页。

“公民、法人或者其他组织向人民法院起诉时，应当提供其符合起诉条件的相应的证据材料”，原告在提起工伤认定行政诉讼时也要承担初步的举证责任，证明其起诉符合相应的起诉条件。这也体现了“谁主张、谁举证”原则在行政诉讼中的具体应用。

（二）用人单位承担说服的举证责任

在工伤行政案件中，用人单位承担说服的举证责任是明确规定，依据是《工伤保险条例》第十九条第二款的规定：“职工或者近亲属认为是工伤，用人单位不认为是工伤的，由用人单位承担举证责任。”这是工伤认定程序中对举证责任的分配。一旦工伤认定程序启动，申请人完成初步举证责任后，用人单位如果认为不是工伤的，应当由用人单位举证，提供证据证明职工受伤的情形不符合《工伤保险条例》第十四条、第十五条规定的情形，不应当认定为工伤。在实践中，如果用人单位否认是工伤的，就必须要举证证明职工受伤非工作原因引起或者虽然是工作原因但是其行为构成《工伤保险条例》第十六条不予认定工伤的情形，用人单位只有据此进行抗辩，才能完成说服的举证责任。相反，在工伤认定案件中，有时只要用人单位不认可是工伤，社会保险行政部门就会将该举证责任转移给申请人，让申请人来举证证明其受到伤害是符合《工伤保险条例》第十四条、第十五条规定情形的，其实这是对《工伤保险条例》第十九条的误解，也与《工伤保险条例》对社会弱者倾斜保护的立法目的相违背。在工伤认定程序中，取消了社会保障部门的调查取证责任，而将举证责任转化给了用人单位。用人单位承担举证责任不仅是工伤认定中举证责任的基本原则，同时也是人民法院审查社会保险部门在工伤认定中举证责任分配是否正确的标准。

（三）工伤认定机关承担调查核实职责

曾经的《企业职工工伤保险试行办法》第十一条规定，工伤保险部门在作出工伤决定前具有调查取证的义务。2010 年修订的《工伤保险条例》第十九条第一款和《工伤认定办法》第九条的规定，将调查取证的义务修改为调查核实的职责，也就是说，社会保险行政部门在受理申请之前是形式审查，在受理之后要进行实质审查，即依据申请人和用人单位提供的证据材料，根据审核需要再对事故伤害中的相关证据进行调查核实，如果证据真实客观，符合工伤认定情形，则作出工伤认定，反之，则以事实不清、证据不足作出不予工伤认定。当然，如果申请人和用人单位不举证或者举证不能，社会保险行政部门将不进行调查核实，直接可以依据举证责任分配作出是否属于工伤的行政决定。

三、上下班途中发生交通事故的工伤认定

上下班途中发生交通事故工伤认定的法律依据主要是《工伤保险条例》第十四条第（六）项的规定，“在上下班途中，受到非本人主要责任的交通事故或者城市轨道交通、客运轮渡、火车事故伤害的”，应当认定为工伤。从该条的内容看，认定工伤主要有三个方面的内容：（1）上下班途中；（2）职工受到交通事故；（3）职工在交通事故中承担非主要责任。本文案例中，对上下班途中发生交通事故各方均无异议，争议的焦点在于职工是否承担“非主要责任”，在此，人社部门就要对“职工在交通事故中承担非主要责任”进行举证责任分配。根据上文所述，对该事实的举证责任应当在用人单位而不是职工或者申请人，为此，人社部门应当根据用人单位提供的证据进行调查核实。本案中，虽然交警大队出具了交通事故证明，但是并没有进行交通事故责任划分，而作为用人单位的蓝天浮法公司应当更进一步证明职工是否负事故主要责任的事实，但是其对此并未举证，人社部门直接认定职工不属于工伤，人民法院可以以证据不足为由予以撤销。

四、本案需要进行目的解释

工伤保险条例对工伤认定的规定非常概括，在个案审查中需要运用法律解释中的文义解释、体系解释和目的解释以及法规漏洞的填补等法律适用方法予以解决。① 本文案例中，因工伤保险条例对上下班途中发生交通事故，事故责任不明的情况下如何认定工伤规定得并不明确，为此，就要进行法律目的解释。《工伤保险条例》第一条规定：“为了保障因工作遭受事故伤害或者患职业病的职工获得医疗救治和经济补偿，促进工伤预防和职业康复，分散用人单位的工伤风险，制定本条例。”该条例的立法目的旨在保护劳动者的合法权益，在工伤保险中就是最大可能地保障主观上无恶意的劳动者在生产劳动过程中遭受事故伤害或患职业病后能获得医疗救治、经济补偿和职业康复的权利。执行《工伤保险条例》的社会保险行政部门，在法律法规没有明确规定的情况下，应当按照法律法规的立法目的，秉持有利于职工权益保护的目的作出工伤认定。本案中，兰州市人社局以申请人未提交证据证明郭惠强系非本人主要责任的交通事故而作出不予认定工伤决定，相当于推定了郭惠强负事故主要责任，其作出不利于受伤害职工的工伤认定决定不符合《工伤保险条例》的立法目的。

（作者单位：甘肃省高级人民法院）

---

① 杨科雄：《最新工伤认定规则及其适用》（第二版），法律出版社 2015 年版，第 170 页。

交警部门无法认定事故责任的工伤认定*

——张利、龚锐、龚定松、方学会诉成都市人力资源与社会保障局工伤认定案

蒋 敏

【裁判要旨】

公安交通管理部门出具的事故责任认定书是社会保险行政部门履行工伤认定职责的重要依据，但并非工伤认定的前提条件。公安交通管理部门无法认定事故责任的，社会保险行政部门不得以此为由不予认定工伤。

【案号】

一审：四川省成都市双流区人民法院（2016）川0122行初11号。
二审：四川省成都市中级人民法院（2016）川01行终676号。

【案情】

原告：张利、龚锐、龚定松、方学会。

被告：四川省成都市人力资源与社会保障局（以下简称市人社局）。

龚国辉系成都市新都香城中学员工。2014年3月19日23时40分左右，龚国辉驾驶电动二轮车下班行至新都区马超西路“小城故事”小区路口前，倒在停放于路口东右侧非机动车道停车位内的川A0B800“丰田”小型轿车左后方。经路人报警，由120送至成都市新都区中医医院进行抢救，因抢救无效于2014年3月20日死亡。2014年4月14日，四川西华机动车司法鉴定所出具了两份技术鉴定，鉴定意见为：无法确定二轮车与川A0B800轿车是否发生过接触。2014年4月18日，成都市公安局新都区分局交通警察大队出具《道路交通事

* 本文获全国法院系统2017年度优秀案例分析二等奖。

故证明》（成公新交认字〔2014〕第00086号），证实："因事发时为夜间、雨天，监控设施因光线较暗未能看到事故经过，无直接目击证人，致事发时龚国辉驾车倒地原因无法确定，致此交通事故成因无法查清。"2016年2月5日，市人社局依据成都市公安局新都区分局交通警察大队出具的《道路交通事故证明》，决定对于本次事故不予认定（或者视同）工伤，作出了《不予认定工伤决定书》（〔2016〕09－077号）。龚国辉之妻张利、子龚锐、父龚定松、母方学会对该决定书不服，遂向成都市双流区人民法院提起行政诉讼。

【审判】

成都市双流区人民法院于2016年8月5日作出（2016）川0122行初11号行政判决：一、撤销市人社局于2016年2月5日作出的《不予认定工伤决定书》（〔2016〕09－077号）；二、责令被告市人社局重新作出行政行为。

宣判后，市人社局不服，向成都市中级人民法院提起上诉，称原审适用法律错误，请求撤销一审判决，维持上诉人作出的《不予认定工伤决定书》。主要理由为：一、龚国辉在交通事故中是否承担"非本人主要责任"应当以有权机构出具的事故责任认定书、结论性意见和人民法院生效判决等法律文书为依据；二、被上诉人自愿放弃通过起诉要求人民法院对事故责任进行判决从而获取相关证据的行为，是导致上诉人认定其不属于工伤的直接原因；三、上诉人虽然具备调查取证权，但上诉人无权对事故责任进行划分。即便上诉人行使行政判断权，本案所涉交通事故，龚国辉也应当承担事故主要责任。

被上诉人答辩称：原审认定事实清楚，适用法律正确，请求二审维持原判。主要理由为：一、《道路交通事故证明》是公安机关交通管理部门就交通事故作出的结论性意见之一，属于《工伤保险条例》规定的工伤认定决定需要的有权机构出具的结论。在被上诉人已向上诉人提交了《道路交通事故证明》的情形下，上诉人仍要求被上诉人提请相关部门对事故责任进行划分，缺乏法律依据。最高人民法院发布的指导性案例69号"王明德诉乐山市人力资源和社会保障局工伤认定案"确定的裁判规则也支持了被上诉人的前述观点。二、被上诉人认为交通事故责任无法认定的情形并不排除受害职工可以享受工伤保险待遇的权利。三、上诉人市人社局具有对工伤事实进行调查核实、对受害职工是否存在不予认定工伤的特殊情形作出明确认定的职权。四、从交警部门对龚国辉交通事故勘查所得的证据来看，对本案事故责任的划分不应认定龚国辉承担事故主要责任。

成都市中级人民法院于2016年10月19日作出（2016）川01行终676号行政判决：驳回上诉，维持原判。

【评析】

本案入选最高人民法院、中央电视台联合举办的“2016年推动法治进程十大案例”之候选案例，被评选为全省法院2016年度十大典型案例。

工伤认定关系着劳动者及其家人的切身利益和社会公共利益，社会公众关注度高。现实生活中，由于事故发生原因、环境等多变复杂，部分事故证据收集难度大，具体责任认定困难较大甚至无法认定，对社会保险行政部门的依法行政能力带来极大挑战。但工作难度越大，行政机关就越应严格依法履职，强化证据收集力度，加强行政机关负责人出庭应诉等工作，积极应对由此形成的行政诉讼，切实实现保障劳动者个人合法权益和维护社会公共利益的平衡。我国《工伤保险条例》将“非本人主要责任”作为职工在上下班途中交通事故伤害认定工伤的重要条件。实践中，交通事故发生后，工伤认定通常依赖于交警部门对交通事故责任的划分，但在交警部门无法认定事故责任的情况下如何认定工伤存在认识分歧。本案即是交通事故责任无法认定的情况下如何认定工伤问题的典型案例。

一、“非本人主要责任”作为工伤认定的主要考量

虽然国际立法大多规定上下班途中的事故伤害属于工伤，但并不以劳动者“非本人主要责任”为要件。我国《工伤保险条例》第十四条第（六）项将“非本人主要责任”作为职工在上下班途中交通事故伤害认定工伤的重要条件，主要理由是：第一，在我国行人遵守交通规则的意识还需要提高的情况下，把职工在上下班途中受到本人主要责任的交通事故伤害认定为工伤有纵容或鼓励职工违章的嫌疑，同时又易诱发个人的道德风险[①]。第二，《机动车交通事故责任强制保险条例》是在2003年的《工伤保险条例》颁布之后制定的，职工在上下班途中如受到机动车事故伤害，除了认定为工伤，从其他途径很难得到充分的赔偿与保障；2006年7月，《机动车交通事故责任强制保险条例》的实施，使上下班途中受机动车事故伤害的职工可从机动车交通事故责任强险中取得赔偿。第三，交通事故责任强险赔偿、工伤赔偿以及民事人身侵权赔偿的关系如何协调，在现阶段尚存在基本法律的空白，为了避免实践处理中的复杂矛盾，

---

① 李艳荣：《浅析职工上下班途中的工伤认定》，载《保险职业学院学报（双月刊）》2012年第3期。

协调《道路交通安全法》《民法通则》与《机动车交通事故责任强制保险条例》的关系，把“本人主要责任”的交通事故伤害的情形不认定为工伤，在工伤认定实践中将更加可行和简便。不论是立法中不同利益的平衡与法律间的协调，还是适用法律的简便与可操作性强，都算得上一种进步与肯定，不过这种进步与肯定应建立在有利于保护广大职工权益的基础上。

二、交警部门出具事故责任书的性质和作用

《工伤保险条例》第十四条第（六）项规定，“在上下班途中，受到非本人主要责任的交通事故或者城市轨道交通、客轮轮渡、火车事故伤害的”，应当认定为工伤。据此，职工在上下班途中遭遇交通事故的，除本人承担主要责任外，应当认定为工伤。由此可知，交通事故责任书关于责任的认定和划分对工伤认定具有重要作用。

《最高人民法院关于审理工伤保险行政案件若干问题的规定》第一条第一款规定，人民法院审理工伤认定行政案件，在认定是否存在《工伤保险条例》第十四条第（六）项“本人主要责任”时，应当以有权机构出具的事故责任认定书、结论性意见和人民法院生效裁判等法律文书为依据，但有相反证据足以推翻事故责任认定书和结论性意见的除外。据此，交警部门出具的事故责任认定书同人民法院的生效裁判文书一样，是人民法院审理工伤认定行政案件的重要证据，但并非唯一依据和前提条件。

实践中，并非每起交通事故交警部门都能出具事故责任认定书，比如本案即是因事发时为夜间、雨天，监控设施因光线较暗未能看到事故经过，无直接目击证人等，致事发时死者驾车倒地原因无法确定，因此交通事故成因无法查清。对于交警部门无法作出事故责任认定的，人社部门能否以此为由不予认定工伤？应当如何履行法定职责？本案对此类问题进行了有益探索，同时提出对此类案件的审判思路和解决路径，以期对同类案件的处理提供参考。

三、交警部门无法认定事故责任情形下人社部门的法定职责

如前所述，通常情况下，交通事故发生后交警部门结合现场调查情况能够作出事故责任认定书，但特殊情形下可能致事故责任无法认定。《最高人民法院关于审理工伤保险行政案件若干问题的规定》第一条第二款规定，有权机构出具的事故责任认定书、结论性意见等法律文书不存在或者内容不明确，社会保险行政部门就前款事实作出认定的，人民法院应当结合其提供的相关证据依法进行审查。该条规定明确了在交警部门无法认定事故责任的情况下，人社部门仍应当依法作出事实认定。同时，该条还明确了法院对人社部门作出的事实认定应当结合其提供的相关证据依法进行审查。

《中华人民共和国行政诉讼法》第三十四条规定："被告对作出的行政行为负有举证责任，应当提供作出该行政行为的证据和所依据的规范性文件。被告不提供或者无正当理由逾期提供证据，视为没有相应证据……"从行政诉讼法规定的举证责任分配来看，在行政诉讼中应当由被告承担举证责任，这与民事诉讼法规定的"谁主张、谁举证"存在差异，有利于保障劳动者的合法权益。根据《工伤保险条例》的规定，职工在上下班途中遭遇交通事故的，除本人承担主要责任外，应当认定为工伤。人社部门如果不予认定工伤，应当提供职工符合不予认定工伤条件，即职工本人承担交通事故主要或全部责任的证据。本案中，人社部门提供的证据不足以证明职工在交通事故中承担主要或全部责任，因此，应当认为人社部门作出不予认定为工伤的决定所依据的证据不足，依法应当承担举证不力的法律后果。实践中，有观点认为，在交警部门无法作出交通事故责任认定时，应当由劳动者承担举证责任，劳动者无法举证的，法院对人社部门作出的不予认定工伤决定应予维持（即判决驳回原告的诉讼请求）。这一观点本质上是将行政诉讼的举证责任分配混同于民事诉讼的举证责任分配，错误地强调"谁主张、谁举证"，没有从立法目的层面正确认识行政诉讼法关于举证责任分配的重要意义。

四、最高人民法院指导性案例的比对及适用

本案在二审庭审中，被上诉人（原告）的委托代理人当庭提出本案与最高人民法院发布的一件指导性案例具有相似性。据此，法庭引导其出示该指导性案例并当庭进行举证、质证、认证。同时在二审裁判文书中也据此进行相应回应。

关于指导性案例的适用，于2010年11月印发的《最高人民法院关于案例指导工作的规定》第七条规定，"最高人民法院发布的指导性案例，各级法院审判类似案例时应当参照"。该规定是具有中国特色的案例指导制度正式建立的显著性标志，而该条规定也是这一制度的一大亮点。梳理最高人民法院的相关文件和表述，从最初的"参考"上级法院发布的案例，到最高人民法院发布的案例具有"指导"意义，再到细化明确为"应当参照"，折射出最高人民法院推进指导性案例从理论场域迈入实践场域，充分发挥指导性案例在统一法律适用、规范自由裁量权等方面功能的制度愿景。于2015年4月印发的《最高人民法院〈关于案例指导工作的规定〉实施细则》，进一步对案例指导制度的具体应用进行规定。该实施细则第九条规定，"各级人民法院正在审理的案件，在基本案情和法律适用方面，与最高人民法院发布的指导性案例相类似的，应当参照相关指导性案例的裁判要点作出裁判”。同时第十一条规定，“在办理案件过程中，案件承办人员应当查询相关指导性案例。在裁判文书中引述相关指导性案例的，应在裁判理由部分引述指导性案例的编号和裁判要点。公诉机关、案件当事人及其辩护人、诉讼代理人引述指导性案例作为控（诉）辩理由的，案件承办人员应当在裁判理由中回应是否参照了该指导性案例并说明理由”。

审理中的案件是否与指导性案例相类似，如何对案例进行相似性比对，这是案例指导制度进行实践应用的一大瓶颈。众所周知，区别技术是英美法系判例适用中至关重要的技术。区别技术不是英美法系的专利，而是案例适用过程中的通用技术。中国特色案例指导制度也不例外。在具体适用指导性案例时，应当结合指导性案例的编写实际及拘束力载体，倡导一种简便易行的相似性识别技术，即按照上述实施细则第九条的规定，以“裁判要点”为判断相似性的基准。同时，“裁判要点”具有规则属性，包括严格的事实认定与法律适用。因此，相似性识别技术应当包括以下内容：一是待决案件的事实与“裁判要点”所包括的必要事实具有相似性；二是待决案件所要解决的法律问题与“裁判要点”涉及的法律问题具有相似性。由此，此种相似性识别技术就与我国法官长久以来形成的司法习惯、裁判思维、法律推理等建立起对话与沟通的可能①。

对于本案涉及的工伤认定，最高人民法院曾发布第69号指导性案例②，该案例虽然意在解决工伤认定中的程序性事项是否可诉问题，但同时也说明即使在相关的事故责任认定书不存在时，人社部门仍然应当依法作出是否认定为工伤的决定，而不得以“中止通知”等形式直接或间接地不履行工伤认定的法定职责。据此，在交警部门无法认定事故责任的情况下，人社部门仍应依法进行调查并作出事实认定。本案中，法官通过将本案与最高人民法院发布的指导性案例的相似性进行比对，在庭审中和裁判文书中对指导性案例的具体应用进行了有益尝试。

---

① 左卫民、陈明国主编：《中国特色案例指导制度研究》，北京大学出版社2014年版，第167页。

② 王明德诉乐山市人力资源和社会保障局工伤认定案。该案确立的裁判规则为：当事人认为行政机关作出的程序性行政行为侵犯其人身权、财产权等合法权益，对其权利义务产生明显的实际影响，且无法通过提起针对相关的实体性行政行为的诉讼获得救济，而对该程序性行政行为提起行政诉讼的，人民法院应当依法受理。该案的主要案情为：人社部门以交警部门不能作出事故责任认定为由，出具中止工伤认定通知。王明德对该中止通知提起行政诉讼，要求撤销该通知。

五、上级行政机关不应当委托下级行政机关工作人员出庭应诉的问题及建议

行政机关负责人出庭应诉成为制约行政审判良序发展的一大难题。《中华人民共和国行政诉讼法》第三条第三款规定："被诉行政机关负责人应当出庭应诉。不能出庭的，应当委托行政机关相应的工作人员出庭。"对于"行政机关负责人"的具体范围，《最高人民法院关于适用〈中华人民共和国行政诉讼法〉若干问题的解释》第五条明确规定，"行政诉讼法第三条第三款规定的'行政机关负责人'，包括行政机关的正职和副职负责人。行政机关负责人出应诉的，可以另行委托一至二名诉讼代理人"。对于"行政机关相应的工作人员"的范围，《最高人民法院关于行政诉讼应诉若干问题的通知》规定，"行政诉讼法第三条第三款规定的'行政机关相应的工作人员'，包括该行政机关具有国家行政编制身份的工作人员以及其他依法履行公职的人员"。同时，针对实践中大量存在的对省、市、县（区）政府提起行政诉讼的情况，该通知进一步明确规定，"被诉行政行为是人民政府作出的，人民政府所属法制工作机构的工作人员，以及被诉行政行为具体承办机关的工作人员，也可以视为被诉人民政府相应的工作人员"。此外，《国务院办公厅关于加强和改进行政应诉工作的意见》规定，被诉行政机关负责人应当带头履行行政应诉职责，积极出庭应诉。不能出庭的，应当委托相应的工作人员出庭，不得仅委托律师出庭。

据此，行政诉讼中出庭应诉的人员应当包括行政机关正副职负责人，或者具有国家行政编制身份的工作人员以及其他依法履行公职的人员，同时可以另行委托一至二名诉讼代理人，但不得仅委托律师出庭。其中，被诉行政行为是人民政府作出的，人民政府所属法制工作机构或者具体承办机关的工作人员，可以视为被诉人民政府相应的工作人员。

本案中，市人社局负责人委托并非当事人的下级人社局工作人员代为出庭应诉的做法，不符合前述法律及相关规定的要求。为此，二审法院在作出判决的同时向市政府和市人社局分别提出司法建议，建议市政府和市人社局对该问题进行督促和整改，获得市政府领导批示反馈和市人社局的整改回复，有力地推动了行政应诉工作的规范化、法治化。

综上，工伤认定的具体标准与范围体现了我国在立法层面上的利益博弈与价值观念的演化，并且关系到对职工、用人单位与工伤保险单位之间的具体风

险分配①。工伤认定的处理原则，既要尊重工伤保险制度的立法目的和宗旨，也要考虑工伤职工保障的实际需要，在无法划分交通事故责任的情形下，采用存疑时有利于劳动者之原则，彰显了工伤保险对劳动者合法权益的保护，可使我国的工伤范围的界定达到工伤保险制度的原则与国际劳工保护的标准，体现以人为本与构建和谐社会的理念。

（作者单位：四川省成都市中级人民法院）

① 梁三利：《取消职工上下班途中事故伤害工伤认定应慎行》，载《法学》2009年第11期。

工伤认定的举证责任

——深圳市捷顺科技实业股份有限公司不服深圳市人力资源、社会保障局和深圳市人民政府工伤认定纠纷案

戴剑飞

【裁判要旨】

《工伤保险条例》第十九条第二款的规定，指的是用人单位不及时行使证明权的，需承担证据失权的后果，而非实行工伤推定，由用人单位负担不构成工伤的举证责任。

【案号】

一审：广东省深圳市福田区人民法院（2015）深福法行初字第1198号。

二审：广东省深圳市中级人民法院（2016）粤03行终346号。

【案情】

原告：深圳市捷顺科技实业股份有限公司。

被告：深圳市人力资源和社会保障局。

被告：深圳市人民政府。

第三人：乔好永。

2015年3月9日，深圳市捷顺科技实业股份有限公司（以下简称捷顺公司）的员工乔好永，向深圳市人力资源和社会保障局（以下简称市人社局）申请工伤认定，称其于2014年3月18日与同事万华宾约好与客户洽谈业务，在返回驻点拿资料途中从电动车上摔下受伤，请求认定工伤。乔好永提交工伤申请表、劳动合同、病历资料及万华宾等证人的证言等材料。

市人社局向捷顺公司发出《关于伤亡事故调查处理的通知》，该公司未在指定期限内回复。同时，该局还对证人万华宾进行调查，并制作调查笔录。万

华宾在调查笔录中称，其与乔好永于2014年3月18日一起到客户东洋一精机（惠州）有限公司洽谈业务，办完事万华宾回到驻点，而乔好永于当日19时50分许致电万华宾，称要回驻点拿资料到客户惠州市金特实业有限公司洽谈业务，10分钟后乔好永打电话来说发生了事故，万华宾赶到现场，并致电同事张聂鑫，之后两人一起将乔好永送到医院。

2015年4月27日，市人社局作出深人社认字（罗）〔2015〕第420256001号《深圳市工伤认定书》，认定乔好永的受伤性质为工伤。

捷顺公司对此不服，向深圳市人民政府申请行政复议。2015年9月22日，深圳市人民政府作出深府复决〔2015〕1264号《行政复议决定书》，决定维持市人社局作出的深人社认字（罗）〔2015〕第420256001号《深圳市工伤认定书》。

另查明：万华宾于2013年9月30日在捷顺公司办理离职结算手续，乔好永亦于2014年3月21日办理离职结算手续。庭审中，乔好永确认万华宾、张聂鑫在2014年3月18日前都已不是捷顺公司的员工。

原告诉称：（一）第三人根本不是因与客户洽谈项目返回驻点拿资料而受伤的，而是因私事外出，然后谎报因工受伤，企图骗取工伤保险。1. 第三人所称的“与同事万华宾约好”实属编造。万华宾虽曾是原告的员工，但已于2013年9月30日离职并到原告的竞争对手处上班，是不可能于2014年3月18日与第三人约好去谈项目的。2. 事发当天，第三人根本没有也不可能去与客户洽谈业务。第三人于2014年3月中旬向原告提出辞职，至2014年3月18日事发时，双方已基本办理完交接手续，原告根本没有安排给即将离职的第三人任何工作，此时的第三人也已无权再代表原告开展工作。（二）被告仅凭一份《工伤认定申请表》、一份惠州市公安局交警支队江东大队开具的《证明》、若干医院单据，即认定第三人的受伤属于工伤，显然证据不足。首先，《工伤认定申请表》的阐述仅是第三人的一面之词，不具有公信力。其次，交警开具的《证明》仅能证明第三人报过案，但交警并没有查实事故是否已发生、发生的具体情况，因此该《证明》不足以作为判断受伤原因的依据。原告请求：判决撤销上述《深圳市工伤认定书》《行政复议决定书》。

被告市人社局辩称：（一）第三人申报工伤时，称其系在与客户相约洽谈业务，返回驻点拿资料途中从电动车上摔下受伤。上述情形，第三人已经提供相应病历材料，证人万华宾、张聂鑫出具的证言予以证实，完成了初步的举证责任。被告也取得了交警部门对事故的证明材料。（二）工伤认定适用举证倒置原则，用人单位承担职工不属工伤的举证责任。原告收到《关于伤亡事故调查处理的通知》后未在规定期限内予以回复，亦未举证证明乔好永受伤为非工伤，依法应承担举证不能的不利后果。在用人单位未举证的大前提下，如果要求人社局收集证据以排除合理怀疑，无异于鼓励用人单位在工伤认定阶段不提交证据材料，将所有举证责任推给职工及工伤认定机关。

被告深圳市人民政府辩称：（一）行政复议程序合法。（二）行政复议决定事实认定清楚。

第三人乔好永述称：捷顺公司在工伤认定阶段未提交证据，应承担举证不能的法律后果。乔好永确实是因工外出期间受伤，市人社局认定其受伤性质为工伤合法有据，深圳市人民政府作出被诉行政复议决定，亦符合法定程序。

【裁判】

广东省深圳市福田区人民法院经审理认为：证人万华宾、张聂鑫在第三人乔好永受伤当时已不是原告的职工，故乔好永陈述其与“同事”万华宾一起去为原告洽谈业务的事实不成立；万华宾、张聂鑫以“同事”身份为乔好永作证的证言也不成立；此外，乔好永陈述其与同事万华宾约好客户惠州金特实业有限公司洽谈东江体育场大门安装停车系统事宜，既然已“约好”了客户，则理应有客户工作人员的姓名、联系方式和联系内容等记录情况，但乔好永在申请工伤认定时并没有提交相关证据予以证明，市人社局在调查阶段也未予以调查核实。市人社局直接认定乔好永系在工作时间因工作原因受到事故伤害，显然证据不足。复议机关深圳市人民政府对上述工伤认定决定予以维持，同样证据不足，依法应一并判决撤销。据此判决：一、撤销深人社认字（罗）〔2015〕第420256001号《深圳市工伤认定书》；二、撤销深府复决〔2015〕1264号《行政复议决定书》；三、市人社局应于60日内重新处理乔好永的工伤认定申请。

宣判后，市人社局、深圳市人民政府提出上诉。

深圳市中级人民法院经审理认为：市人社局认定乔好永事发当日系因工作原因而受伤，主要是基于乔好永的自述、万华宾与张聂鑫出具的证言、万华宾在调查笔录中的陈述相互印证。但万华宾在调查笔录中未如实陈述其在乔好永事发前已办理离职手续，仍声称其为捷顺公司的职工，而市人社局亦未核实万华宾是否为捷顺公司的职工。既然万华宾在乔好永事发时已不是捷顺公司的职工，则其关于事发时乔好永系因工作原因而受伤的证言存疑。而且，事发时张聂鑫亦不是捷顺公司的职工，张聂鑫出具的证言无法直接证明乔好永系因工作原因而受伤。故市人社局提交的证据，不足以证明乔好永系因工作原因而受伤。

市人社局、深圳市人民政府主张，捷顺公司作为用人单位，在认定工伤之前未举证证明乔好永非因工受伤，应承担举证不能的不利后果。但是，用人单位未举证，并不意味工伤认定机关可以完全采信职工关于事故伤害的陈述，工伤认定机关根据审核需要可以对事故伤害进行调查核实。本案中，市人社局在对乔好永提交的证人证言进行调查核实时，未核实清楚被调查人的身份，即未完全履行调查核实职责，导致被诉工伤认定缺乏主要证据。深圳市人力资源和社会保障局认定乔好永的受伤性质为工伤，属认定事实不清，原审法院据此撤销被诉工伤认定及被诉行政复议决定于法有据，二审法院予以支持。据此判决：驳回上诉，维持原判。

【评析】

一、问题的提出

《工伤保险条例》第十九条第二款规定："职工或者其近亲属认为是工伤，用人单位不认为是工伤的，由用人单位承担举证责任。"对此，本案被告和一审、二审法院有不同理解。

本案被告从第十九条第二款的字面理解，认为工伤认定实行举证责任倒置，由用人单位承担举证责任，若用人单位无法证实，则以工伤论处，这种理解在审判实践中也不乏支持者。而本案一审、二审法院则认为，用人单位在行政程序中未举证证实"非因工受伤"，并不意味社会保险行政部门就可以采信职工一方的主张，认定构成工伤，被告仍需审核职工一方所举证据的真实性和证明力等，亦即还需审查职工一方能否证明"因工受伤"，举证责任由职工一方负担。

那么，根据《工伤保险条例》第十九条第二款，职工是否需要证明"因工受伤"？

二、根据《工伤认定办法》，职工需证明所受伤害的工作起因性

假设《工伤保险条例》第十九条第二款确如本案被告理解的那样，职工受伤的工作起因性无须证明，"非因工"才需要证明，那么用人单位所举证据未能证实职工受伤与工作无关时，就应承担败诉风险，即应认定职工构成工伤。而用人单位"完全不举证"，当然也属于上述"未能证实"的情形之一，并且是其中的极端情形。然而，从人力资源和社会保障部发布的《工伤认定办法》

来看，此时用人单位倒不一定要承担败诉风险，可见“举证责任倒置说”是站不住脚的。

《工伤认定办法》第十七条规定：“职工或者其近亲属认为是工伤，用人单位不认为是工伤的，由该用人单位承担举证责任。用人单位拒不举证的，社会保险行政部门可以根据受伤害职工提供的证据或者调查取得的证据，依法作出工伤认定决定。”这里需要说明的是，第十七条的“依法作出工伤认定决定”，不等于“依法认定为工伤”，根据《工伤认定办法》第十八条，依法作出的工伤认定决定既包括《认定工伤决定书》，还包括《不予认定工伤决定书》。

据此，用人单位完全不举证反驳职工一方的工伤主张的，法效果有两个：一是证据失权，即社会保险行政部门可以根据现有证据作出结论，之后用人单位才举出证据的，即使该证据真实、合法，足以推翻根据原有证据认定的事实，也不再采纳。这是为了调动用人单位参与行政程序的积极性，防止证据突袭。二是社会保险行政部门作出的结论，既有可能是认定为工伤，也有可能是认定不构成工伤，仍视现有证据而定。

可见，在用人单位完全不举证，只有职工一方举证的情况下，结果依然可能是认定不构成工伤。其原因，自然不可能是用人单位证明成功，而只能是职工一方未能证明己方主张或干脆误证对方主张。这就说明，《工伤认定办法》第十七条并未预设职工受伤系因工作原因，是否因工受伤还有待证明。对此负有举证责任的，自然是主张因工受伤的职工一方，即赞成职工一方主张的社会保险行政部门。

三、《工伤认定办法》符合《工伤保险条例》

以上主要是利用反证法，指出工伤认定的“举证责任倒置说”因违背《工伤认定办法》第十七条而不能成立。对此，有人会质疑人力资源和社会保障部发布的《工伤认定办法》第十七条“名为举证责任分配，实为证据失权”的思路，抵触国务院发布的《工伤保险条例》的明文规定，不足为据，并引用《工伤保险条例》第十八条第一、二款作为“举证责任倒置说”的规范基础。

《工伤保险条例》第十八条第一款规定：“提出工伤认定申请应当提交下列材料：（一）工伤认定申请表；（二）与用人单位存在劳动关系（包括事实劳动关系）的证明材料；（三）医疗诊断证明或者职业病诊断证明书（或者职业病诊断鉴定书）。”第二款规定：“工伤认定申请表应当包括事故发生的时间、地点、原因以及职工伤害程度等基本情况。”一种观点认为，从第一款前后三项措辞的差异可知，职工仅需举证证明两点：即劳动关系和受伤害事实。至于受伤害的“工作起因性”这个要件事实，则无须职工提供证据①，职工只需填写工伤认定申请表，在申请表中叙明“事故发生的时间、地点、原因”，从叙述看有因工受伤的可能即可，如果用人单位认为受伤与工作无关，应负责举证。

本文认为，《工伤保险条例》第十八条第一、二款并不能支持“举证责任倒置说”。因为《工伤保险条例》第十八条第一、二款规定的只是受理工伤认定申请的条件，并非认定工伤的条件。第十八条第三款规定：“工伤认定申请人提供材料不完整的，社会保险行政部门应当一次性书面告知工伤认定申请人需要补正的全部材料。申请人按照书面告知要求补正材料后，社会保险行政部门应当受理。”足见《工伤保险条例》第十八条规定的只是工伤认定申请的受理标准，至于工伤认定的标准，仍由《工伤保险条例》第十四、十五条规定。受理的标准低于认定的标准，是不足为奇的，不能因为受理时可以不提交因工受伤的证据，就认为最终也无须证明因工受伤。

从立法史来看，《工伤保险条例》也是“部门立法”，即由原劳动和社会保障部在原劳动部《企业职工工伤保险试行办法》的基础上起草，再送国务院审议颁布的。人力资源和社会保障部作为工伤保险的主管部门及《工伤保险条例》的起草部门，其制定的《工伤认定办法》第十七条，是对《工伤保险条例》第十九条第二款的进一步诠释，符合起草上位法时的真意。那种认为《工伤认定办法》抵触上位法的观点，是站不住脚的。

四、根据司法解释，职工也应证明所受伤害的工作起因性

在工作时间和工作场所内，因工作原因受到事故伤害，这是最常见的工伤情形。如果按照“举证责任倒置说”，则职工连“在工作时间和工作场所内”受到伤害都无须证明，应全部由否认工伤的一方负责证明，包括事故伤害“不发生在工作时间或工作场所内”。但从司法解释来看，仅仅在工伤认定申请表中“叙明”事故发生的时间、地点、原因，而不能“证明”因工受伤，是远远不够的。《最高人民法院关于审理工伤保险行政案件若干问题的规定》第四条规定，“社会保险行政部门认定下列情形为工伤的，人民法院应予支持：（一）职工在工作时间和工作场所内受到伤害，用人单位或者社会保险行政部门没有证据证明是非工作原因导致的；……”，并没有写成“……用人单位或者社会保险行政部门没有证据证明是在非工作时间、非工作场所、因非工作原因受到伤害的……”。这就说明，事故伤害发生“在工作时间和工作场所内”这一事实，职工依然需

---

① 参见周湖勇：《工伤认定举证责任的困境及出路》，载《中国劳动》2010年第7期。

要证明。

有人会说，根据上述司法解释，“工作时间”“工作场所”诚然需要证明，但至少“工作原因”这一要件事实是无须职工证明的。这种观点也是不成立的，“工作原因”并非无须证明，而是获得了表见证明，即在事故伤害发生于“工作时间”和“工作场所”得到证明之后，依据经验法则就可以推导出是由于“工作原因”发生的。表见证明是证明标准的降低，而非证明责任的转换，因此不能据此肯定“举证责任倒置说”。

五、结论

《工伤保险条例》第十九条第二款的初衷，是为了调动用人单位举证的积极性，减轻社会保险行政部门自身的调查负担。调动用人单位举证积极性的方法有两种：第一种是推定事实不利于用人单位，由用人单位负责举证推翻该预设事实（举证责任倒置）；第二种是限定行使证明权的期间，逾期举证的不予采纳，允许社会保险行政部门基于有限证据作出认定（证据失权）。

根据《工伤认定办法》第十七条，用人单位未（能）证明的法律后果，只是“根据受伤害职工提供的证据或者调查取得的证据，依法作出工伤认定决定”，并非一律认定为工伤。从该法律后果与举证责任的差异就可以看出，《工伤保险条例》并未采取第一种方法（举证责任倒置），而是采用第二种方法（证据失权）。

（作者单位：广东省高级人民法院）

职工在家中完成工作任务突发疾病死亡的工伤认定

——酉阳县人社局与胡密等人工伤行政确认案

蒲开明　汤　龙

【裁判要旨】

职工在家中利用休息时间完成工作任务期间，突发疾病经抢救无效死亡的，应根据《工伤保险条例》（以下简称《条例》）第十五条第一款第（一）项之规定，结合职工加班是否系用工单位安排、工作量大小、任务紧急程度等因素进行工伤认定。

【案号】

一审：重庆市酉阳土家族苗族自治县人民法院（2017）渝0242行初19号。

二审：重庆市第四中级人民法院（2017）渝04行终95号。

【案情】

原告（被上诉人）：重庆市酉阳土家族苗族自治县人力资源和社会保障局（以下简称酉阳县人社局）。

被告（上诉人）：胡密。

第三人：重庆市酉阳土家族苗族自治县重庆渝东南现代农业科技园区管理委员会（以下简称园区管委会）。

王大海系园区管委会副主任，分管单位后勤保障工作。该园区管委会在2015年度上半年作息时间为9点上班，16点30分下班，中午不休息。2015年3月20日（周五）14时许，王大海接到单位通知：定于2015年3月23日（周一）上午开会讨论2015年单位目标责任制任务，要求王大海准备好相关材料。2015年3月22日（周日）晚21时许，王大海又接到单位办公室工作人员电话通知，将于2015年3月23日召开中层干部会议。2015年3月20日下午，王大海从办公地点酉阳县麻旺镇按日常作息时间在下班后返回县城家中。2015 年 3 月 23 日 8 时许，王大海同事杜宜凤、吴晨、甘德军接其上班时，吴晨、甘德军到达王大海家中后发现王大海躺在玄关与客厅之间的地上昏迷不醒，便及时将其送往酉阳县医院抢救。王大海于 2015 年 3 月 23 日 9 时 14 分入院，于 2015 年 3 月 23 日 17 时 44 分许经抢救无效死亡，死因为低血容量性休克。王大海死亡后，其家属胡密在家中发现王大海使用的电脑，经酉阳县公安局网监大队电子证物检查，王大海于 2015 年 3 月 22 日 23 时 16 分 35 秒创建《重庆渝东南现代农业科技园区管理委员会后勤保障工作组二〇一五年岗位目标任务（讨论稿）》Word 文档（以下简称《目标任务》Word 文稿），2015 年 3 月 23 日 6 时 51 分 40 秒对该文件进行了修改，电脑系统最后运行时间为 2015 年 3 月 23 日 6 时 59 分。2015 年 4 月 15 日，园区管委会提出工伤认定申请，酉阳县人社局于 2015 年 6 月 18 日作出《不予认定工伤决定书》。经过诉讼，酉阳县人社局的上述决定被撤销。后胡密又提出工伤认定申请，酉阳县人社局重新进行调查后，于 2016 年 10 月 24 日作出《不予认定工伤决定书》。

【审判】

酉阳土家族苗族自治县人民法院于 2017 年 5 月 19 日作出（2017）渝 0242 行初 19 号行政判决认定，酉阳县人社局虽然对案件进行了重新调查并对部分事实在细节上加以补充，但是第二份决定书所指出的五个事实认定方面的问题仍未彻底调查清楚，而仅是对王大海在园区管委会工作期间该单位的上下班时间等事实作了核实。对王大海在 2015 年 3 月 20 日 14 时许接到会议通知后，当天下班前能否完成 2015 年 3 月 23 日上午召开会议所需材料的准备工作这一事实未能查证，对王大海在 2015 年 3 月 23 日凌晨访问修改《目标任务》Word 文稿的持续时间仍未查清；仅凭入院记录推断王大海的发病时间是在 2015 年 3 月 23 日 08 时 14 分之前，对其突发疾病时间认定不准确。酉阳县人社局在相关事实仍未查清的情况下作出的本诉不予认定工伤决定明显存在事实不清，主要证据不足，遂判决：撤销酉阳县人社局作出的本诉不予认定工伤决定。

酉阳县人社局不服，提起上诉。

重庆市第四中级人民法院于 2017 年 9 月 13 日作出（2017）渝 04 行终 95 号行政判决：驳回上诉，维持原判。

法院生效裁判认为，根据《条例》第十五条第一款第（一）项规定，“职工有下列情形之一的，视同工伤：（一）在工作时间和工作岗位，突发疾病死亡或者在48小时之内经抢救无效死亡的”。上述规定中的工作时间和工作岗位是指职工完成工作任务的时间和空间。如果用人单位安排的工作任务量大或紧急，且职工客观上无法在日常工作时间内和工作岗位上完成，那么职工为了完成工作任务必须占用的休息时间和场所应当认定为本条中的工作时间和工作岗位。上述规定中的48小时一般以医疗机构的初次抢救为起算点，以医疗机构出具的死亡证明书并结合病历等证据认定死亡时间。王大海在家中利用休息时间完成工作任务，突发疾病送医院抢救无效死亡，是否属于上述规定情形，酉阳县人社局就本案部分事实未调查清楚。一是王大海要完成的涉案工作任务量是否很大或紧急，其在日常工作时间和工作岗位上能否完成，是否必须占用休息时间和场所才能完成涉案工作任务等事实不清。例如，王大海是什么时候知道2015年3月23日上午将召开工作研讨会，该会与甘德军在2015年3月22日21时通知王大海次日将召开的中层干部会是否为同一会议，王大海第二次接到的会议通知是否增加了王大海的工作量等事实待查。二是证明王大海死亡时间的证据存在冲突。居民死亡医学证明（推断）书记载的王大海死亡时间与王大海住院病历等记载的死亡时间不一致。故酉阳县人社局作出的本诉不予认定工伤决定事实不清，应予撤销。

【评析】

鉴于工伤认定所涉法律法规对视同工伤的规定较为宏观和抽象，本文从职工加班期间死亡视同工伤的认定标准、视同工伤认定的基本原则等几个方面展开分析。

一、职工加班期间死亡的视同工伤认定标准

通过对《条例》第十五条第一款第（一）项关于视同工伤认定的法律规定进行梳理分析可知，“工作时间”“工作岗位”“突发疾病”和“48小时之内经抢救无效死亡”等概念的精确含义无法直接从该条款中推导出来，上述法律概念在理论和实践中都是争议的焦点和难点。从法的安定性角度出发，法官在适用法律过程中，既不能作扩大解释，也不能作限缩解释，而应当对所适用法律进行具有普遍性和正义性的法律解释，以使该解释可在以后类似案件中得到普遍适用。笔者认为，要解决职工在加班期间死亡能否认定为视同工伤这一问题，应当对以下法律概念进行重点界定。

1. 工作时间。事故伤害发生在“工作时间”是视同工伤认定的重要条件之一。“工作时间”通常是指因工作所需的时间。司法实践中，工作时间既包括用工单位规章制度规定的日常上下班时间，也包括职工加班加点时间、值班时间和工作时间内的短暂休息时间。“加班”指的是因任务紧急或工作量大等原因，无法在正常工作时间内完成工作任务，职工接受单位指派或安排利用个人休息时间完成工作任务的情形。虽然工作形式复杂多样，但有无体现单位意志和利益是判断加班行为能否认定为“在工作时间”最重要的标准。除此之外，职工将完全可以在正常工作时间内完成的工作自行采取带回家中以加班的方式予以完成等情形，因缺少单位意志的因素而不能认定为“在工作时间”。

2. 工作岗位。工作岗位通常是指因工作涉及的区域以及自然延伸的合理区域。司法实践中，职工在工作时间内，难免会出现饮食、放松、换衣等为满足个人需要的行为，考虑到类似行为在时间和空间上与本职工作存在紧密联系，因此，职工在工作期间因正常生理需求而暂时所处的场所如单位休息室、食堂、卫生间等也应认定为“工作岗位”。就“加班”这一工作形式的“工作岗位”而言，笔者认为，在用工单位明确指派职工加班的前提下，职工在单位办公场所内完成工作任务的行为当然属于加班行为。若职工对工作量有充分把握，出于任务完成后方便休息的考虑而将工作带回家中完成的情形，可以视为“工作岗位”的合理延伸，这也是工伤行政法规的法律解释顺应时代发展需要的体现。

3. 突发疾病。根据原劳动和社会保障部《关于实施〈工伤保险条例〉若干问题的意见》（以下简称《实施意见》）第三条之规定，“突发疾病”包括各种疾病，换言之，“突发疾病”的种类和原因均是开放性的。具体到《条例》第十五条第一款第（一）项所规定的“突发疾病”而言，其指的是疾病始料不及、猝不及防，而不问疾病的具体类型及是否与职工个人体质有关，着重强调疾病发作的突然性和后果的严重性。

4. 48 小时内经抢救无效死亡。《实施意见》第三条规定：“……‘48 小时’的起算时间，以医疗机构的初次诊断时间作为突发疾病的起算时间。”“48 小时内经抢救无效死亡”强调的是重点判断抢救这一行为能否起到改变死亡结果的作用，而不考量抢救的行为是否起到了将患者的死亡时间暂时予以延缓的效果。司法实践中，是否符合“48 小时内经抢救无效死亡”的条件，涉及死亡时间等具体情形的认定应当以医疗机构出具的结论为准。

5. 举证责任。《条例》第十七条至第二十条对工伤认定的程序作了专门规定。就举证责任而言，主要体现在以下三个方面。首先，工伤认定申请人应当按照《条例》第十八条的规定提供能够证明事故发生时间、地点、原因以及职工伤害程度等基本材料。其次，如果职工或者其近亲属认为是工伤，用人单位不认为是工伤的，根据《条例》第十九条规定，由用人单位承担举证责任。最后，《条例》第十九条规定了社会保险行政部门的调查核实责任。法律将工伤认定的法定职权赋予社会保险行政部门，在收到工伤认定申请后，社会保险行政部门有权力也有义务对事故伤害进行调查核实，因社会保险行政部门未对事故伤害调查核实清楚而导致工伤认定结果事实不清、证据不足的，不但会出现对其不利的败诉后果，也容易导致工伤认定久拖不决，甚至会形成讼累。

二、视同工伤认定的裁判原则

《条例》第十五条通过列举的方式对视同工伤情形作出了规定。但法律文本与司法实践之间存在的差距极易导致社会保险行政部门与法院对视同工伤的认定标准出现认识上的分歧，从而造成司法标准的不统一。笔者认为，视同工伤认定作为工伤认定的重点和难点，在裁判过程中应当遵从以下原则。

1. 准确把握《条例》的立法目的和立法精神。公平正义是社会主义法治的基本价值取向，在现行法律规范中寻求公平正义，是司法的重要原则之一。《条例》第一条开宗明义，对工伤保险的立法目的予以明确，意在保障工伤职工的合法权益，促进工伤预防和职业康复，同时分担用人单位的工伤风险。保护弱势群体利益是社会普遍认同的价值准则，也是《条例》的立法精神所在。恪守立法目的和立法精神是理解和适用《条例》的重要原则。鉴于此，在行政审判过程中，人民法院既要充分保障职工的合法权益，又要充分调动用人单位参保的积极性，兼顾公平与效率原则，从而实现法律效果与社会效果的统一，维护社会的和谐稳定。

2. 正确理解和适用《条例》规定。首先，工伤保险立法不是孤立地存在，我国宪法明确规定，国家通过各种途径，加强劳动保护。囿于成文法所固有的抽象性和宏观性特点，工伤保险法律的适用解释存在较大的自由裁量空间，在缺乏判例法制度的情况下，法官应当将有关视同工伤认定的法律规范置于劳动法乃至宪法的框架体系之内，对《条例》作系统、全面的理解。其次，对《条例》的理解与适用还应遵从常识常情和社会需要。劳动者作为自然人，有着与生俱来的生理需要，其参与社会交往时也有着公认的社会生活习俗。此外，随着社会转型时期劳工关系的变化和社会保险政策的变迁，用工方式和用工内容也发生了巨大变化，这也给工伤保险法律法规的理解和适用带来了新的挑战，面对社会情境的变化，法官对工伤保险法律规范的理解和适用必须顺势而变。最后，严格审查行政机关的行政解释。工伤保险法律规范中不确定法律概念的开放性赋予了社会保险行政机关自主判断和解释的自由，考虑到社会保险行政机关是从事工伤认定的专业机构，对其就工伤申请主体、申请条件和法律适用等作出的行政判断应当给予尊重，但为切实保障对劳动者的平等法律保护，法官应当秉持居中独立的立场，以客观、中立、不偏不倚的态度对行政机关就工伤保险法律规范作出的行政解释进行严格审查，通过对工伤保险立法目的和立法精神的诠释来决定行政解释的取舍，从而实现司法与行政的良性互动。

本案带给我们的启示是，在视同工伤认定法律规范存在大量不确定法律概念的情况下，如何通过法律解释的方式来解决现实中出现的疑难复杂的视同工伤认定问题。笔者认为，唯有通过探求立法宗旨、遵循基本常识，对法律作出全面而系统的理解和适用，才能对案件作出公正的裁判。

（作者单位：重庆市第四中级人民法院）

迟延缴纳工伤保险费工伤保险责任的承担

——侯长秀、祝家兴诉永丰县医疗保险局工伤保险待遇支付案

罗英秀

【裁判要旨】

《工伤保险条例》第六十二条第三款规定：用人单位参加工伤保险并补缴应当缴纳的工伤保险费、滞纳金后，由工伤保险基金和用人单位依照本条例的规定支付新发生的费用。人力资源和社会保障部发布的《关于执行〈工伤保险条例〉若干问题的意见（二）》（人社部发〔2016〕29号）第三条对前述“新发生的费用”作出了解释。本案中永丰县石马林场在其职工祝二毛发生死亡事故后才向永丰县医疗保险局续缴祝二毛当年度的工伤保险费，按前述规定，工伤保险基金只需支付新发生的费用。但鉴于本案中用人单位永丰县石马林场自1994年开始为包括祝二毛在内的职工缴纳工伤保险费以来，其缴费习惯并非按月缴纳，多为年缴，且该种缴费方式也一直得到永丰县医疗保险局的认可，法院最终判决永丰县医疗保险局依法支付工伤保险待遇。

【案号】

一审：江西省吉安市永丰县人民法院（2016）赣0825行初12号。

二审：江西省吉安市中级人民法院（2017）赣08行终4号。

【案情】

上诉人（原审被告）：江西省吉安市永丰县医疗保险局。

被上诉人（原审原告）：侯长秀、祝家兴。

永丰县医疗保险局（以下简称永丰县医保局）负责经办全县机关、企事业单位职工基本医疗、工伤、生育保险工作和全县城镇居民基本医疗保险工作。2014年12月10日，永丰县人力资源和社会保障局印发《关于做好2014年度

城镇基本医疗保险费用结算及2015年度医疗保险工伤生育保险参保续保工作的通知》（以下简称《通知》），要求“各续保单位于2015年1月5日至2月25日登录网上业务平台，查询医保局审核确定的2015年度参保人员资格，打印缴费单与缴费明细表，按规定及时缴费。行政、事业单位原则上按年缴纳医疗、工伤、生育保险费，企业原则上按月缴纳医疗、工伤、生育保险费”。永丰县林业局石马林场（以下简称石马林场）是企业法人，该单位社会保障费用由其自行缴纳，2015年石马林场全场职工（含祝二毛）的工伤保险属于续保状态。2015年3月17日晚，祝二毛（系侯长秀之夫，祝家兴之父）在单位工区宿舍死亡。2015年3月24日，石马林场缴纳了该场职工2015年全年的工伤保险费用。依据2015年11月30日吉安市中级人民法院（2015）吉中行终字第62号判决，永丰县人力资源和社会保障局于2015年12月21日认定祝二毛视同工亡。2015年12月31日，石马林场向永丰县医保局申请支付祝二毛工伤保险相关待遇。永丰县医保局于2016年1月4日作出答复函称：按照《江西省实施〈工伤保险条例〉办法》（省府令第204号）第五条第三款“职工在用人单位参保缴费之前及当日所发生的工伤，其工伤保险待遇由用人单位支付”之规定，石马林场是在祝二毛死亡后补缴的全体员工2015年度的工伤保险费，故其职工祝二毛的工亡待遇工伤保险基金不予支付，应由石马林场支付。为此，侯长秀、祝家兴提起行政诉讼。另查明，石马林场提供的历年缴费凭证证实，石马林场工伤保险费的缴费方式并不固定，存在按季度、半年、年、几年交等现象。按季度缴纳的，如1997年6月3日缴纳了当年1月至3月的工伤保险费566.44元；一次缴纳半年的，如1996年8月9日缴纳了当年4月至9月的工伤保险费1301.45元；一次缴纳全年的，如2014年10月26日缴纳了2014年全年的工伤保险费23064.84元；延迟补缴的，如2003年4月18日补缴了2000年7月至2003年6月的工伤保险费13683.27元。永丰县医保局对上述缴费方式均予以了认可，并出具了相应的收款凭证。2015年7月，永丰县医保局向石马林场退还了祝二毛2015年4月至12月的工伤保险费。

【审判】

江西省永丰县人民法院于2016年11月7日作出（2016）赣0825行初12号行政判决：一、撤销被告永丰县医保局于2016年1月4日作出的《关于要求支付工伤保险待遇的答复函》；二、被告永丰县医保局应在本判决生效之日起十日内就支付祝二毛的工伤保险待遇问题重新作出行政行为；三、驳回原告侯长秀、祝家兴的其他诉讼请求。宣判后，永丰县医保局提出上诉。江西省吉安市中级人民法院于2017年3月15日作出（2017）赣08行终4号行政判决：驳回上诉，维持原判。

法院生效判决认为：《社会保险法》第二条规定："国家建立基本养老保险、基本医疗保险、工伤保险、失业保险、生育保险等社会保险制度，保障公民在年老、疾病、工伤、失业、生育等情况下依法从国家和社会获得物质帮助的权利。"由此可见，工伤保险制度是国家通过立法强制实施的，是国家对职工履行社会责任的一种方式。《社会保险法》第三十六条规定："职工因工作原因受到事故伤害或者患职业病，且经工伤认定的，享受工伤保险待遇；……"2015年3月17日，祝二毛在其工作的石马林场死亡，已经被认定为视同工亡，应当享受工伤保险待遇。按照永丰县人力资源和社会保障局于2014年12月10日下发的《通知》要求，祝二毛符合2015年度续保人员资格，石马林场也于2015年3月23日根据《通知》要求在规定的缴费期限内一次性向永丰县医保局缴纳了本单位2015年度续保人员的工伤保险费用，永丰县医保局也于2015年4月8日向石马林场出具了江西省社会保险费征收专用票据。因此，永丰县医保局关于工伤保险费应当按月缴纳的上诉理由与《通知》规定和双方多年来的实际操作惯例不相符，依法不能成立。永丰县医保局于2015年7月退还石马林场已缴纳的祝二毛2015年4月至12月的工伤保险费的行为，也证明永丰县医保局认可祝二毛在2015年1月至3月属于参保对象并已收取工伤保险费的事实。因此，祝二毛发生工亡事故是在2015年3月17日，尚处于工伤保险期限内，永丰县医保局应当按照《社会保险法》第八条和第三十八条的规定，从工伤保险基金中支付祝二毛的工伤保险待遇。

【评析】

一、背景情况介绍

《工伤保险条例》的宗旨是保障因工作遭受事故伤害或者患职业病的职工获得医疗救治和经济补偿，促进工伤预防与职业康复，分散用人单位的工伤风险。因此，用人单位应当及时向工伤保险征缴部门缴纳工伤保险费。但在实践过程中，依然存在不少用人单位不及时为单位职工办理工伤保险或不及时为其职工续缴工伤保险费的情形。对于上述两种情形，发生工伤事故的，该工伤责任应当由谁承担，即受害职工的工伤保险待遇应当由谁支付成为实践中经常遇到的难题。《工伤保险条例》《工伤保险经办规程》等对工伤保险费的缴纳及工伤保险待遇支付作出了相应规定。

二、确立本案裁判要旨的理由

本案中，关于祝二毛的工亡保险待遇应当由谁支付的问题，用人单位石马林场和永丰县医保局之间存在不同的意见。石马林场认为其已为祝二毛缴纳了2015年1月至3月的工伤保险费，则在此期间祝二毛发生工亡事故的工亡保险待遇应由永丰县医保局予以支付；永丰县医保局则认为，石马林场系在祝二毛发生工亡事故后才为其续交2015年的工伤保险费，属骗保行为，祝二毛的工亡保险待遇应当由石马林场支付。一审、二审法院支持了用人单位石马林场的观点。其理由在于：

第一，永丰县医保局对用人单位石马林场补缴工伤保险费行为的认可，体现了行政机关对行政相对人缴费习惯的认可，也体现了行政机关对行政相对人可信赖利益的充分保护。本案中，石马林场自1994年起为其单位职工购买工伤保险一直至今，缴费习惯为年缴或者半年缴，且永丰县医保局一直均予以认可，未收取过滞纳金。永丰县医保局主张的月缴并无证据证实，也与事实不符。祝二毛系石马林场职工，其于1994年开始参加工伤保险，林场也为其缴纳了历年的工伤保险费。2015年3月23日，永丰县医保局收取了石马林场为包括祝二毛在内的职工2015年度全年的工伤保险费，并出具了收费凭证，其在2015年7月知晓祝二毛已于2015年3月17日死亡的事实之后，只退还了石马林场为祝二毛缴纳的2015年4月至12月的工伤保险费，其仍然认可祝二毛2015年1月至3月具备投保人资格并收取了这三个月的工伤保险费。因此，本案中石马林场已经为祝二毛购买了2015年1月至3月的工伤保险，永丰县医保局作为社会保险经办部门，应当依法支付相应的工伤保险待遇。

第二，在欠缴工伤保险费期间发生工伤事故，用人单位补缴工伤保险费后，工伤职工的工伤保险待遇由工伤保险基金支付体现了工伤保险法律关系上权利义务相一致的法律原则。用人单位足额缴纳工伤保险费应当包括在规定期限内按时缴纳和超过规定期限后予以补缴两种情形。根据《社会保险费征缴暂行条例》第十三条规定，用人单位迟延缴纳工伤保险费的，应承担缴纳滞纳金及行政处罚的行政责任，并且应当补缴欠缴的工伤保险费。可见，现行法律法规并不否定用人单位补缴工伤保险费。如果用人单位承担因欠缴费用而导致的行政责任，并补缴欠缴的工伤保险费后，应当认定为已经足额缴纳工伤保险费，工伤职工的工伤保险待遇应由工伤保险基金支付。如果法律一方面规定要求用人单位补缴工伤保险费用，另一方面又规定，对于欠缴工伤保险费期间的工伤事故，即便用人单位补缴费用后，仍应承担支付工伤职工工伤保险待遇的责任，那么就会出现工伤保险管理部门享有权利却不承担义务，用人单位承担义务却不享有权利的情况，工伤保险法律关系上的权利义务就会失去平衡。本案中，永丰县医保局收取了祝二毛2015年1月至3月的工伤保险费，则应当承担此期间的工伤保险责任。

第三，在欠缴工伤保险费期间发生工伤事故，用人单位补缴工伤保险费后，工伤职工的工伤保险待遇由工伤保险基金支付体现了工伤保险法律法规的社会法本质。工伤保险立法属于社会法范畴，其核心价值在于工伤保险责任是一种社会责任或者说国家责任。由于工伤保险是社会保险的一种，因此相比于一般的商业保险，国家承担工伤保险责任的条件不应高于商业保险合同中保险人承担保险责任的条件。从我国商业保险立法关于投保人投保后欠缴保险费的法律后果的规定来看，投保人在一定期限欠缴保险费的，即便在该期限内被保险人发生保险事故，保险人仍承担保险责任。《保险法》第三十六条规定："合同约定分期支付保险费，投保人支付首期保险费后，除合同另有约定外，投保人自保险人催告之日起超过三十日未支付当期保险费，或者超过约定的期限六十日未支付当期保险费的，合同效力中止，或者由保险人按照合同约定的条件减少保险金额。被保险人在前款规定期限内发生保险事故的，保险人应当按照合同约定给付保险金，但可以扣减欠交的保险费。"因此，在工伤保险立法中，如果规定欠缴工伤保险费期间发生的工伤事故一律由用人单位承担工伤保险待遇支付责任，而不给用人单位一个补缴工伤保险费的合理期限，那么在欠缴保险费的法律后果上，国家承担工伤保险责任的条件明显严于商业保险合同中保险人承担保险责任的条件，这与工伤保险立法的社会法本质显然是相悖的，这就是"举重以明轻"的道理。

第四，对参保人员及续保人员名单的审查义务在于人社部门，人社部门应当对用人单位提供的参保人员及续保人员进行资格审查。《社会保险费征缴暂行条例》第十条规定，缴费单位必须按月向社会保险经办机构申报应缴纳的社会保险费数额，经社会保险经办机构核定后，在规定的期限内缴纳社会保险费。由此可见，社会保险经办机构对缴费单位申报应缴纳的社会保险费数额负有核定义务。本案中，按照永丰县人力资源和社会保障局于2014年12月10日下发的《通知》要求，祝二毛符合2015年度续保人员资格，石马林场也于2015年3月23日根据《通知》要求在规定的缴费期限内一次性向永丰县医保局缴纳了本单位2015年度续保人员的工伤保险费用，永丰县医保局也于2015年4月8

日向石马林场出具了江西省社会保险费征收专用票据。证明永丰县医保局经核定，认可祝二毛 2015 年的续保资格并且收取了其 2015 年全年的工伤保险费，虽然永丰县医保局于 2015 年 7 月向石马林场退还了祝二毛 2015 年 4 月至 12 月的工伤保险费，但祝二毛发生工亡是在 2015 年 3 月，因此，永丰县医保局仍应按照《社会保险法》的相关规定，从社会保险基金中支付祝二毛的工伤保险待遇。

三、需要说明的问题

对于欠缴工伤保险费期间发生的工伤事故，用人单位补缴工伤保险费后，工伤职工的工伤保险待遇由工伤保险基金支付，不能作绝对化的理解。从社会保险费征缴实践来看，用人单位拖欠工伤保险费的现象是比较严重的。对于欠费期间发生的工伤事故，如果确定用人单位补缴工伤保险费后，工伤保险待遇一律由社会保险基金支付，无疑会无限加大国家承担的工伤保险责任，而且会助长用人单位拖欠工伤保险费的不良风气。因此，对于欠费期间发生的工伤事故，工伤保险待遇由社会保险基金支付的条件除了用人单位足额补缴工伤保险费之外，还应附加其他条件，从而在用人单位和国家之间寻求权利与义务的平衡。笔者认为，用人单位补缴工伤保险费的目的以及补缴的期限是应当考虑的因素。如果用人单位补缴工伤保险费是出于骗取工伤保险待遇的不正当目的，以及欠费时间过长，超过合理期限补缴的，工伤保险待遇仍应由用人单位支付。当然，用人单位补缴工伤保险费的合理期限，有待于工伤保险立法进一步予以明确。

另外，关于工伤保险经办机构对参保续保人员资格核定义务，鉴于实践中很多用人单位用工流动性大、用人单位不如实申报等情况时有发生，核定难度较大，建议人社部门参照商业保险做法，规定相应免责条款。基于社会保险的社会法性质，该免责条件应当严于商业保险免责条款。

（作者单位：江西省吉安市中级人民法院）

个案分析

论涉及商业秘密政府信息公开工作中的审慎审查职责

——以行政诉讼司法审查为视角

滕恩荣

前　言

涉及商业秘密的政府信息公开一直是政府信息公开工作的一个难点，我国由于现行的《中华人民共和国政府信息公开条例》（以下简称《政府信息公开条例》）规定的过于简单，在实际工作中无论是行政主体还是行政复议机关、人民法院对这个问题都较难以把握。笔者作为一名行政审判法官在行政审判工作中发现，很多行政主体出于各种原因，为了回避政府信息公开职责，经常把涉及商业秘密作为不公开的理由，甚至某些情况下有滥用的倾向。而有些行政法官因对这个问题把握不准确，甚至在司法审判中放弃了对这个问题的司法判断，完全听从行政主体的说辞。笔者现以本文帮助梳理涉及商业秘密的政府信息公开工作程序，明确涉及商业秘密政府信息公开审查职责，以期对推进此类政府信息公开工作依法开展有所帮助。

一、案件索引[①]

某区经济和信息化委员会（以下简称区经信委）为建设该区的“物联网综合示范应用项目”，通过招投标程序，确定某公司为工程项目中标人。2012 年 2 月 10 日，“北京市招投标公共服务平台”网站上发布了《项目中标公告》：

① 北京市石景山区人民法院（2016）京 0107 行初 81 号。

“项目单位：区经信委……项目名称：某区物联网综合示范应用项目……招标人名称：某区经信委……招标项目的性质：国内公开招标……资金来源：政府投资及自筹资金……招标范围：设备采购、软件开发、系统集成和运行维护服务等……招标公告日期：2012 年 1 月 16 日……中标单位：某公司……中标金额：×××××××元人民币……”

中标某公司在取得工程项目后，由于自身并没有施工队伍，因此该将工程转包分包给江某等具体施工建设。工程竣工后，江某与中标某公司在项目工程款结算等问题上出现民事纠纷。江某于 2015 年 9 月 20 日以邮寄方式向区经信委提交《政府信息公开申请表》，以进行工程款结算需要为由，申请公开内容为：区经信委在该工程项目中向中标公司的结算工程款明细（包括工程款总额和系统集成工程款明细、运行维护服务工程款明细、外场施工工程款明细、外场施工勘察设计工程款明细）以及承包合同、招标报价明细表。区经信委于 2015 年 9 月 21 日收到该申请表后，于 2015 年 10 月 13 日向原告作出了《关于申请某区物联网综合示范应用项目相关信息的答复》（以下简称第一次答复），认为相关信息涉及中标某公司的商业秘密，决定根据《北京市政府信息公开规定》第三章第二十七条，对江某申请公开的相关政府信息不予公开。江某收到该答复后不服，向某区人民政府（以下简称区政府）提出行政复议申请。区政府于 2016 年 3 月 23 日作出第一次的《行政复议决定书》，以区经信委作出的上述答复行为认定事实不清、证据不足为由，决定撤销该答复行为，并责令区经信委在法定期限内依法重新对原告进行答复。

区经信委于 2016 年 3 月 23 日收到区政府作出的第一次《行政复议决定书》后，于 2016 年 3 月 28 日以邮寄方式向中标某公司发出《征求意见的函》，对江某申请公开的有关工程款明细（1. 系统集成工程款明细；2. 运行维护服务工程款明细；3. 该项目外场施工工程明细；4. 该项目外场施工勘察设计工程款明细）及承包合同、招标报价明细表信息向第三人征求意见。中标某公司于 2016 年 4 月 5 日向区经信委书面回复，认为结算工程款明细、承包合同、招标报价明细表属于该公司商业秘密，不同意进行公开。

区经信委收到中标某公司的书面回复后，于 2016 年 4 月 12 日作出并依法向原告送达了本案被诉的《政府信息公开申请答复书》（以下简称被诉答复行为）：“江某：我委于 3 月 28 日向涉及的第三方某公司书面征求了是否同意公开‘某区物联网综合示范应用项目向某公司结算工程款明细、承包合同、招标报价明细表’信息的意见。该公司明确表示您申请的信息涉及其商业秘密不同意公开。经我委分析研究认为您申请的信息是不为公众所知悉、能为该公司带来经济利益、具有实用性并经权利人采取保密措施的技术信息和经营信息，属于第三方公司的商业秘密。理由如下：一、您申请的某区物联网综合示范应用项目结算工程款明细（1. 系统集成工程款明细；2. 运行维护服务工程款明细；3. 该项目外场施工工程明细；4. 该项目外场施工勘察设计工程款明细）、承包合同、招标报价明细表等信息中包含该公司投标价格策略、系统集成运维价格明细和该公司特定的系统集成方案、产品设备采购类型明细等内容，该公司也制定了相应的保密制度并对此类信息采取了保密措施，符合《中华人民共和国反不正当竞争法》对商业秘密的描述。二、我委在与该公司签署的《某区物联网综合示范应用项目合同书》中第十条也明确了保密责任和保密范围，不得将项目方案、基础数据等资料信息提供给合作双方之外的其他方。根据《中华人民共和国政府信息公开条例》第二十三条‘行政机关认为申请公开的政府信息涉及商业秘密、个人隐私，公开后可能损害第三方合法权益的，应当书面征求第三方的意见；第三方不同意公开的，不得公开。但是，行政机关认为不公开可能对公共利益造成重大影响的，应当予以公开，并将决定公开的政府信息内容和理由书面通知第三方’之规定，告知您，对您申请的某区物联网综合示范应用项目信息不予公开。”

江某于2016年4月13日收到区经信委作出的本案被诉答复行为后不服，于2016年5月10日以区经信委作为被申请人再次向区政府提交行政复议申请材料。区政府于2016年5月11日收到江某提交的行政复议申请材料后决定受理该行政复议申请，并于当日向江某发出《行政复议申请材料补正通知书》。区政府于2016年5月15日和2016年5月18日分别收到江某两次提交的《行政复议申请书（补正）》后，于2016年5月20日向区经信委直接送达了《行政复议答复通知书》以及江某提交的相关行政复议申请材料。区经信委于2016年5月23日向区政府提交了《行政复议答复书》以及相关委托手续和证据材料。区政府经过书面审查，于2016年7月8日作出本案被诉的《行政复议决定书》，依据《中华人民共和国行政复议法》第二十八条第一款第（一）项的规定，决定维持区经信委作出的被诉答复行为。江某不服，遂向一审法院提起行政诉讼，诉讼请求：1. 撤销区政府于2016年7月8日作出的《行政复议决定书》；2. 撤销区经信委于2016年4月12日作出的答复行为；3. 责令区经信委对其于2015年9月20日提出的政府信息公开申请重新履行政府信息公开的法定职责。

另查明，在区经信委与某公司签署的关于涉案工程项目的《信息化项目合同书》中专门规定了保密条款。第三人某公司还专门制定了本公司的《项目保密制度》。

一审法院经审理认为，区经信委在本案涉及商业秘密的政府信息工作中，作出的被诉答复行为认定事实不清、主要证据不足，不应予以支持。区政府作出的被诉《行政复议决定书》虽然复议程序合法，但审查结论不具有合法性，亦不应予以支持。因此依据《中华人民共和国行政诉讼法》第七十条第（一）项、《最高人民法院关于适用〈中华人民共和国行政诉讼法〉若干问题的解释》第十条第二款之规定，判决撤销区经信委作出的被诉答复行为，撤销区政府作出的被诉《行政复议决定书》，责令区经信委重新履行政府信息公开法定职责。

一审法院宣判后，江某、区经信委、区政府及中标某公司均未提出上诉。一审判决已生效。

二、涉及商业秘密的政府信息公开审慎审查职责概述

在政府信息公开工作中对于涉及商业秘密的政府信息如何履行审查和处理职责，是一个难点也是争议较大的问题。这个问题在本文的索引案件中得到了较为充分的体现，同时也成为该案审理中争议的焦点。在审理过程中对这个问题有着不同的认识。

（一）对审慎审查职责的认识

第一种观点认为，只要涉及商业秘密的政府信息一律不应予以公开。

第二种观点认为，涉及商业秘密的政府信息是否可以公开，必须以商业秘密权利人的意见为准，只有在商业秘密权利人同意公开时才能予以公开，只要商业秘密权利人不同意公开就不能公开。

第三种观点认为，涉及商业秘密的政府信息是否可以公开，除了征询商业秘密权利人意见外，还必须考虑对公共利益的影响。

作为本文索引案件的主审法官，笔者认为上述观点都不完整。笔者认为，担负政府信息公开工作职责的行政主体在涉及商业秘密的政府信息公开工作中，应当履行审慎审查职责，具体应从六个方面或分六个步骤进行审查：第一，对申请人申请公开的政府信息是否涉及第三方商业秘密应进行初步判断；第二，经初步判断认为申请公开的政府信息中包含有涉及第三方商业秘密的内容，还应进一步判断是否存在可以区分处理的情形，即申请公开的政府信息中除了涉及第三方商业秘密内容之外是否还存在其他与商业秘密无关的可以区分处理公

开的政府信息内容；第三，对于经初步判断认为相关政府信息属于涉及第三方商业秘密且公开可能会影响第三方权益的情况，应书面征询第三方意见；第四，结合第三方征询意见的情况，对相关政府信息是否属于涉及商业秘密进行明确判断确认；第五，经判断确认属于商业秘密后，在第三方明确表示同意公开的情况下，应当依法公开，在第三方明确表示不同意公开时，还应对不予公开相关政府信息是否会对公共利益造成重大影响进行审查判断；第六，对于属于商业秘密且不予公开不会对公共利益造成重大影响的政府信息，应当决定不予公开，但对于虽属于商业秘密但不予公开会对公共利益造成重大影响的政府信息，应决定依法公开，并将决定公开的政府信息内容和理由书面通知第三方。对于决定公开涉及商业秘密政府信息的情况，应在作出决定后到实施公开行为之间保留合理间隔时间。

（二）采用审慎审查职责的原因

公开与例外是政府信息公开制度的核心问题，也是法院对政府信息公开行政诉讼案件进行司法审查的焦点所在。世界各国的政府信息公开立法制度中，几乎都确立了一个基本原则：公开为原则，不公开为例外。[①] 即政府等行政主体拥有的与其行政管理职能相关的信息，原则上都是应当公开的，除非法律有例外规定。我国的《政府信息公开条例》中虽然没有明确规定这样一个原则，但整体来看，在具体条款中实际上也是贯穿了“公开为原则，不公开为例外”的原则精神的。“公开为原则”就是指除了法律明确规定的例外情形外，政府信息应当最大限度进行公开。“不公开为例外”就是指必须严格限定例外信息的范围，不能使其被随意扩大。根据这个原则精神，《政府信息公开条例》对“例外”情形不仅进行了严格限定，而且进一步进行了区分，将例外情况具体区分为强制性例外和非强制性例外。国家秘密属于强制性例外情形，这是维护国家安全与利益所必需的。《政府信息公开条例》第二十三条规定：“行政机关认为申请公开的政府信息涉及商业秘密、个人隐私，公开后可能损害第三方合法权益的，应当书面征求第三方的意见；第三方不同意公开的，不得公开。但是，行政机关认为不公开可能对公共利益造成重大影响的，应当予以公开，并将决定公开的政府信息内容和理由书面通知第三方。”根据此条规定，商业秘密即属于非强制性例外情形。这也是当今世界各国在政府信息公开立法中的一般做法。

---

① 参见李广宇：《政府信息公开司法解释读本》，法律出版社 2011 年版，第 237 页。

将商业秘密作为非强制性例外情形的原因，主要在于涉及商业秘密的政府信息公开中有三种利益需要保护：一是保护社会公众知情权利益，这是政府信息公开制度的价值所在。二是保护商业秘密权利人的私人利益。因为政府信息有公共资源和私人资源之分。权利人向行政主体提交商业秘密应属于权利人的私人资源，权利人自身对商业秘密享有的私人权益应当得到保护，从而避免竞争者通过政府信息公开渠道得到竞争对手或潜在竞争对手的商业秘密信息。三是保护公共利益。无论是保护社会公众知情权利益，还是保护商业秘密权利人私人利益，最终的目标都是促使行政主体更加公开、公平、公正地行使行政权力，进行行政管理，维护和保障公共利益。因此如何平衡保护这三种利益，处理好三方利益关系就成了涉及商业秘密的政府信息公开工作中的核心问题。

只有在政府信息公开工作中谨慎地对三种利益进行充分平衡裁量，才能最大限度实现三种利益的平衡保护。所以行政主体对涉及商业秘密的政府信息公开工作中必须应当完整充分履行上述审查判断职责，如果缺少任意一个方面或步骤都将可能导致政府信息公开工作认定事实不清的情况出现。必须在找准三方利益“平衡点”后才能准确履行政府信息公开法定职责。

三、商业秘密的判断与确认

（一）商业秘密判断确认标准

在涉及商业秘密的政府信息公开工作中，准确判断确认商业秘密是其核心。由于涉及商业秘密的政府信息公开工作涉及上述三种利益平衡保护，而且商业秘密属于非强制性限制公开情形，所以在政府信息公开工作中对于有关政府信息是属于涉及商业秘密的，行政主体不能仅仅进行形式审查，而必须进行实质审查。在政府信息公开行政诉讼案件的审判工作中，法院亦应就行政主体对政府信息是否属于商业秘密作出的判断与确认进行实质审查。这与涉及国家秘密的政府信息进行形式审查的判断确认标准是不一样的。由于必须对涉及商业秘密的政府信息进行实质审查，所以行政主体切不可在政府信息公开工作中对只要涉及企业的信息，只要有企业的数据，就一律认定为商业秘密，并以此为由不予公开。[①] 由于商业秘密属于商事主体所享有的重要商事权利，而且商业秘密并不是一项经过登记的权利，不像专利权那样有明确的专利证书作为凭证，

① 上海市高级人民法院：《政府信息公开法律问题研究》，载最高人民法院行政审判庭编：《行政执法与行政审判》（2008 年第 1 集），人民法院出版社 2008 年版。

因此在对商业秘密进行实质性判断确认时必须严格依法进行。

在我国，《中华人民共和国反不正当竞争法》（以下简称《反不正当竞争法》）第一次从法律层面对商业秘密的概念作了明确规定。该法修订前第十条第三款规定："本条所称的商业秘密，是指不为公众所知悉、能为权利人带来经济利益、具有实用性并经权利人采取保密措施的技术信息和经营信息。"这条规定明确了商业秘密在法律层面的定义，具体包括了商业秘密的三个构成要件，或称三性特性：一是秘密性。即不为公众所知悉，也就是有关信息不为其所属领域的有关人员普遍知悉和容易获得。如果已经公开或者可以从其他公开渠道获得，就不构成这一要件，不符合这一特征。二是价值性。即作为商业秘密的信息具有现实的或者潜在的商业价值，能够给权利人带来现实的或潜在的经济利益或竞争优势。有些著作将此要件或特征又细化分为实用性或利益性，[①]但笔者认为无此必要，无论实用还是利益，实际上都是属于价值范围。三是管理性，又称保密性。即权利人为防止信息泄露所采取的与其商业价值等具体情况相适应的合理保护措施。确认是否采取了合理的保护措施，一般可以从信息载体的特性、权利人的保密意愿、保护措施的可识别程度、他人通过正当方式获得的难易程度等方面进行审查判断。采取保密措施是商业秘密权利人具有保密意思的重要体现，由于不同权利人在采取保密措施时的认识能力与实施能力大小有较大差异，而且商事活动本身的复杂性也导致商业秘密内容较为庞杂且呈现不断创新发展的情况，因此在确认判断这一构成要件时一般不宜对保密措施过于苛刻，特别是对于一些概况性保密条款不宜一概否认权利人采取了合理保密措施的证明意义。

（二）商业秘密判断确认程序

正因为需要对商业秘密依据上述法律规定进行实质审查，因此行政主体在履行涉及商业秘密的政府信息公开职责时要特别慎重，根据《政府信息公开条例》第二十三条规定，应当分为三步进行判断：一是行政主体对相关政府信息是否涉及商业秘密进行初步判断。在初步判断中，主要是行政主体自己单独将相关政府信息对照《反不正当竞争法》相关条款进行判断确认。二是征求商事主体权利人意见。由于商业秘密本质上属于商事主体私权利范围，因此经行政主体初步确认后需要听取权利人的意见与主张，这既体现了行政主体对商事主

① 北京市第一中级人民法院知识产权庭编著：《知识产权审判分类案件综述》，知识产权出版社2008年版，第180页。

体的尊重，又体现了公权对私权的谦逊。三是行政主体将自身初步判断与征求商业秘密权利人意见综合考虑后，对相关政府信息是否属于商业秘密进行最终确认。这种最终确认是必要的，特别是对于有些虽经行政主体初步判断符合商业秘密法律定义，但经征求权利人意见后，行政主体可能会改变对该信息“三性”要件的认定，从而改变原先自身的初步判断结果，如权利人自身已放弃了对该信息属于商业秘密的主张等，这种最终确认完全有可能得出与行政主体初步判断不同的确认结果。

四、政府信息公开中的价值衡量与职责履行

（一）涉及商业秘密政府信息的区分处理

政府信息的内容一般较为复杂，特别是在当事人申请公开的政府信息中，经常包含多项内容，其中既包含如商业秘密等不应当公开的内容，又包含其他可以公开的内容。应如何处理？是否一概不予公开？笔者认为，对于这种情况应根据“信息的可分割性”原则进行区分处理。所谓“信息的可分割性”原则，确立于美国《信息自由法》的“1974 年修正案”。该修正案要求，“行政机关对于可以公开的信息和免除公开的信息同时规定在一个文件中时，在删除不公开的部分以后，应公开其余部分”。[①] 确立这一原则的目的是在保证其他利益不受影响的前提下，缩小不予公开的范围，以充分保障公众知情权的实现。我国《政府信息公开条例》就是采用的这一原则，第二十二条规定：“申请公开的政府信息中含有不应当公开的内容，但是能够作区分处理的，行政机关应当向申请人提供可以公开的信息内容。”

对于涉及商业秘密的政府信息公开工作，在适用上述规定进行区分处理时，应注意三个问题：一是区分处理的信息单元问题。按照《政府信息公开条例》的规定精神，确定区分处理的信息单元应当以信息本身作为区分处理单元，而不是以信息载体作为区分处理单元。即不是以承载商业秘密信息的文件“整体”作为单位，某一个涉及商业秘密的文件本身也可区分出“不涉及商业秘密可以公开的部分”与“涉及商业秘密不可进行信息公开的例外部分”。二是区分处理的时机问题。虽然笔者在前面阐述涉及商业秘密政府信息公开审查职责的六个步骤时，将区分处理放在第二个步骤，但这只是笔者在本文中为方便论述做了简化，实际政府信息公开工作中遇到的情况会非常

① 王名扬：《美国行政法》，中国法制出版社 1995 年版，第 958 页。

复杂，因此区分处理在实际工作中应当贯穿政府信息公开始终，具体在哪个步骤实施关键应看在哪个步骤时区分处理的时机成熟。如果经过初步判断后，认为相关政府信息中包含商业秘密，但也含有可区分的不属于商业秘密的其他信息内容，那在初步判断后就可以进行区分处理，这实际上也是政府信息公开工作中最经常遇到的情况，也是笔者在前面的阐述中将区分处理放在第二个步骤的原因。有可能是在经过征求权利人意见后或经过对公共利益影响判断后才能区分出可公开的内容与不可公开的内容，那么在相应步骤进行区分处理也是完全可行的。三是区分处理的方法问题。判断信息是否能够区分处理的关键在于信息能否分割。对于申请公开的政府信息来讲，“区分”就是指被申请公开的部分信息内容是否可以区别于其他部分被申请公开的信息内容；“处理”就是指在技术层面可以真正使两种信息相互分离。区分处理的方式可以多种多样。例如，申请公开的信息内容虽涉及商业秘密，但有关商业秘密的部分与其他部分信息完全不在同一载体文件之内，可以直接以公开不涉及商业秘密的文件载体方法进行区分处理。又如，申请公开的信息中涉及商业秘密与不涉及商业秘密的部分虽然共同存在于一个文件载体内，但却存在于该文件的不同部分，那就可以选择提供不涉及商业秘密部分内容信息的方法进行区分处理。再如，申请公开的信息中涉及商业秘密与不涉及商业秘密的信息共同包含在同一文件同一部分中，那可以对文件内容中涉及商业秘密的部分以遮盖的方法进行区分处理等。总之，“区分处理”就是要使《政府信息公开条例》中“公开”为原则，“不公开”为例外的精神真正落实到位，最大限度进行信息公开。

（二）公共利益的衡量

在涉及商业秘密的政府信息公开工作中，对公共利益的确定是一种主观性判断，[①] 行政主体在政府信息公开工作中一般具有较大裁量判断空间，法院在政府信息公开诉讼中对行政主体的判断一般也应给予适当的尊重。对于公共利益的理解可着重结合利益主体的相对不确定性、利益性质的较大影响面、利益保护的特别需要性等方面加以判断。一般认为公共利益包括公共健康、国家安全或者环境保护利益等。[②]

---

① 江必新主编：《〈最高人民法院关于审理政府信息公开行政案件若干问题的规定〉理解与适用》，中国法制出版社 2011 年版，第 154 页。

② 刘文静等：《WTO 透明度与我国行政公开制度》，法律出版社 2008 年版，第 106 页、第 111—112 页。

在公共利益衡量中，应当引起重视的是并非所有属于商业秘密的政府信息在影响或涉及公共利益时都要公开。也就是说在确定属于商业秘密的政府信息会影响或涉及公共利益后，对公共利益的衡量并没有结束，还应继续对公开属于商业秘密的政府信息后是否会对公共利益造成重大影响做进一步衡量。应当指出的是，现实生活中的情况非常复杂，在实体上衡量判断是否会“对公共利益造成重大影响”很大程度上已不单纯是一个法律判断问题，行政主体和法院都应根据不同情况灵活把握，因此应享有一定的衡量判断空间。但对于“对公共利益造成重大影响”的衡量判断程序则是一个单纯的法律问题，衡量程序在政府信息公开工作中不能省略，必须能够体现出来。这个程序问题应当引起重视。

（三）信息公开职责的最终履行

1. 涉及商业秘密政府信息公开的特殊立法精神

《政府信息公开条例》第十四条第四款规定：“行政机关不得公开涉及国家秘密、商业秘密、个人隐私的政府信息。但是，经权利人同意公开或者行政机关认为不公开可能对公共利益造成重大影响的涉及商业秘密、个人隐私的政府信息，可以予以公开。”此条规定明确体现了对涉及商业秘密的政府信息最终履行公开职责时应把握的精神，即通过对社会公众的知情权、商业秘密权利人的私人权利以及公共利益三种利益关系反复衡量判断及谨慎审查之后，在对确认属于商业秘密的政府信息最终履行信息公开职责时，应以“不公开”为原则，“公开”为例外的精神。根据这条规定，这种“例外”的情形主要包括“权利人同意公开”和“不公开可能对公共利益造成重大影响”两类情况。其他情况都不应公开。

2. 书面通知权利人的义务属于最终履行公开职责的内容

在对“例外”情况最终履行公开职责时，行政主体还应在作出公开信息决定的同时履行向商业秘密权利人进行书面通知的义务，这也应属于最终履行公开职责的一部分。根据《政府信息公开条例》第二十三条规定，行政主体决定公开涉及商业秘密的政府信息时，应当“将决定公开的政府信息内容和理由书面通知第三方”。在作出公开决定的同时书面通知权利人，是行政正当程序在政府信息公开工作中的具体体现。通知权利人主要出于两方面原因：一是尊重商事主体即商业秘密权利人对商业秘密的享有权；二是把行政主体最终决定公开的原因告知商业秘密权利人，从而保障权利人能够有针对性地选择行使行政救济权。

3. 作出公开决定到实施公开行为应有合理间隔时间

这个合理间隔时间，有些实务工作者称之为“适当的犹豫期”[①]。对此我国现行《政府信息公开条例》中并未明确规定，但笔者认为根据行政正当程序，行政主体应当保留合理间隔时间。这在强调时限性的政府信息公开工作中显得有些不同寻常，但对于涉及商业秘密的政府信息来讲却有重要意义。因为涉及商业秘密的政府信息一旦公开，即不可挽回，即使权利人行使事后行政救济，亦无法回归原来状态。因此很多国家和地区的政府信息公开法律均对合理间隔时间有明确规定[②]，有些外国法学界甚至存在所谓“撤销诉讼提前”的观点[③]，允许权利人救济提前。我国应在今后正式制订《政府信息公开法》的时候将合理间隔时间进行明确规定，当前我国对此虽没有明确法律依据，但在实际政府信息公开工作中保留合理间隔时间也是正当合理的，有利于权利人在接到行政主体书面通知后及时选择行使行政救济权利。当然，如果权利人选择行使行政救济，那将会引发所谓“反信息公开之诉”，不过那就属于另外一个新的法律关系了，并不在本文探讨范围之内。

五、索引案件的裁判分析

本文中索引案件对涉及商业秘密政府信息公开审查职责的问题展现得较为充分，在行政主体对此类问题履行审查职责方面，除了最后的第六个步骤没有涉及之外，前五个步骤均展现出来。而且经过了行政主体自行履行职责、行政复议机关对政府信息公开履行复议职责以及法院适用修改后的《行政诉讼法》履行司法审查职责，这种“全景式”的展示更有利于理解此类问题。

1. 索引案件中的三种利益关系

本案中区经信委为了实施该区的“物联网综合示范应用项目”工程，经过有关部门正式立项后，使用招投标方式确定了某公司作为工程建设方。区信委使用资金来源中包含政府投资的行为，这些显然均涉及了公共利益。

经过招投标活动，区经信委确定由某公司实施该工程，并与该公司签订了《合同书》。中标某公司为参加招投标活动向区经信委提交的有关文件中必然包含投标价格策略、系统集成运维价格明细和该公司特定的系统集成方案、产品设备采购类型明细等内容，而且这些内容均是商业公司参加工程项目招投标活

---

① 参见李广宇：《政府信息公开司法解释读本》，法律出版社 2011 年版，第 47 页。

② 参见周汉华主编：《外国政府信息公开制度比较》，中国法制出版社 2003 年版，第 598 页。

③ 江利红：《日本行政诉讼法》，知识产权出版社 2008 年版，第 560 页。

动的一般必备内容。这些内容能够使某公司在招投活动中中标，对该公司来说当然商业价值重大。该公司对这些信息内容采取了严格的保密措施，不仅公司内部制订有系统完备的保密制度，而且在与区经信委签订的《合同书》中还专门就相关内容保密事项签订了保密条款，从而确保上述内容仅由该公司自己以及范围固定的极少数如区经信委等商业伙伴知悉。这些都说明相关信息内容完全符合《反不正当竞争法》相关条款对商业秘密“三性”的规定。因此中标某公司对相关信息内容享有商业秘密权利。

江某主张自己是中标某公司在建设某区“物联网综合示范应用项目”工程时转包的实际施工方，在与某公司的工程款结算过程中存在商事纠纷。为解决实际存在的工程款纠纷，江某向工程的发包方及招标方区经信委提出政府信息公开申请，要求获取包含有第三人某公司上述商业秘密的相关政府信息，符合《政府信息公开条例》中规定的“三需要”原则①，其也当然享有社会公众对政府信息的知情权。

2. 索引案件中的初步判断

本案中江某向区经信委提出的政府信息公开申请中包含了三部分内容：一是工程款明细；二是承包合同；三是招标报价明细表。并且江某还在申请中将第一部分内容又细化分为工程款总额和工程款分项明细两项内容。这三部分内容以及第一部分内容再次细化后的分项内容实际上每项内容都是独立的一项信息，都可以与其他部分进行区分。比照《反不正当竞争法》有关商业秘密的规定，可知这三部分信息对第三人某公司来讲都具有商业价值，从某公司自行制订的《保密制度》以及与区经信委签订的《合同书》中规定的保密条款来看，上述内容也都属于采取了保密管理措施的信息。特别是其中除工程款总额外的其他信息内容，由于某公司采取了保密措施，除区经信委作为商业伙伴知悉外，均不为社会公众所知悉，具备商业秘密所有特征。区经信委接到江某的申请后，在初步判断中认定江某的申请包含某公司的商业秘密并无不当。

3. 索引案件中的征求意见

区经信委在接到江某提出的申请后，经初步判断认定申请内容中包含中标某公司商业秘密，并未经过向第三人某公司书面征求意见程序，直接作出了第一次不予公开的答复行为。区经信委未经征求意见直接拒绝江某的申请，表面上维护了某公司的权益，但从依法行政角度来讲，这实际上并不能体现出区经

① 《中华人民共和国政府信息公开条例》第十三条。

信委作为行政主体对某公司商事主体以及商业秘密权利人的真正尊重，因为未经过征求意见程序，实际上是行政主体以自己的判断代替了商事主体作为商业秘密权利人对自己权利的判断和行使，从而剥夺了商事主体（或商业秘密权利人）行使自己权利的机会，虽然在实际情况中商事主体极少就此向行政主体提出行政救济，但依法行政工作中程序合法问题却是不能被行政主体忽视的。也正是出于这个原因，区政府作为行政复议机关在第一次行政复议程序中发现了这个问题，并以此为由撤销了区经信委作出的第一次答复。这体现了区政府作为行政复议机关对程序合法性的重视，因此区政府作出的第一次《行政复议决定书》是正确的。

4. 索引案件中对商业秘密问题的确认

区经信委根据区政府作出的第一次《行政复议决定书》向某公司履行了书面征求意见的程序。在中标某公司明确主张相关内容属于其商业秘密后，区经信委综合考虑自身此前进行的初步判断情况和向某公司的征求意见情况，在第二次答复即本案被诉答复行为中，对江某提出申请中除工程款总额之外的其他申请公开的信息均认定属于某公司的商业秘密，这个认定结果是符合《反不正当竞争法》相关规定的，具有事实依据和法律依据。

5. 索引案件中对公共利益的衡量

如前所述，本案中由于涉案工程项目是该区的“物联网综合示范应用项目”工程，显然与区内民生关系联系紧密，且工程建设资金中包含政府投资，这些均与公共利益有关。在与公共利益有关的情况下，涉及的有关商业秘密私权与涉及的公共利益的公权以及江某的知情权之间相互衡量，到底应如何判断，应当是区经信委在政府信息公开工作中进行确认的重要内容，也是《政府信息公开条例》规定的法定程序，但区经信委却并未进行这项衡量判断工作，直接就作出了第二次答复即本案被诉答复行为，决定不予公开，显然属于事实不清、主要证据不足。

6. 索引案件中的区分处理

由于涉案工程项目属于区经信委采用招投标方式确定第三人某公司作为工程建设方，因此在向社会公开的《中标公告》中已将江某申请公开的第一项信息中的工程款总额信息作为“中标金额”向社会进行了公示，因此此项信息并不具有《反不正当竞争法》规定的秘密性特征。虽然江某将此项信息包括在其提出的第一项申请内容当中，但江某也在申请中将此项信息细化明确，所以区经信委应当对此项信息与江某申请公开的其他信息进行区分处理，但区经信委无论在初步判断中，还是向第三人某公司征求意见中，以及最终作出的第二次答复即本案被诉答复行为中，均未把此项信息与江某申请的其他信息进行区分处理，因此也属于主要事实不清、主要证据不足。

7. 索引案件的裁判结果评析

本案属于修改后的《行政诉讼法》规定的“复议维持双被告”诉讼模式的行政诉讼案件。经过法院审理，区经信委作出的第二次答复即本案被诉答复行为，认定江某提出的申请内容中除工程款总额之外的政府信息均属于涉及第三人某公司的商业秘密，区经信委这种对商业秘密的判断是正确的。但区经信委既未对属于商业秘密的政府信息与涉及的相关公共利益进行衡量判断，又未对不符合商业秘密的工程款总额信息与其他申请的信息进行区分处理，均属于事实不清，因此一审法院认定区经信委作出的被诉答复行为事实不清、主要证据不足，并判决撤销，且责令区经信委重新对江某申请履行政府信息公开职责是正确的。

在“复议维持双被告”诉讼模式的行政诉讼案件中，虽然相关法律和司法解释只规定了行政复议机关对复议程序合法性负责举证，但如果原行政行为合法性丧失，则行政复议决定的合法性存在基础也自然随之丧失，因此行政复议机关还应对行政复议决定的审查结论合法性负责。本案中，由于区经信委作出的被诉答复行为不合法，所以一审法院认定区政府作为行政复议机关作出的被诉《行政复议决定书》的审查结论不合法，并判决一并撤销了区政府的被诉《行政复议决定书》也是正确的。

最后还应再明确一个观点，在政府信息公开行政诉讼中，法院司法审查的对象是行政主体作出的政府信息公开行政行为，这与知识产权诉讼中法院直接对商业秘密等知识产权问题进行裁判认定不同，因此不宜由法院直接在政府信息公开行政诉讼裁判文书中对相关信息是否属于第三人商业秘密进行认定，法院在行政诉讼中一般只能对行政主体认定是否属于商业秘密行为的合法性进行裁判认定。这也体现了法院在行政诉讼和知识产权诉讼中不同的职能定位。而本案中一审法院的裁判文书也体现了行政审判的这一特点。

结语

政府信息公开工作是依法行政的重要组成部分，党的十八届四中全会以来，以习近平同志为核心的党中央对政府信息公开工作更加重视，要求“全面推进政务公开”，特别在《政府信息公开条例》的基础上进一步提出“坚持以公开为常态，不公开为例外原则”①。但笔者因自身水平所限，对政府信息公开工作的认识还很肤浅，所以愿以本文为契机加强与各界学者以及实务工作者的交流和沟通，一同提升对政府信息公开工作的理解与认识，共同依法推进我国政府信息公开工作向前发展，为加快法治政府建设贡献自己的力量。

（作者单位：北京市石景山区人民法院）

① 《中共中央关于全面推进依法治国若干重大问题的决定》“三、深入推进依法行政，加快建设法治政府”。

政府采购投标人重大违法记录的认定

——延边东北亚客运集团有限公司诉延吉市财政局政府采购行政决定案

李红广　刘玉敏

【裁判要旨】

分公司作为总公司的分支机构，是总公司内部的一个组成部分，自身不具备法人资格，对分公司的行政处罚结果应当及于总公司；单行法律对于不同的行政管理领域中违法行为所规定的行政处罚种类、性质及数额存在差异。“较大数额罚款”“较重的行政处罚”仅仅是从行政处罚结果这一视角来评价的，其与“一般的违法行为”“较重的违法行为”等不必然存在对应关系；与上位法不抵触的地方性法规和政府规范性文件可以作为认定行政处罚结果和性质的依据；“收回客运班线经营权”属于行政法规规定的“重大违法记录”。

【案号】

一审：吉林省延吉市人民法院（2016）吉2401行初105号。

二审：吉林省延边朝鲜族自治州中级人民法院（2016）吉24行初138号。

【案情】

上诉人（原审原告）：延边东北亚客运集团有限公司（以下简称东北亚客运公司）。

被上诉人（原审被告）：延吉市财政局（以下简称市财政局）。

2016年6月，市财政局对延吉市客运站的经营组织委托经营采购招标，经延边州财政局批准，采用竞争性谈判采购方式，委托吉林省华腾工程项目管理有限公司（以下简称华腾公司）组织招标活动。2016年6月27日，由延吉市至诚公证处公证、市财政局政府采购管理办公室监督，经评委评审确定了预中标供应商为东北亚客运公司，中标价格279万元，并于2016年6月28日在延吉市政府采购网、吉林省公共资源交易信息网上发布了预中标公告。2016年6月30日，参与投标的供应商延边运输有限公司（以下简称延边运输公司）向华腾公司提出质疑，该公司于2016年7月5日作出了答复。延边运输公司对答复不服，于2016年7月8日向市财政局提出投诉。市财政局依法受理了延边运输公司对东北亚客运公司的投诉并进行了调查，于2016年8月15日作出《政府采购投诉处理决定书》（以下简称《投诉处理决定》），以东北亚客运公司参加本次政府采购活动前三年内在经营活动中有重大违法记录为由，确定东北亚客运公司无投标资格，本次招标活动废标。东北亚客运公司不服市财政局的处理决定，向原审法院提起行政诉讼。

另查明，2014年9月9日，东北亚客运公司所有的吉H11903号金龙大型客车由和龙龙门村发往延吉，在行至头道收费站附近时发生侧翻，造成1人死亡、21人受伤的交通事故。2014年10月22日，延边州运输管理处（以下简称州运管处）作出吉延州运罚〔2014〕第054号《交通运输行政处罚决定书》，以"未检查出驾驶人员使用失效从业资格证驾驶营运车辆"的行为违法为由，对东北亚客运公司的分支机构东北亚客运公司延吉公路客运总站（以下简称延边东北亚客运总站）作出罚款15000元的处罚决定。

2014年10月8日，东北亚客运公司又因擅自停运该线路部分客运班次，被州运管处发文（延州交运管〔2014〕33号）收回了该客运班线经营权。2015年1月30日，和龙市人民法院作出（2014）和刑初字第151号刑事判决书，判处造成本次事故的受聘于东北亚客运公司的驾驶员王延君有期徒刑2年6个月，缓刑3年的刑罚。对本次交通事故，吉林省运输管理局于2014年10月14日，向全省市（州）、县两级运输管理部门作出了吉运安监〔2014〕51号《吉林省运输管理局关于对延边州"9·09事故"调查处理和安全生产约谈情况的通报》，对该事故有关责任单位和人员的处理意见中要求："一是由延边州运输管理处依法吊销东北亚客运公司延吉至龙门客运班线经营许可，处以3000元的处罚……二是取消东北亚客运公司2014年、2015年安全生产奖励评比资格，两年内暂停其新增客运班线经营许可。三是责令东北亚客运公司开展为期一个月的安全生产整顿，并对负责安全生产和驾驶员聘用的主管领导和相关人员进行责任追究。"

另查明，案外人延边运输公司作为投诉人，于2016年7月8日向市财政局提交《政府采购投诉书》，市财政局接到投诉书之后，未在法定期间内向东北亚客运公司送达投诉书副本，其于2016年7月13日向东北亚客运公司发出

《延吉市财政局关于东北亚客运公司进行“三年内无重大违法记录”澄清的函》。州运管处于2014年10月22日作出吉延州运罚〔2014〕第054号《交通运输行政处罚决定书》认为：“东北亚客运总站未检查出驾驶人员使用失效从业资格证驾驶营运车辆的违法行为，违反了《道路旅客运输及客运站管理规定》第九十五条和《汽车客运站营运客车出站检查工作规范》第十条、第十一条的规定。依据《道路旅客运输及客运站管理规定》第九十五条规定，对东北亚客运总站处以15000元罚款，并责令改正。”州运管处稽查支队于2016年7月18日作出《处罚情况说明》和《证明》。说明处罚“不是对东北亚客运公司所属的东北亚客运总站违法经营作出的处罚，而是对企业安全生产主体责任不认真进行的处罚”；证明“延边州运管处稽查支队对延边东北亚客运总站因在2014年‘9·09’事故中，未检查出驾驶员使用失效从业资格证情况进行了处罚，是依据《道路旅客运输及客运站管理规定》第九十五条及《汽车客运站营运客车出站检查工作规定》第十条、第十一条相关规定进行的处罚，属一般情况的处罚”。州运管处于2014年10月8日作出延州交运管〔2014〕33号《关于收回延边东北亚客运集团有限公司延吉至龙门客运班线经营权的通知书》载明：“州运管处于2012年7月25日通知你公司中标延吉至龙门客运班线经营权，并于2012年8月1日与公司签订《吉林省道路客运班线经营权使用管理合同》，同日下达《客运班线经营行政许可决定书》。经调查，你公司经营后，未按照中标书履行承诺，未按照许可经营，具体如下：1. 擅自暂停部分客运班次……2. 未督促乘客佩戴安全带……依据你公司与州运管处签订的《吉林省道路客运班线经营权使用管理合同》规定，‘乙方（东北亚客运公司）保障按照投标文件及其附件的各项承诺和招标文件要求进行经营，并接受甲方的监督考核，按相关条款、规定接受处理’。据此，视你公司已放弃延吉至龙门客运班线经营权，由州运管处收回该客运班线经营权。”

【审判】

一审认为，根据《中华人民共和国政府采购法》（以下简称《政府采购法》）及其实施条例的规定，东北亚客运公司的下属职能部门未检查出客车驾驶员使用失效从业资格证驾驶营运车辆，被行政主管部门罚款15000元，属于较重的违法行为。东北亚客运公司是企业法人，企业法人应对内设机构（包括通过招标经营的分支企业）的生产安全承担责任。东北亚客运公司聘用无从业资格的驾驶员驾车营运，并发生多人伤亡的交通事故，被省政府运输管理部门在全省通报，属于重大违法记录。东北亚客运公司擅自停运客运班次，被收回客运班线经营权，即属于被吊销许可证的行为，也属于有重大违法记录。关于东北亚客运公司提出的收回客运班线经营权未实际履行的主张，原审认为，东北亚客运公司是否履行行政决定，不影响被吊销行政许可的事实。故市财政局作出的《投诉处理决定》认定事实清楚，证据充分，适用法律法规正确。原审判决：驳回东北亚客运公司的诉讼请求。

一审宣判后，上诉人东北亚客运公司不服，提起上诉称：一、《投诉处理决定》程序违法，内容违法。1. 市财政局在没有给东北亚客运公司送达投诉书副本的情况下作出处理决定属行政程序违法。2.《政府采购供应商投诉处理办法》（以下简称《投诉处理办法》）第八条明确规定了被投诉人是指采购人、采购代理机构。供应商不是被投诉人。市财政局作出的处理决定将东北亚客运公司列为被投诉人，没有法律依据。同时，市财政局作出的处理决定结论违法。根据《投诉处理办法》第十九条，财政部门经审查认定采购文件、采购过程影响或者可能影响中标、成交结果的，或者中标、成交结果的产生过程存在违法行为，政府采购合同尚未签订的，分别根据不同情况决定全部或者部分采购行为违法，责令重新开展采购活动。在本次采购活动中东北亚客运公司自认没有过错，即便有问题，那么按照处理办法的规定，采购合同尚未签订，处理的结论也应该是责令采购人或代理公司重新开展采购活动，而非直接下“本次招标活动废标”这个结论。二、东北亚客运公司不存在违反《政府采购法》第二十二条规定的行为。1. 2014年东北亚客运公司分公司被州运管处处罚15000元，不应属于《政府采购法实施条例》第十九条规定的“重大违法记录”。因为东北亚客运公司属于道路运输行业，2014年分公司发生的事故，州运管处是依据《道路旅客运输及客运站管理规定》及《汽车客运站营运客车出站检查工作规范》作出的处理。而此处理结论在这一行业里只是一般性质的处罚。对处罚的定性，2016年7月州运管处稽查支队出具了《证明》，证明对东北亚客运公司分公司2014年的处罚是一般情况的处罚。2. 州运管处收回客运班线经营权，并非吉林省运输管理局通报中所称是被吊销了此班线的经营许可。并且被收回的客运班线经营权只是众多班线中的一条，东北亚客运公司一直在运营中，且这两个班次也是因为客流量小，东北亚客运公司主动放弃的，而非事故处罚收回。因此这一通报不能视为东北亚客运公司的重大违法记录。3. 市财政局下达的处理决定认定东北亚客运公司被停产停业，这一认定没有依据。4. 市财政局及原审法院依据《吉林省实施〈中华人民共和国行政处罚法〉若干规定》第九条第三款的规定，认定东北亚客运公司有重大违法记录是错误的。第九条规定的是较重的行政处罚应当集体讨论通过，不能以此规定认定东北亚客运公司有重大违法记录，应结合交通运输行业的重大处罚的标准来认定，而交通运输行业的重大处罚标准是3万元以上。5. 原审判决认定东北亚客运公司下属职能部门或下属机构受到的处罚均属于东北亚客运公司受到处罚，并据此认定东北亚客运公司存在重大违法记录，明显混淆了主体问题，并且无明确法律根据。依照行政诉讼法有关规定，作出行政决定或行政判决，必须具备明确的法律根据，否则就不符合行政法的基本原则。东北亚客运公司是拥有10个分公司，9个子公司的集团企业，仅具有单独营业执照的客运站就有11个，运输分公司6家。因此，对东北亚客运公司下设分公司的处罚不能视为东北亚客运公司有重大违法记录，也不等同于对东北亚客运公司的处罚，否则处罚决定中就没有必要写明被处罚对象是东北亚客运总站。故请求撤销原判，撤销市财政局作出的政府采购处理决定。

被上诉人市财政局的主要答辩意见是：一、关于决定程序问题。市财政局在作出决定前已经将投诉书送达东北亚客运公司，并对投诉书反映的问题书面告知东北亚客运公司，要求其作出解释说明。东北亚客运公司针对投诉书涉及的问题提出答复意见并提供了相关证据。因此，市财政局作出决定书的程序合法。东北亚客运公司说不知道投诉内容不是事实。二、关于决定内容问题。投诉人投诉的内容，主要反映的是东北亚客运公司不具备投标的资格。因此，该公司作为被投诉的投标参与商，决定将其列为被投诉人并无不当。《投诉处理办法》并没有规定在行政决定中被投诉的其他参与商在文件中的称谓不得使用被投诉人，且对东北亚客运公司的称谓不影响行政决定的合法性。因东北亚客运公司不符合投标条件，投标人仅为一家，根据《政府采购非招标采购方式管理办法》第二十七条、《政府采购法》第三十七条规定，只能先行废标，待批准后重新组织招标活动。三、东北亚客运公司存在三年内重大违法记录，不符合《政府采购法》第二十二条规定资格条件的事实清楚，证据充分。东北亚客运公司的上诉理由不成立。

二审法院的主要裁判理由是：东北亚客运分公司系东北亚客运公司的分公司，作为总公司的分支机构，自身不具备法人资格。行政机关对东北亚客运公司下设分公司在经营过程中存在的违法行为作出的行政处罚，其不利结果应当及于总公司；依照现行有效地方性法规和规章的规定，在吉林省行政区划内，对法人或者其他组织处以1.5万元的罚款，既属于“较大数额罚款”，又属于“较重的行政处罚”；上诉人东北亚客运公司依据其他规范性文件主张其因一般性质的违法行为受到的行政处罚，不属《政府采购法》所规定的“重大违法记录”，没有事实和法律依据，不予认定。相关行政机关事后出具的相关说明亦不能作为认定本案相关行为性质的依据；交通运输行政机关作出的“收回客运班线经营权”应视为“重大违法记录”的决定，原审将该行为直接认定为“吊销行政许可”本身不妥，但不影响对该行为性质的认定。至于该“收回客运班线经营权”的行政行为是否实际履行，亦不影响对该行为性质的认定；参与投标的案外人直接针对东北亚客运公司的经营行为提出投诉，市财政局将东北亚客运公司列为被投诉人并无不当，且不影响本案的处理结果。东北亚客运公司对此提出的主张，不予认定；市财政局根据本次招投标的实际情况，决定本次招标活动废标，符合行业的习惯做法，也与部门规章的规定不抵触。东北亚客运公司主张市财政局作出的处理结果违法，不予认定。故依照《行政诉讼法》第八十九条第一款第（一）项之规定，判决如下：驳回上诉，维持原判。

【评析】

一、背景情况介绍

依照《政府采购法》和《政府采购法实施条例》的规定，向采购人提供货物、工程或者服务的供应商参加政府采购活动应当具备法定的条件，其中就包括“参加政府采购活动前三年内，在经营活动中没有重大违法记录”。尽管行政法规对“重大违法记录”作了列举式的规定，但在具体操作中，对“重大违法记录”的认定仍存在很多不同认识，并由此引发“对分公司的处罚能否及于总公司”“较大数额罚款”的标准认定等诸多问题。人民法院在审理此类案件时，应当遵循立法本意及法律适用原则，准确作出认定。

二、确立裁判要旨的理由

（一）对分公司的行政处罚结果能否及于总公司

东北亚客运公司主张，对东北亚客运公司下设分公司的处罚不能等同于对东北亚客运公司的处罚，也不能视为东北亚客运公司有“重大违法记录”，否则处罚决定中就没有必要将分公司列为被处罚对象。二审法院在审理中，少数观点也认为，既然分公司可以作为被行政处罚的对象，而且分公司也具备相对独立的承担法律责任的能力，对分公司的行政处罚所产生的不利后果不应及于总公司。

多数意见则认为：1. 关于分公司与总公司之间的关系以及分公司的法律地位等问题。有关行政法律、法规对此并未作出具体规定，在此情况下，可依照

"行政参照民事"这一法律适用规则。尽管这一规则是在《行政诉讼法》及司法解释中确立的，但鉴于司法程序较之行政程序更加严谨规范，有关行政诉讼程序中法律适用的相关理念、规则及原则，当然可以适用于行政执法程序。《公司法》第十四条规定："公司可以设立分公司。设立分公司，应当向公司登记机关申请登记，领取营业执照。分公司不具有法人资格，其民事责任由公司承担。公司可以设立子公司，子公司具有法人资格，依法独立承担民事责任。"《公司登记管理条例》第四十五条规定："分公司是指公司在其住所以外设立的从事经营活动的机构。分公司不具有企业法人资格。"第四十六条规定，分公司的经营范围不得超出公司的经营范围。依照以上规定，分公司自身不具备法人资格，经工商登记并领取营业执照的分公司可以在工商核准的营业范围内对外从事经营活动。分公司作为总公司的分支机构，是总公司内部的一个组成部分，是总公司基于财税和经营便利等原因，根据总公司的意志所设立的对外从事总公司部分经营业务的机构，且分公司的经营范围不得超出总公司的经营范围。既然分公司经营的业务只是总公司经营业务的一部分，那么对总公司经营业务的总体评判，必然要包含对分公司经营业务的部分。就本案而言，上诉人东北亚客运公司自认"东北亚客运公司是拥有10个分公司、9个子公司的集团企业，仅具有单独营业执照的客运站就有11个，运输分公司6家"。由此可见，上诉人东北亚客运公司的总体经营也是由各分公司和子公司来具体完成的。倘若法律允许总公司以自身名义获得行政许可，此后又将许可事项交由分公司来具体经营，一旦分公司在实施行政许可事项时因存在违规而被认定为存在"重大违法记录"，而这种不利影响又不及于总公司，那么《政府采购法》及其他有关行政许可监督管理的法律、法规对行政相对人获取行政许可所设置的条件，必将流于形式。这样不仅损害了其他行政许可申请人的公平竞争权，也必将使得行政执法无所适从，且有违立法本意。

2. 上诉人东北亚客运公司提出的分公司可以单独成为被处罚的行政主体的问题。虽然《行政处罚法》赋予分公司在行政执法程序中行政相对人的资格，分公司可以被列为被处罚人，《行政诉讼法》及司法解释也赋予分公司以其他组织的身份参加诉讼的资格，但是法律这种设定本身仅是从分公司具备一定的承担法定义务特别是财产给付能力，将其作为行政相对人或诉讼当事人，有利于纠纷的解决等角度考量。并不因此而使行政机关对分公司经营行政许可事项的行政处罚事实结果，完全独立于对总公司是否存在"重大违法记录"的评审之外。因此，对东北亚客运公司提出的其下设分公司受到的行政处罚不能视为总公司有“重大违法记录”，也不能等同于对总公司处罚的上诉主张不应支持。

（二）“较大数额罚款”的标准认定

上诉人东北亚客运公司主张，依据客运经营相关规范性文件规定及运输行政主管部门出具的证明，其因一般性质的违法行为受到的行政处罚，不属《政府采购法》所规定的“较大数额罚款”。二审在审理中，也有少数意见对此持肯定态度。

多数意见认为：1.《行政处罚法》第四条第二款规定：“设定和实施行政处罚必须以事实为依据，与违法行为的事实、性质、情节以及社会危害程度相当。”按照行政处罚实施的一般原则，行政机关作出行政处罚应当对违法行为的性质、情节、社会危害程度等进行综合考量。其中，“违法行为的性质”只是作出行政处罚结果的考量情节之一。一方面，我国各地区的经济、文化等发展不平衡，情况差异较大；另一方面，各部门实施处罚的领域不同，情况亦有差别。因此，单行法律对不同的行政管理领域中违法行为所规定的行政处罚种类、数额必然存在差异。现实的情况也印证了这一点，即某一行政管理领域中一般的违法行为被课以罚款的数额，可能远远高于其他行政管理领域中较重的违法行为被课以罚款的数额。同时，即使在同一行政管理领域，行政处罚结果也会存在地区差异。由此，可以得出这样一个结论，即不同领域之间，“较大数额的罚款”并非一定对应“较重的违法行为”或“较重的违法程度”。“较大数额的罚款”“较重的行政处罚”仅仅是从行政处罚结果这一视角来评价的，其与“一般的违法行为”“较重的违法行为”等也不必然存在对应关系。

2.《行政处罚法》第四十二条规定，行政机关作出责令停产停业、吊销许可证或者执照、较大数额罚款等行政处罚决定之前，应当告知当事人有要求举行听证的权利；当事人要求听证的，行政机关应当组织听证。第三十八条规定，对情节复杂或者重大违法行为给予较重的行政处罚，行政机关的负责人应当集体讨论决定。第十三条规定，省、自治区、直辖市人民政府和省、自治区人民政府所在地的市人民政府以及经国务院批准的较大的市人民政府制定的规章可以在法律、法规规定的给予行政处罚的行为、种类和幅度的范围内作出具体规定。现行有效的吉林省人民政府吉政令第58号即《吉林省人民政府关于行政处罚听证范围中“较大数额罚款”数额的规定》，依照《行政处罚法》的上述规定，对吉林省行政区划内行政处罚听证范围中“较大数额罚款”数额规定如下：“一、对个人处以1000元以上罚款的，对法人或者其他组织处以5000元以上罚款的，在作出行政处罚决定前，应当告知当事人有要求举行听证的权利，当事人要求听证的，应当组织听证。二、法律、法规或公安部以及实行垂直领导的国务院有关行政主管部门对行政处罚听证范围中‘较大数额罚款’数额另有规定的，从其规定。”该规范性文件属地方政府规章，不违反上位法的规定，可以作为吉林省行政区划内确定“较大数额罚款”的依据。

3. 吉林省人大常委会制定施行的《吉林省实施〈中华人民共和国行政处罚法〉若干规定》第九条规定，对情节复杂或者重大违法行为给予较重行政处罚的案件，行政机关的负责人应当集体讨论决定，并记录在案，其中“较重的行政处罚”包括：责令停产停业；吊销许可证或者执照；对公民处以2000元以上罚款，对法人或者其他组织处以1万元以上罚款。该规范性文件系地方性法规，同样可以作为吉林省行政区划内确定“较重的行政处罚”的依据。

4.《行政处罚法》基于行政处罚结果对行政相对人的权益影响程度大小等相关考量，将包括“较大数额罚款”“吊销许可证或者执照”等行政处罚行为纳入应当告知听证的范围，将“情节复杂”“重大违法行为给予较重的行政处罚”纳入行政机关负责人应当集体讨论决定的范围。其设立宗旨在于通过设定听证以及集体讨论的程序、范围，充分保护当事人的知情权及陈述、申辩权，切实维护当事人的合法权益。前述吉林省政府的规章也据此对应当告知听证权利的罚款数额的标准作出具体规定，吉林省地方法规也对应当纳入集体讨论的行政处罚程度作出具体规定。另外，该规章及地方法规也同时对吉林省内“较大数额罚款”“较重的行政处罚”评判依据作出了具体规定。

根据以上分析认定：在吉林省行政区划内，对法人或者其他组织处以1.5万元的罚款，既属于“较大数额罚款”，又属于“较重的行政处罚”。

（三）“收回客运班线经营权”的性质认定

《政府采购法实施条例》第十九条规定：“政府采购法第二十二条第一款第五项所称重大违法记录，是指供应商因违法经营受到刑事处罚或者责令停产停业、吊销许可证或者执照、较大数额罚款等行政处罚。”行政法规对“重大违法记录”的认定标准和范围，从立法角度采取的是“列举加兜底”的方式。“收回客运班线经营权”并不属于行政法规明文规定的“重大违法记录”情形，由此也产生了对行政法规的法律解释问题。少数意见主张应对行政法规作限缩性解释，行政法规未明文规定的不属于“重大违法记录”。

多数意见认为，行政法规此处列举事项后面所称的“等”，系“等外等”，也即行政法规规定的“重大违法记录”包括上述四种情形，但不限于此。与上述四种情形相类似的行为，仍可被视为有“重大违法记录”。

延边州运管处依据交通运输管理相关法律规定，与东北亚客运公司签订的《吉林省道路客运班线经营权使用管理合同》，并非平等民事主体之间签订的民事合同，系行政机关为实现交通运输行政管理目的而与被许可人签订的行政协议。该协议系双方当事人自愿签订，内容合法有效，可以作为行政机关监管、评审行政许可实施情况的依据。交通运输部发布的《道路旅客运输及客运站管理规定》第九十条规定：“违反本规定，客运经营者有下列情形之一的，由县级以上道路运输管理机构责令改正，处1000元以上3000元以下的罚款；情节严重的，由原许可机关吊销《道路运输经营许可证》或者吊销相应的经营范围：（一）客运班次不按批准的客运站点停靠或者不按规定的线路、班次行驶的……”上诉人东北亚客运公司下属分公司在经营过程中，违反协议及交通运输行政管理规定，虽然延边州交通运输行政管理机关以其违反行政协议为由收回客运班线经营权，但处理结果亦符合部门规章规定的“吊销《道路运输经营许可证》或者吊销相应的经营范围”的违法情形，行政处理结果亦与行政法规规定的“重大违法记录”情形中的“吊销许可证或者执照”类似。且此前吉林省交通运输管理部门作出的事故通报对该事故有关责任单位和人员的处理意见中，也明确要求由延边州运输管理处依法吊销东北亚客运公司延吉至龙门客运班线经营许可。延边州交通运输行政管理机关收回东北亚客运公司客运班线经营权的处理结果也符合上级行政机关的要求。尽管原审将该行为直接认定为“吊销行政许可”本身不妥，但不影响对该行为性质的认定。至于该“收回客运班线经营权”的行政行为是否实际履行，亦不影响对该行为性质的认定。

综上，二审认为，法律和行政法规对于参加政府采购活动供应商的经营活动是否存在“重大违法记录”，只是将参加政府采购活动前三年内因违法经营受到“较大数额罚款”“吊销许可证或者执照”等行政处罚结果作为评判标准之一，而并非是“一般违法行为”“重大违法行为”等违法行为的性质及违法行为的事实、情节等。上诉人东北亚客运公司依据其他规范性文件主张其因一般性质的违法行为受到的行政处罚，不属《政府采购法》所规定的“重大违法记录”，没有事实和法律依据。交通运输行政管理机关事后出具的相关说明亦不能作为认定本案相关行为性质的依据。

三、其他问题

本案中还涉及行政执法程序及行政处理结论合法性的问题。二审认为，被上诉人市财政局在收到投诉人提交的《政府采购投诉书》后，未在法定期间内向东北亚客运公司送达投诉书副本，违反了相关行政执法程序的规定。上诉人东北亚客运公司对此提出的异议成立。但市财政局此后向东北亚客运公司发出《延吉市财政局关于东北亚客运公司进行“三年内无重大违法记录”澄清的函》，与投诉人所投诉的内容一致，东北亚客运公司针对投诉书涉及的问题也提出答复意见并提供相关证据。因此，市财政局作出行政行为的程序存在的瑕疵不影响对主要执法程序合法性的认定。参与竞争的案外人直接针对东北亚客运公司的经营行为提出投诉，市财政局将东北亚客运公司列为被投诉人，亦并无不当，且不影响本案的处理结果。市财政局对东北亚客运公司作出处理决定发生在此次招投标中的预中标公告期间，此次政府采购合同尚未签订。东北亚客运公司因在参加此次政府采购活动前三年内，在经营活动中存在“重大违法记录”，市财政局认定其无投标资格符合法律及部门规章的规定。同时，市财政局根据本次招投标的实际情况，决定本次招标活动废标，符合行业的习惯做法，也与部门规章的规定不抵触。东北亚客运公司主张市财政局作出的处理结果违法，没有法律依据。

（作者单位：吉林省延边朝鲜族自治州中级人民法院）

社保经办机构违法准许自由职业者一次性补缴养老保险的行为对社会保障行政部门和人民法院没有拘束力

夏文浩

【裁判要旨】

保险制度的核心在于承保不确定风险。禁止向前补缴历史保费，以防不确定风险变为确定事件，是保险基本规则。作为一种特殊保险，社会保险尚具有维护社会稳定的功能，故相关法律法规赋予了用人单位强制缴纳保费的法定义务，用人单位应当为职工缴纳养老保险而未缴纳的，必须予以补缴。但是，对于自由职业者而言，是否按期缴纳社会保险遵循自愿原则。自由职业者要求补缴历史保费的，社保经办机构应当不予准许。社保经办机构准许自由职业者一次性补缴历史保费的行为，因明显违反社会保险法而无效。社会保障行政部门在行使行政职权时拒绝认定该段缴费年限，人民法院应当予以支持。

【案号】

江苏省南京铁路运输法院（2017）苏 8602 行初 1138 号。

【案情】

原告：李云林。

被告：江苏省南京市人力资源和社会保障局（以下简称南京市人社局）。

被告：江苏省人力资源和社会保障厅（以下简称江苏省人社厅）。

原告李云林，1976 年 2 月入伍，1980 年 1 月退伍。2011 年 6 月，李云林以个体及自由职业者身份在江苏省淮安市涟水县一次性补缴了 2006 年 1 月至 2010 年 12 月期间的社会保险，2014 年 10 月再次在涟水县一次性补缴了 2011 年 1 月至 2011 年 12 月期间的社会保险，2011 年 11 月至 2016 年在江苏华宁工程咨询监理有限公司就业，并在南京市按月足额缴纳社保费用。2016 年 5 月，李云林将基本养老保险关系转移接续到南京市。2017 年 1 月 9 日，李云林通过用人单位向被告南京市人社局提出退休申请。南京市人社局收到申请后，经审核认定李云林不符合领取基本养老保险待遇的条件，于2017年3月22日作出不予批准决定书。李云林收到决定书后，于2017年5月2日向江苏省人社厅邮寄行政复议申请书。经复议，江苏省人社厅于2017年6月29日作出复议决定书，维持了南京市人社局的不予批准决定书。李云林收到复议决定书后，向法院提起本案行政诉讼。

【审判】

南京铁路运输法院经审理认为，《中华人民共和国社会保险法》第六十条第一款规定："用人单位应当自行申报、按时足额缴纳社会保险费，非因不可抗力等法定事由不得缓缴、减免。职工应当缴纳的社会保险费由用人单位代扣代缴，用人单位应当按月将缴纳社会保险费的明细情况告知本人。"第六十三条第一款规定："用人单位未按时足额缴纳社会保险费的，由社会保险费征收机构责令其限期缴纳或者补足。"《社会保险费征缴暂行条例》第三条第一款规定："基本养老保险费的征缴范围：国有企业、城镇集体企业、外商投资企业、城镇私营企业和其他城镇企业及其职工，实行企业化管理的事业单位及其职工。"《江苏省社会保险费征缴条例》第三条第一款规定："基本养老保险费征缴范围：国有和国有控股企业、股份有限公司、外商投资企业（包括外国企业的分支机构，下同）及其职工，城镇集体企业、城镇私营企业和其他城镇企业及其职工，实行企业化管理的事业单位及其职工，国家机关、事业单位、社会团体及其编制外聘用人员，民办非企业单位及其职工，城镇个体工商户及其雇工。"上述法律、法规、规章在保险法律关系和劳动法律关系之间进行了利益衡量，为了保障职工的权益，赋予了用人单位强制缴纳社会保险的法定义务。如果用人单位应当为其职工缴纳社会保险而实际未缴纳，质言之，出现"应缴未缴"的情形时，才能而且必须由用人单位予以补缴，否则由社会保险征缴机构予以强制征缴。

相对地，法律并没有强制要求自由职业者缴纳社会保险。《中华人民共和国社会保险法》第六十条第二款规定："无雇工的个体工商户、未在用人单位参加社会保险的非全日制从业人员以及其他灵活就业人员，可以直接向社会保险费征收机构缴纳社会保险费。"《江苏省社会保险费征缴条例》第十三条第一款规定："鼓励自由职业者等人员按照规定参加各项社会保险。"法律、法规对自由职业者参加社会保险，采取的是自愿和鼓励的态度。因此，以自由职业者身份参保，应当符合保险的一般规则。对此，原劳动和社会保障部《关于完善城镇职工基本养老保险政策有关问题的通知》（劳社部发〔2001〕20号）第三条规定，城镇个人工商户等自谋职业者以及采取各种灵活方式就业的人员不得以事后追补缴费的方式增加缴费年限；江苏省人社厅发布的《关于对职工基本养老保险关系转移接续有关问题的复函》（苏人社函〔2013〕483号）规定，对于违规补缴养老保险费的，其违规一次性补缴的缴费年限不予认可。因此，李云林在淮安市涟水县以自由职业者身份一次性补缴社会保险费的行为存在重大明显违法，涟水县当地社会保险经办机构的行为属于无效行为，当然不可能对江苏省和南京市的社会保障行政部门产生任何拘束力。南京市人社局、江苏省人社厅不予认定李云林在淮安市涟水县以自由职业者身份一次性补缴社会保险费期间的缴费年限于法有据。

根据《江苏省企业职工基本养老保险规定》第十八条规定，李云林向南京市人社局申请办理退休时的材料反映其累计缴费年限不足15年。因此，南京市人社局对李云林作出不予批准决定书并无不当，江苏省人社厅作出的复议决定书符合《中华人民共和国行政复议法》的相关规定。

南京铁路运输法院于2017年9月18日作出（2017）苏8602行初1138号判决：驳回原告李云林的全部诉讼请求。

各方当事人均未上诉，判决已生效。

【评析】

本案是典型的在一地以自由职业者身份补缴养老保险，转移接续至另一地（通常是经济较为发达地区）办理退休审批的案件，具有法律和社会双重意义。

一、法律意义：社保经办机构违法准许自由职业者一次性补缴养老保险属于无效行为

本案争议焦点在于，李云林分两次以自由职业者身份在江苏省淮安市涟水县一次性补缴了2006年1月至2010年12月和2011年1月至2011年12月期间的社会保险，南京市人社局在退休审批时是否应当认定该段缴费年限。李云林的主要意见为，其补缴是经过当地社保经办机构同意的。照理，当地社保经办机构在办理社保保险事务时属于行政主体，准许补缴养老保险的行为属于行政行为，其他主体应当接受和尊重。但是，该行为之所以不能对社会保障行政部门和人民法院产生拘束力，是因为它属于无效行为。《中华人民共和国社会保险法》和《江苏省社会保险费征缴条例》规定了应当补缴的情形，其中不包括自由职业者。社会保险法律关系属于公法关系，参保人的权利属于公法权利。

公法权利不适用“法无禁止即自由”的原则，必须具有实体法上依据。因此，社保经办机构准许自由职业者一次性补缴养老保险是违法行为。更为重要的是，该违法行为发生在保险这一特殊领域。保险原则上是承保不确定风险，这是保险制度的核心和根本。因此，禁止向前补缴历史保费，使不确定风险变为确定事件，是保险的基本规则。如果允许自由职业者一次性向前补缴历史养老保险保费，将使不确定风险变为必然事件，违反法律规定和保险法理，可能彻底摧毁养老保险制度。换句话说，如果允许这样操作，无异于鼓励自由职业者在退休前或在发生保险事故后再去补缴保费。所以，该类行为明显且重大违法，因而属于无效行为。既属无效行为，则社会保障行政部门在行政程序中，以及人民法院在诉讼程序中，均不受其拘束，二者有权自主认定事实和适用法律。

需要说明的是，违法性和有效性属于不同层面的问题。不受某一公权力行为拘束的情形仅限于无效行为，如果仅为一般违法行为，人民法院和行政机关不能轻易否定其效力。

二、社会意义：维护社会保险秩序，保障社保基金安全

十九大报告指出：“完善城镇职工基本养老保险和城乡居民基本养老保险制度，尽快实现养老保险全国统筹。”遗憾的是，由于历史条件的限制，目前全国范围的覆盖全民、权责清晰、保障适度、可持续的多层次社会保障体系并未完全建立，在养老保险领域尚未实现全国统筹，而是由各地自行统筹。在经济发展不平衡的大背景下，自然出现各地社保缴费基数、缴费比例和养老待遇之间的不平衡现象。人口流动有益于社会发展，为此，国家出台了城镇企业职工基本养老保险关系转移接续的办法。正常缴纳社会保险人员在各统筹地区之间流动，有相应的制度保障社保基金平衡，不会扰乱社会保险秩序。但是，个别地方政府为了解决征地拆迁、企业改制等社会问题，采取“拆东墙补西墙”的办法，制定规范性文件在法外设定准许补缴养老保险的人员和范围。该种做法虽然违法，但若相应人员在本地退休，也不会对社会保险秩序造成太大冲击。但是，一旦这些人员的社保关系转移接续至外地，尤其是经济较为发达地区，将严重损害接入地区参保人员的利益。这是因为，这些补缴人员在转出地缴纳较低的养老保险保费，且在转移接续时将大部分费用留在了转出地，只有很少一部分转至接入地，但其退休待遇全由接入地社保基金负担。接入地社保基金的支出可能达到收入的上千倍。流失的是接入地的社保基金，损失的是接入地参保人员的权益，破坏的是社会保险秩序的稳定。更加恶劣的是，个别社保经办机构、中介、个人看准这一点，串通起来形成一种“黑色产业链”——中介介绍抽成、个人以转出地低保费换转入地高待遇、转出地社保基金获取本地计提部分保费，可谓“皆大欢喜”。对此，应当坚决予以打击。本案通过司法判决，给予社会保障行政部门强力支持，维护社会保险秩序，保障社保基金安全，同时对社保经办机构和参保人员亦有警示和教育意义。

（作者单位：江苏省南京铁路运输法院）

行政机关不应“隐瞒”行政处罚的幅度考量因素

刘　伟

【裁判要旨】

行政机关在作出行政处罚时，如果考虑了某些因素从而决定提高处罚的幅度，那么应当在作出处罚决定前及时向被处罚人告知此情况，并听取被处罚人的相应陈述、申辩意见。

【案号】

一审：北京市石景山区人民法院（2016）京0107行初58号。
二审：北京市第一中级人民法院（2016）京01行终1149号。

【案情】

原告：北京森源东标电器有限公司（以下简称森源东标公司）。

被告：北京市石景山区食品药品监督管理局（以下简称区食药监局）。

区食药监局于2016年1月29日接到其他机关转交的投诉举报称，森源东标公司存在多项食品安全问题。区食药监局于2016年2月1日对该公司进行现场检查，发现该公司的单位食堂存在未取得食品经营许可的情况下，为单位员工提供午餐的行为，以及部分食堂工作人员未办理健康证明从事接触直接入口食品的工作的行为。区食药监局于当日针对上述两项违法行为分别向森源东标公司送达两份《责令改正通知书》，分别责令其停止相关违法行为。

2016年2月14日，区食药监局决定对森源东标公司涉嫌未取得食品经营许可从事食品经营活动一案进行立案。2016年2月25日，区食药监局对森源东标公司进行了调查询问，并认定森源东标公司的食堂从2015年12月31日开始经营，且2015年12月31日至2016年2月1日该公司的食堂违法经营食品的货值金额为8976元。2016年3月9日，区食药监局经合议对该案制作了《案件调查终结报告》。2016年3月10日，区食药监局向森源东标公司送达了《行政处罚事先告知书》及《听证告知书》。

此后，森源东标公司向区食药监局提交了听证申请，并于2016年3月14日向区食药监局提交了陈述申辩意见。2016年3月17日，区食药监局向森源东标公司送达了《听证通知书》，并于2016年3月29日举行了听证会，森源东标公司的委托代理人及区食药监局承办该案件的工作人员等参加了该听证会。当日，区食药监局根据听证情况制作了《听证意见书》。

2016年3月31日，区食药监局对该案件进行了集体讨论。2016年4月6日，区食药监局在办理了该案的行政处罚审批手续后，对森源东标公司作出《行政处罚决定书》。《行政处罚决定书》认定对森源东标公司两名工作人员没有办理健康证明从事接触直接入口食品工作的行为已另案处理，认定森源东标公司的食堂存在未取得食品经营许可从事食品经营活动，为员工提供午餐的行为，且违法经营食品的货值金额为8976元，该行为违反了《食品安全法》第35条第1款的规定，决定依据《食品安全法》第122条第1款的规定对森源东标公司作出行政处罚。其中第二项处罚内容为：并处80000元罚款。

区食药监局于2016年4月11日向森源东标公司送达《行政处罚决定书》。收到《行政处罚决定书》后，森源东标公司认为区食药监局的罚款处罚过重，遂向法院提起行政诉讼，要求撤销《行政处罚决定书》第二项处罚内容，即"并处80000元罚款"，并责令被告对原告未取得食品经营许可从事食品经营活动一事重新作出罚款内容的处罚决定。

法院经审理查明，被告在本案行政执法过程中作出的《案件调查终结报告》《案件合议记录》《案件集体讨论记录》《行政处罚决定审批表》中均载明了如下内容：对于原告的两名工作人员没有办理健康证明从事接触直接入口食品的工作的违法事实，已另案处理，依法下达责令改正通知书，给予警告的行政处罚。原告在本案中涉及的违法行为是当事人未取得食品经营许可从事食品经营活动。在该违法行为中，其工作人员2人没有办理健康证明从事接触直接入口食品的工作，违反了《食品安全法》第45条第2款，属于当事人同一行为违反《食品安全法》两条不同内容法律条款的情况，符合《食品处罚裁量基准》第211条第2款的规定，应当从重处罚。

庭审中，被告明确表示，其在作出本案被诉的罚款决定的裁量过程中，认为原告在本案中涉及的违法行为是当事人未取得食品经营许可从事食品经营活动。在该违法行为中，原告的工作人员2人没有办理健康证明从事接触直接入口食品的工作，违反了《食品安全法》第45条第2款，属于当事人同一行为违反《食品安全法》两条不同内容法律条款的情况，符合《食品处罚裁量基准》第211条第2款的规定，应当从重处罚，并在决定本案被诉的罚款处罚的幅度时对上述因素进行了考量。

但在行政执法过程中向原告送达的《行政处罚事先告知书》、《听证告知书》、本案被诉的《行政处罚决定书》中，以及被告举行的陈述申辩谈话以及听证程序中，被告均表示原告在本案中的违法行为仅是未取得食品经营许可从事食品经营活动，且均未提及其上述对本案违法行为的认定情况以及作为行政处罚罚款幅度考量情况。

此外，原告在庭审中提交的其收到的涉及本案违法行为的《责令改正通知书》的文号为（京石）食药监食责改〔2016〕0201001号。而被告在庭审中提交的涉及本案违法行为的《责令改正通知书》的文号为（京石）食药监食责改〔2016〕160020号。这两份通知书的内容并不完全一致。

此外，法院还查明，对于原告的两名工作人员没有办理健康证明从事接触直接入口食品的工作的行为，被告已经在另案处理中，对原告给予了警告的行政处罚。之后，原告取得了《食品经营许可证》，相关员工也取得了《北京市公共卫生从业人员健康检查证明》。

《食品处罚裁量基准》系北京市食品药品监督管理局制作的，适用于本市相关食品药品监督管理部门对食品、食品添加剂以及食品相关的生产、经营等活动中的违法行为的行政处罚裁量。其中第211条第2款规定："当事人同一行为违反两个以上不同内容法律规范或者一个法律规范两条以上不同内容法律条款的，应当从重处罚。"

【审判】

法院经审理认为：被告不仅当庭明确认可而且提供的证据亦能证实，被告在本案行政执法程序中，在未向原告履行正当告知程序的情况下，将原告的工作人员未办理健康证明从事接触直接入口食品工作的违法行为，作为对原告未取得食品经营许可从事食品经营活动的违法行为进行从重处罚的考量情节。因此，被告的上述行为属于行政执法明显不当。另外，被告向原告送达的涉及本案被诉行为的《责令改正通知书》，与其在诉讼过程中向本院提交的在其执法卷宗档案中保存的相关《责令改正通知书》并不一致，被告的上述行为亦属于行政执法明显不当。据此，依据《中华人民共和国行政诉讼法》第七十条第（六）项之规定，判决撤销被诉的《行政处罚决定书》中第二项处罚内容即

“并处80000元罚款”，同时责令被告针对原告未取得食品经营许可从事食品经营活动的行为重新履行罚款的行政处罚法定职责。被告不服该一审判决，上诉于北京市第一中级人民法院，但在二审中又申请撤回上诉。北京市第一中级人民法院裁定准许被告区食药监局撤回上诉。

【评析】

本案的争议焦点在于：被告区食药监局对森源东标公司作出的罚款数额符合《食品安全法》第122条第1款规定的罚款幅度，在此情形下，被告区食药监局在执法中未向森源东标公司披露其考量处罚幅度相关因素的行为是否违反了正当程序原则。

正当程序原则是现代行政法中的一项基本原则，其中包括行政公开、公众参与、程序合法等多项内容。随着我国依法治国理念的不断深入，正当程序原则作为行政执法的一项独立的价值追求也越来越受到重视。2004年3月，国务院发布的《全面推进依法行政实施纲要》即明确规定：依法行政的基本要求之一即为程序正当。正当程序是当代行政执法的一般要求，无论在某类执法所依据的相关法律规定中是否规定了正当程序的内容，行政机关在此类执法中都应当自觉遵守正当程序的基本要求，否则将可能导致执法行为程序违法。

正当程序原则的一个重要内容为行政公开。但对于行政公开的具体范围、方式等内容并无明确的规定，因此在行政执法实践中对如何实现行政公开存在一定的分歧。本案中的争议焦点为：在行政处罚程序中，行政机关考虑了行政处罚的加重情节情况，但未并向相对人告知该加重处罚情节的行为是否违法。

一、行政公开①是实现正当程序的基础

行政公开是指行政主体在具体的案件执法中将执法的相关信息向行政相对人或社会公众进行告知。行政公开的意义在于，它既满足了公众特别是行政相对人的知情权，同时增进了行政执法关系中双方的信任与合作，避免误会并减少对抗。此外，公众也可以通过行政公开来监督行政执法行为。

尽管行政执法遵循的正当程序原则包括很多内容，但行政公开是正当程序的基础。因为如果不能保证行政公开，则正当程序原则的其他方面亦无法得以实现。在行政执法关系中，作为执法对象的行政相对人往往处于弱势地位，很

① 本文中所讨论的“行政公开”特指行政机关在具体的行政执法中向行政相对人告知相关执法信息的情况，而不涉及《政府信息公开条例》规定的行政机关具有的一般性的政府信息公开职责。当然，从广义上来讲，政府信息公开也应当属于行政公开的范围。

难获取行政执法的全部信息，如果得不到执法机关对执法相关信息的主动公开，则行政相对人在行政机关将对自己作出不利的行政决定时无法提出有针对性的申辩意见，进而导致行政相对人在行政执法阶段的救济权无法行使，同时公众也无法对行政执法进行有效的监督。

以行政处罚程序为例，我国《行政处罚法》第31条明确规定了行政处罚阶段行政机关有向行政相对人公开相关信息的义务。同时，《行政处罚法》第32条、第42条又分别规定了行政相对人享有陈述、申辩的权利，以及申请听证的权利。上述法律条款之间存在的逻辑连续性表明，在行政处罚阶段，虽然行政相对人享有陈述、申辩权利或申请听证的权利，但如果不能获取行政机关公开执法的相关信息，则这两项权利的行使将受到极大的限制，甚至完全无法行使。因此，行政公开不仅仅影响当事人的知情权，也会影响当事人的救济权。行政机关如果未能在执法中遵守行政公开的要求，将影响行政执法的合法性。

二、行政公开的范围及实现的途径

虽然行政公开是当代行政执法的一项基本要求，但行政公开的具体范围尚没有明确的相关法律规定。实践中关于行政公开的范围存在以下两种观点：一种观点认为行政公开的范围应当是全面公开，即除了涉及国家秘密、个人隐私或商业秘密之外的全部执法信息都应当向当事人公开。另一种观点认为行政公开应为有限的公开，即只向当事人公开实质上影响到其权利、义务的信息。笔者同意后一种观点，即行政公开应当具有严格的限制，仅限于具体的行政执法程序中涉及当事人的权利、义务的相关信息，特别是对该当事人的权利、义务产生不利影响的相关信息[①]。

从公开的范围来看，应当分情况而定。一般情况下，除非该行政决定对当事人的权利、义务产生负面影响，否则行政机关无须进行公开。例如在行政许可程序中，如果行政机关拟决定作出准予许可的决定，则行政机关就无必要向当事人告知相关信息。但如果行政机关拟作出不准予许可的决定，则该行政机关应当告知相对人不准予许可所依据的相关事实和法律规定等。在特殊情况下，如果法律有明确规定，要求行政机关在作出行政决定前公开相关信息，则行政机关应当依据法律规定的要求公开相关信息。以行政处罚领域为例，我国《行政处罚法》第31条规定：行政机关在作出行政处罚决定之前，应当告知当事人

① 当然，这并不妨碍在具体的行政执法程序结束之后，当事人通过政府信息公开等途径获取更加全面的执法信息。

作出行政处罚决定的事实、理由及依据，并告知当事人依法享有的权利。因此，行政机关在作出行政处罚之前，应当向相对人告知其拟作出处罚决定的事实、理由及依据，其中既包括对相对人产生不利影响的信息，也应当包括对相对人产生有利影响的信息。

从公开的内容来看，主要是事实依据和法律依据两方面。事实依据即行政机关在执法中收集到，将用于作出行政决定的事实依据，包括行政机关收集到的证据和行政机关认定的事实等。而法律依据是行政机关执法所依据的法律、法规、规章以及规范性文件等。但对于规范性文件是否应当一律作为法律依据进行公开，目前存在不同的观点。一种观点认为，如果法律、法规或规章明确规定了行政机关在某类执法中具有自由裁量权，而行政机关制定的规范性文件只是规定了行政机关如何具体行使自由裁量权，如在法定的处罚幅度内将被处罚幅度分为几个档次，每个档次对应的具体情形，则此类规范性文件并不具有强制性，只是用于行政机关内部工作的指导，因此无须公开。另一种观点认为，只要行政机关依据某规范性文件作出了处理决定，且该规范性文件对当事人的权利、义务产生了影响，则该规范性文件必须公开。笔者同意后一种观点，对行政执法中行使自由裁量权进行指导的规范性文件虽然不具有法定的强制性，但只要行政机关在执法中依据这个规范性文件的规定作出行政行为，则该规范性文件将必然影响当事人的权利、义务。如果行政机关不公开此规范性文件以及行政机关依据该文件所认定的影响自由裁量权的具体情节因素，则将导致当事人无法知晓上述情节因素与行政行为之间的因果关系，从而无法采取有效的救济途径。

从公开的方式来看，一般情况下，行政机关以口头告知的方式向当事人告知相关情况即可。除非部门法律有明确的规定，否则行政机关无须采用书面方式告知，或采取安排当事人在执法程序中查阅执法案件卷宗的方式公开相关信息。

三、本案的审理情况分析

本案中，《食品处罚裁量基准》是被告在食品药品行政处罚领域内执法所应当依据的规范性文件，其作用是指导相关食品药品监管部门在此类处罚的执法中对自由裁量权范围内的处罚幅度进行细化。

《食品处罚裁量基准》第 211 条第 2 款内容为“当事人同一行为违反两个以上不同内容法律规范或者一个法律规范两条以上不同内容法律条款的，应当从重处罚。”该条款系针对竞合情形的规定，要求食药监管部门在作出行政处罚时遇到此类竞合情形的，应当在处罚的裁量幅度内从重处罚。而被告提交的《案件调查终结报告》《案件合议记录》等材料表明，被告在执法中认定原告既存在工作人员未办理健康证明从事接触直接入口食品工作的违法行为，又存在自身未取得食品经营许可从事食品经营活动的违法行为，符合该条规定的竞合情形①，所以被告作出本案被诉的行政处罚决定时，在自由裁量中采用了本条款规定的从重处罚的考量情节。

对于上述加重处罚的法律依据或理由，被告应当按照《行政处罚法》第31条之规定在处罚前向原告告知，并听取原告的陈述申辩意见，或者按照《行政处罚法》第42条的规定在听证程序中向原告告知。但被告提交的相关证据显示，被告并未将此项信息向原告告知。因此原告在行政程序中并不知晓被告考虑的此项加重处罚的内容，也就导致原告在行政程序中一直未能就此提出相应的陈述、申辩意见。因此，被告的行为违背了行政公开原则，侵犯了原告的知情权，不符合正当程序原则的要求。一审法院在查明上述情况之后，撤销了被诉的罚款内容的行政处罚行为并责令被告重新作出罚款内容的处罚决定，保障了原告的合法权益，是正确的。

（作者单位：北京市石景山区人民法院）

① 对于原告的两名工作人员没有办理健康证明从事接触直接入口食品的工作的行为，被告已经做出另案处理。但被告在针对原告未取得食品经营许可从事食品经营活动这一行为而作出本案被诉的处罚行为时，认为符合《食品处罚裁量基准》第211条第2款规定的竞合情节，并将前者作为本案的加重情节来考量。被告的上述逻辑关系是否恰当，也是有待商榷的。

工作日上班时间过后办理离婚登记行为的认定

孙树国　冷树青

【裁判要旨】

离婚协议的效力在行政诉讼中应予考虑；离婚夫妻双方持单方的结婚证可以办理离婚登记；具有完全民事行为能力的要求离婚的夫妻双方当事人，符合离婚条件，工作日下班时间后在婚姻登记场所经婚姻登记员履行法定程序办理的离婚登记行为合法。

【案号】

一审：河北省黄骅市人民法院（2016）冀0983行初20号。

二审：河北省沧州市中级人民法院（2016）冀09行终281号。

【案情】

上诉人（原审原告）：李渭。

被上诉人（原审被告）：黄骅市民政局。

被上诉人（原审第三人）：刘佳。

2013年1月4日，李渭与刘佳在黄骅市民政局（以下简称民政局）办理了结婚登记手续，领取了结婚证。2015年9月15日下午5时30分左右，李渭携带本人的身份证、户口簿，与刘佳去民政局办理离婚登记手续。民政局婚姻登记员姬新宇查验了双方户口簿、身份证、刘佳持有的《结婚证》及双方签订的《离婚协议书》，该协议书载明双方因感情不和自愿离婚的意思表示以及财产、债务等事项协商一致的意见（无子女）。随后，二人填写了《离婚登记声明书》。民政局认为当事人符合离婚登记条件，制作了《离婚登记审查处理表》，二人亲自在“当事人领证签名或按指纹”一栏中签名，民政局给双方颁发了L130983－2015－000819号《离婚证》。李渭不服于2016年3月14日向一审法院提起行政诉讼。李渭认为，“被告在原告未申请的情况下，非工作时间一人办理离婚登记，刘佳自己打印《离婚协议书》，事先没有签订《离婚协议书》，民政局未对双方进行审查、询问，材料不全、李渭未提供《结婚证》等情况下”，为双方办理离婚登记违反了《婚姻登记条例》第十一条第（二）、（三）项，第十二条第一款规定，请求：一、撤销民政局于2015年9月15日颁发的L130983－2015－000819号《离婚证》；二、判令刘佳打印的《离婚协议》无效。

【审判】

河北省黄骅市人民法院认为，被告作为黄骅市婚姻登记机关，依法享有对其管辖区域内符合自愿离婚法定条件的内地居民办理离婚登记的法定职权。《中华人民共和国婚姻法》第三十一条规定：“男女双方自愿离婚的，准予离婚。双方必须到婚姻登记机关申请离婚。婚姻登记机关查明双方确实是自愿并对子女和财产问题已有适当处理的，发给离婚证。”《婚姻登记条例》第十一条规定：“办理离婚登记的内地居民应当出具下列证件和证明材料：（一）本人的户口簿、身份证；（二）本人的结婚证；（三）双方当事人共同签署的离婚协议书……离婚协议书应当载明双方当事人自愿离婚的意思表示以及对子女抚养、财产及债务处理等事项协商一致的意见。”原告与第三人到被告处要求离婚，提交了所需的《申请离婚登记声明书》、《离婚协议书》、户口簿、身份证等材料，这些证明材料显示，原告和第三人系自愿离婚，婚后无子女、无共同房屋，并对共同财产和共同债务作出了处理。原告主张“在被告为原告及第三人办理离婚登记时，被告违反法定程序和《婚姻登记条例》第十一条第（二）、（三）项，第十二条第一款等法律规定”，与事实不符。被告的行政行为认定事实清楚，证据充分，适用法律法规正确，程序合法。原告第二项诉讼请求不属行政诉讼调整的范围，本院不予涉及。一审法院判决，驳回李渭的诉讼请求。李渭不服一审判决，提出上诉。

河北省沧州市中级人民法院认为，《中华人民共和国婚姻法》第三十一条规定：“男女双方自愿离婚的，准予离婚。双方必须到婚姻登记机关申请离婚。婚姻登记机关查明双方确实是自愿并对子女和财产问题已有适当处理的，发给离婚证。”《婚姻登记条例》第十一条规定：“办理离婚登记的内地居民应当出具下列证件和证明材料：（一）本人的户口簿、身份证；（二）本人的结婚证；（三）双方当事人共同签署的离婚协议书……离婚协议书应当载明双方当事人自愿离婚的意思表示以及对子女抚养、财产及债务处理等事项协商一致的意见。”本案中，李渭与刘佳去民政局办理离婚登记，并向民政局提交了办理所需的证件及证明材料，民政局经审查认为李渭与刘佳符合《婚姻登记条例》规定的条件，对其进行了离婚登记并出具离婚证并无不当。《婚姻登记条例》第三条第一款规定：“婚姻登记机关的婚姻登记员应当接受婚姻登记业务培训，经考核合格，方可从事婚姻登记工作。”民政局的工作人员姬新宇系该局的婚姻登记员，其具有进行婚姻登记的资格，故姬新宇为李渭和刘佳办理离婚登记符合规定。上诉人李渭所称的离婚协议内容不是其真实意思表示，不属于本案的审理范围，其可通过其他途径解决。二审法院遂判决驳回上诉，维持原判。

【评析】

本案有下面三个问题值得探讨。

一、在离婚登记案件中是否要考虑离婚协议书的效力？

《婚姻登记条例》第十一条第一款规定：“办理离婚登记的内地居民应当出具下列证件和证明材料：（一）本人的户口簿、身份证；（二）本人的结婚证；（三）双方当事人共同签署的离婚协议书。”此条规定的三项内容是办理离婚登记的必备要件，上诉人主张离婚协议书是刘佳自己打印的，与事实严重不符，不仅编造事实，且显失公平。《中华人民共和国合同法》第五十四条规定：“下列合同，当事人一方有权请求人民法院或者仲裁机构变更或者撤销：……（二）在订立合同时显失公平的。……”第五十五条规定：“有下列情形之一的，撤销权消灭：（一）具有撤销权的当事人自知道或者应当知道撤销事由之日起一年内没有行使撤销权；……”根据以上规定，可将离婚协议书视为合同，如果李渭认为其与刘佳签订的合同显失公平，其可以于 2015 年 9 月 15 日后的一年之内即 2016 年 9 月 15 日前向人民法院提起民事诉讼，要求撤销或变更该合同，而本案中直到作出一审判决的 2016 年 9 月 27 日，李渭也没有提起民事诉讼，也就是说，李渭没有行使合同法赋予的权利，因此其上诉理由中的离婚协议显失公平的理由不能成立，二审法院的“上诉人李渭所称的离婚协议内容不是其真实意思表示，不属于本案的审理范围，其可通过其他途径解决”认定恰当。《中华人民共和国合同法》第三十二条规定，当事人采用合同书形式订立合同的，自双方当事人签字或者盖章时合同成立。第四十四条规定，依法成立的合同，自成立时生效。本案中，李渭大学本科毕业，具有完全的民事行为能力，其对在离婚协议书上签字的法律后果明知，其与刘佳在离婚协议书上签字后，该协议即成立且生效，刘佳的民政局婚姻登记处工作人员的身份、刘佳打印的离婚协议，不影响协议的效力。《婚姻登记条例》要求离婚当事人提供的是共同签署的离婚协议书，离婚协议需要向婚姻机关提供，法律、法规、规章及规范性文件对谁打印协议没有规定，协议或在营业性质的打印部打印，或在其他地方打印。基于以上几点，离婚协议的效力在离婚登记诉讼中需要考虑，本案中的离婚协议属于有效的协议。

二、无本人的《结婚证》是否导致离婚登记被撤销或确认违法？

《婚姻登记条例》第十一条规定的办理离婚登记应当出具的证件包括本人的《结婚证》。一种观点认为，《婚姻登记工作暂行规范》第三十四条第（四）项规定，将结婚证分别颁发给结婚登记当事人双方，向双方当事人宣布取得结婚证，确立夫妻关系。根据此项规定，结婚证有两份，男女方各持有一份，男方持有的一份，男方的姓名在先，女方的姓名在后，女方持有的一份，女方的姓名在先，男方的姓名在后，离婚时，需要离婚当事人双方各自提交各自的结婚证，如果只有一方的结婚证，婚姻登记机关即不应办理离婚登记。另一种观点认为，结婚证只是离婚当事人需要提交的四种材料之一，根据婚姻法的规定，离婚需要双方自愿，且均到婚姻登记机关申请，本案办理离婚登记时，双方当事人是完全民事行为能力人，且均已到场，均持有本人的身份证、户口簿、双方当事人共同签署的《离婚协议书》，而且一方有结婚证，因此离婚的实质要件已具备，只是形式要件有所欠缺，不导致离婚登记被撤销或确认违法。笔者同意第二种观点。

三、工作日上班时间过后办理离婚登记行为是否合法？

李渭一方主张，在下班以后的非工作时间，民政局婚姻登记员姬新宇一个人办理此案违法。本案的实际情况是，刘佳是婚姻登记处的工作人员，其因与李渭感情不和，考虑到其是婚姻登记机关工作人员的实际情况，与李渭共同商定在下午5点30分到民政局办理离婚登记。庭审中，李渭的父亲、检察院的退休干部作为李渭的代理人，主张李渭并未与登记机关预约办理离婚登记，李渭本人在下午5点30分到达民政局。但从李渭到民政局的时间可以看出，是李渭和刘佳与民政局工作人员预约，在上述时间到婚姻登记机关办理离婚登记。同时，法律、法规、规章及规范性文件未禁止婚姻登记机关在非工作时间办理离婚登记，在其他条件均符合要求的情况下，民政局为李渭与刘佳办理离婚登记并无不当。从新闻报道看，大量的年轻人选在西方的情人节，即每年的2月14日，或中国的情人节即农历七月初七，到婚姻登记机关办理结婚登记，而婚姻登记机关在上述两天根据预约的情况主动延长工作时间，为有特殊需求的年轻人办理结婚登记，满足了年轻人的需要。法律未禁止这种做法，相反此种做法为需要办理结婚登记的人提供了便利，因此该种情况并不违法，在法定工作日下班后办理的结婚登记依然有效。同理，在非工作时间办理的离婚登记当然亦有效。

（作者单位：河北省沧州市中级人民法院）

行政机关自行设定的职责可以成为法院判决行政机关职责的依据

朱军巍

【裁判要旨】

行政机关通过公开文件为自己设定了法律、法规或规章之外的行政职责，公民、法人或其他组织起诉该行政机关不履行该职责的，人民法院应予支持。

【案号】

北京市朝阳区人民法院（2015）朝行初字第819号。

【案情】

原告：周世华。

被告：北京市朝阳区黑庄户乡人民政府。

原告为北京市朝阳区黑庄户乡郎各庄村84－2号集体土地使用权人。因准备在该院北房东数第一间设立公司，原告于2015年9月25日向被告提出出具办理工商登记所需《住所证明》的申请，同时还提交了《集体土地建设用地使用证》，空白、制式的《住所证明》及《证明》等材料。被告收到后认为申请材料齐全，予以受理并制作《审批表》。后被告规划建设与环境保护办公室工作人员到涉案地点进行实地走访，于2015年10月10日在《审批表》中填写“宅基地内有二层建筑，不符合相关规定”，并由科室负责人签字。在原告的催问下，被告向原告出示《审批表》，并将原告提交的材料亦予以退还。原告不服提起诉讼。

原告诉称，2015年9月初，原告欲与他人在自己拥有合法所有权的房屋办公司。原告在办理了前期工商登记网上预审、名称预核准并取得郎各庄村委会的证明后，将相关证明交至被告经济发展办申请出具办理工商执照所需的企业住所地证明文件。此后，原告经多次催办才于2015年10月28日拿到《黑庄户乡工商办照、税务登记相关事项申报审批表》，该表记载“宅基地内有二层建筑，不符合相关规定”，依据是《黑庄户地区迁入或新办企业办理工商注册登记办法（试行）》（以下简称《办法》）。原告认为被告的该处理不当，并且未履行职责。综上，请求法院判决确认被告接收原告申请后不履行法定职责的行为违法。

被告辩称，被告不是工商营业执照的核发机关，而仅是配合工商部门开展工作。收到申请后45日内，被告的相关部门对房屋情况进行核实调查，填写了审批表。该审批表仅是被告调查过程中形成的内部流转材料，并非最终的证明，且该客观的描述并不属于行政诉讼的受案范围。因原告已将申请材料取回，故被告无法继续出具最终的证明材料。综上，请求法院依法驳回原告的诉讼请求。

【审判】

北京市朝阳区人民法院经审理认为：关于被告所持原告并非要求被告出具住所证明的申请人，因此不具有提起诉讼原告主体资格的主张，本院认为，虽《申请》中载明申请人为“欣悦荣华公司”并由田月在“法人签字处”签名，但结合涉案的欣悦荣华公司在申请当时尚未设立登记，原告系涉案宅基地的使用权人及房屋的所有权人，被告亦认可宅基地使用权人及房屋所有权人具有提出申请的资格，并在《审批表》的“经营者名称”“联系人”等处均填写了原告姓名等情况，被告现以原告并非申请人，《审批表》中填写原告名称为工作失误为由否认原告的申请人及诉讼原告主体资格，明显不具有事实和法律依据，本院不予支持。

本案原告所诉的行政职责指向的是乡级人民政府在工商登记机关办理的公司注册登记中对于乡域范围内用作经营场地的住所予以证明的职责。该职责的设定并非源自法律、法规和规章的明确规定，仅基于被告自行制定的《办法》等规范性文件产生。按照该规范性文件的规定，被告不仅为自己设定了出具住所证明的义务，并进一步称其履行职责的过程具体包含审查申请材料、受理、调查核实、出具《审批表》、将查明情况客观记载于《住所证明》等环节。据此，应将该事项作为被告为自己设定的行政义务，作为向社会公众作出的行政承诺，被告亦应当受此约束，其履行受理申请并开展工作出具住所证明的行政行为亦应接受司法审查和监督。

根据《中华人民共和国行政诉讼法》第四十七条第一款之规定，除特殊的紧急情况外，行政机关依法应当在两个月内对公民、法人或者其他组织提出的申请履行职责，法律、法规对行政机关履行职责的期限另有规定的，从其规定。

按照被告自行制定的《办法》的规定，黑庄户地区迁入或新办企业办理工商注册登记时应向乡政府提出申请，由乡政府对用于经营的房屋是否属于违法建设、是否存在其他安全隐患等事项进行审查后出具相应证明，确认相关情况。原告于2015年9月25日提出申请并提交有关材料，被告予以受理，此后被告派工作人员赴现场进行了调查，并将结果填写于《审批表》。后被告向原告出具了标注“不符合相关规定”的《审批表》并实际将原告的申请材料予以退还。被告虽在庭审中辩称其受理原告的申请后履责行为尚未完成，但综合分析其实施的上述行为，以及其至今未对原告作出任何其主张的具有结论性意见性质的书面载体，亦未开展其他相关工作的情况，本院应认定其未在法定期限内履行相应义务。因本案系依申请开展的履行职责行为，鉴于原告在庭审中明确放弃要求被告出具相关证明的权利，本案无须再对原告的申请是否符合出具证明的条件进行审查，亦无再判决被告履行出具证明义务的必要性，本院应依法确认被告未履行职责违法。被告所持的其受理申请的一般流程系在书面告知申请人后45日内在《住所证明》上对查明情况予以客观记载并加盖公章，至原告起诉时该45日的期限尚未届满，且原告系主动取回全部申请材料导致被告无法履行职责的主张缺乏事实和法律依据，本院不予支持。

据此，北京市朝阳区人民法院依照《中华人民共和国行政诉讼法》第七十四条第二款第（三）项之规定，作出如下判决：确认被告北京市朝阳区黑庄户乡人民政府对原告周世华于2015年9月25日提出的出具住所证明申请未履行职责的行为违法。

【评析】

近年来，随着我国依法治国方略的实施和公民法律意识的不断增强，以行政机关不作为为由提起的诉讼呈高发态势。在这类诉讼中，行政机关是否构成行政不作为，是否应履行原告诉求的行政职责是审查的核心。而对行政机关应否履责的审查建立在被诉行政机关具有相应的行政职责的前提下。法律、法规和规章的赋权性规定是行政机关履行职责的依据，而在打造服务型法治政府的大背景下，行政机关自行设定的行政义务也应成为对行政职责范围进行司法审查的考量依据。行政机关依据自行制定的规范性文件所实施的行政行为或相应不作为也应纳入司法审查范围。

一、行政机关履行自行设定的行政义务是否得当也应属于司法监督范畴

公民、法人或其他组织要求行政机关履行法定职责，此处的“法”，一般而言是指法律、行政法规、地方性法规和规章。行政机关依法履行职责的作为或相应的不作为属于行政审判的权限范围。而在打造服务型政府的背景下，司法审查的视角和强度也作相应拓展。服务型政府的核心内涵是“服务”，行政机关为社会、为人民群众的服务义务来源也越来越宽泛，由此而引发的纠纷均应纳入司法监督的范畴。

服务型法治政府的打造，其职责来源大体可归纳为以下几种：1. 法定义务；2. 行政合同；3. 行政承诺；4. 先行行为；5. 因特定行为引发的义务等。其中关于法定义务，狭义的理解为宪法、法律、行政法规、地方性法规、部门规章、政府规章等法律文件中明确规定的行政职责；广义的理解为除前述法律文件外，还应包括各级行政主体在不违反上位阶法律规定的情况下自行制定的规范性文件，这类规范性文件也应属于行政机关履行行政职责的义务来源，由此引发的纠纷也应进入司法监督的视角。

本案涉及的行政义务即是由黑庄户乡政府自行制定的《办法》中设定的行政义务引发的。被告是否履行《办法》设定的义务并非有法律法规的依据。但《办法》由乡政府自行制定且在乡域范围内向社会公众公开公布，《办法》不仅设定了该政府对黑庄户地区新办企业办理工商注册登记工作中应承担的行政义务，还规定了受理、调查核实、出具相关材料和期限等具体办理流程和时限，体现了一定的行政性。其行政义务的履行与否直接影响当事人合法权益的实现，由此引发的纠纷应纳入行政审判权限范围。

二、对行政机关自行设定行政义务的审查思路

因行政机关自行设定的行政义务而产生的纠纷，行政机关的职责来源具有特殊性。因此，在对行政机关的职权依据进行审查时，应遵循依法审查并兼顾行政惯例相结合的原则。本案中对《办法》设定义务的审查体现了如下标准：

1. 规范性文件设定的义务不违反上位法且涉及事项不超越行政机关权限范围

本案中，被告自行制定的《办法》，其主要内容是针对在乡域范围内新开办的企业，在办理工商登记时涉及乡政府主管范围内的事项，须向乡政府提出申请由乡政府进行核查出具意见。具体到本案，主要涉及拟开办企业使用的经营场所是否为违章建筑等事项的核查。依据《城乡规划法》的规定，在乡、村规划区内乡政府是未取得乡村建设规划许可证或未按照乡村规划许可证建设行为的查处主体。因此，《办法》设定的行政义务并未违反上位法的规定且并未超越法律赋予其的职权范围。

2. 规范性文件设定的行政义务的履行未违法增加当事人义务或者减损其权利

从《办法》规定的内容来看，在乡域范围内拟开办企业的申请人须在办理工商登记时向乡政府申请核查用于经营场所的建筑物的合法性。该事项虽为当事人设定了一定的义务，但使用合法建筑从事经营活动开办企业也是法律规定的每一个经营者应遵循的义务。因此，《办法》设定的行政义务不属于违法增加当事人义务或减损其权利的情形。

3. 规范性文件设定行政义务符合行政惯例和现实要求

首先，工商登记机关办理企业注册登记的申请材料中要求申请人提交经营场所住所情况证明。现实中，根据经营场所证明占地性质、来源的不同表现形式也多种多样，可能为不动产登记证书或房屋租赁合同。而在集体土地宅基地上建设的房屋，乡级政府作为属地规划建设的监管机关出具的意见也是形式之一。如果乡级政府不出具住所核实的意见，就无法完成工商登记的申请程序。因此，《办法》符合办理工商登记事项的行政惯例。其次，长期以来工商登记机关在经营场所方面监管不严，存在大量将违章建筑、非商业用房用于经营的情况，与当前非首都功能疏解任务的实现，与首都国际交往中心的城市容貌要求极不相称。因此，工商登记机关与属地规划建设监管机关共同发力，杜绝将违章建筑用于经营的现象，符合当前首都发展的现实需求。

三、行政机关履行自行设定的义务也应遵循时限要求

行政机关自行设定的义务，虽无上位阶法律规范的具体依据，但由于其义务的履行直接影响当事人权益的实现，因此仍应遵循行政效率的原则，依照自行设定的合理时限或法定的一般时限办理完结。本案中，被告自行制定的《办法》规定，其受理申请的一般流程系45日内在工商登记材料的《住所证明》上对查明情况予以客观记载并加盖公章。原告起诉时早已超过该期限。《行政诉讼法》第四十七条第一款规定，除特殊的紧急情况外，行政机关依法应当在两个月内对公民、法人或者其他组织提出的申请履行职责，法律、法规对行政机关履行职责的期限另有规定的，从其规定。显然，无论是依据法律的一般性履责时限规定还是行政机关自设的履责期限要求，被告的行为均已超过时限要求，其超期不在工商登记材料上对原告拟开办企业的住所核实情况进行客观记载的行为已构成违法。

（作者单位：北京市朝阳区人民法院）

未经审核的房地产抵押附记内容应当予以撤销

——张玉明等诉上海市不动产登记局房地产抵押附记案

沈莉萍

【裁判要旨】

如果相关当事人没有分别去房地产登记机构办理抵押登记或者相关当事人对于抵押事项可能并不知悉，即相关利害关系人对“多宗房地产为同一债权抵押担保的”事实不予认可的话，那么在房地产抵押权登记证明附记栏里注记“余额抵押，根据抵押合同的约定，另有××区（县）（××坐落）的房地产共同为××数额的债权担保”，该附记的文字表述内容就会出现不周延的情形，可能引发不必要的行政争议。

【案号】

一审：上海铁路运输法院（2016）沪7101行初231号。

二审：上海市第三中级人民法院（2017）沪03行终21号。

【案情】

上诉人（原审被告）：上海市不动产登记局（以下简称市登记局）、杨鸿辉。

被上诉人（原审原告）：张玉明、张华彦。

被上诉人（原审第三人）：卞秋芳。

上海铁路运输法院一审查明，上海市普陀区镇坪路176弄8号901室（以下简称镇坪路房屋）为卞秋芳名下房地产。上海市徐汇区蒲汇塘路101号2103室（以下简称蒲汇塘路房屋）为张玉明、张华彦名下房地产。2014年10月17日，卞秋芳为向杨鸿辉借款200万元，双方共同至上海市普陀区房地产登记处（以下简称普陀区登记处）申请办理镇坪路房屋的房地产抵押登记手续。普陀区登记处收取了卞秋芳和杨鸿辉提交的房地产登记申请书、身份证明、镇坪路房屋房地产权证书、抵押借款合同等文件，并出具了房地产登记收件收据。上述文件中，房地产登记申请书、抵押借款合同没有张玉明、张华彦的签名。卞秋芳、杨鸿辉在提出房地产抵押登记申请时，没有提交张玉明、张华彦的房地产权证和身份证明，张玉明、张华彦也没有亲自到登记部门提出办理张玉明、张华彦所有房屋的抵押登记申请。2014 年 10 月 21 日，上海市房地产登记处（以下简称市登记处）作出普 201407016174 上海市房地产抵押权登记（以下简称被诉抵押登记），登记证载明房地产抵押权人杨鸿辉，房地产权利人卞秋芳，房地产坐落于镇坪路 176 弄 8 号 901 室，建筑面积 88.61 平方米，债权数额 200 万元，债务履行期限 2014 年 10 月 7 日至 2015 年 10 月 17 日止，附记：余额抵押，根据抵押合同约定，另有蒲汇塘路房屋的房地产共同为 200 万元的债务担保。张玉明、张华彦知悉后不服，请求撤销市登记处作出的被诉抵押登记。

【审判】

原审法院认为：1. 市登记处负责本市房地产登记相关管理工作，区县房地产登记处接受市登记处的委托具体办理房地产登记事务，2016 年 10 月 8 日起市登记处的相关职能划入被告上海市不动产登记局，因此，市登记处具有作出涉案房地产抵押权登记行为的行政职权，市登记局目前承接市登记处等部门的行政管理职责，依法具备本案的被告主体资格。卞秋芳、杨鸿辉共同向普陀区登记处申请办理房地产抵押登记，并提供了房地产登记申请书、身份证明、镇坪路房屋房地产权证书、抵押借款合同，所有材料均指向卞秋芳以自有的房屋为其向杨鸿辉借款作抵押担保。其中，卞秋芳、杨鸿辉之间签订的抵押借款合同虽然有“另有抵押物蒲汇塘路 101 号 2103 为 200 万元债权担保”的约定，但因该房屋的权利人并不是卞秋芳，张玉明、张华彦没有在抵押合同上签名，卞秋芳也没有提交张玉明、张华彦的房地产权证和身份证明，亦无证据表明张玉明、张华彦对该抵押合同中蒲汇塘路房屋担保的约定作出事后追认的意思表示，故无法证明该约定对张玉明、张华彦具有法律约束力。因此，无相关证据证明张玉明、张华彦愿以蒲汇塘路房屋作余额抵押。市登记处在被诉抵押登记附记中记载余额抵押，主要证据不足。2. 《上海市房地产登记条例》第四十六条明确规定了申请人应当提交的文件，《上海市房地产登记技术规定（试行）》第 4.4 条规定，申请人应是房地产抵押权的当事人。市登记局在张玉明、张华彦本人未到登记部门提出抵押登记申请，相关文件没有张玉明、张华彦本人签名和缺少张玉明、张华彦房屋权利证明的情况下作出了抵押权登记，未依照法定程序要求履职，未尽到审慎审查义务，行政程序违法。市登记局主张被诉抵押登记的附记内容只是根据抵押合同的约定所作的记载，并非抵押登记行为，符合《关于房地产抵押登记有关问题的问答（二)》中的相关精神。对此原审法院认为，该问答中的相关解释，适用的前提条件必须是多宗房地产的权利人均同意为同一债务抵押担保。本案张玉明、张华彦作为蒲汇塘路房屋的权利人，虽然之前曾为卞秋芳作过余额抵押担保，但在本案中并没有证据证明张玉明、张华彦作出过同意将该房作余额抵押的意思表示，市登记局的主张不成立。市登记局还主张被诉抵押登记的附记记载内容并没有影响到张玉明、张华彦的实体权利，被诉抵押登记行为合法有效。对此原审法院认为，本案有效证据表明了被诉抵押登记上的错误附记记载，足以让他人认为张玉明、张华彦所有的蒲汇塘路房屋已被抵押，在第一抵押物标的价值不足以满足实现债权时，可以要求张玉明、张华彦以余额抵押之房屋履行担保责任。故市登记局的该主张亦不成立。原审法院指出，卞秋芳擅自以张玉明、张华彦所有的房屋为其借款作出余额抵押的意思表示，杨鸿辉明知该房屋不是卞秋芳所有仍与卞秋芳就该房屋作余额抵押达成合意，双方之行为对本案结果的发生均存在一定的过错。综上，市登记处作出的被诉抵押登记主要证据不足，违反法定程序，依法应予撤销。据此，依照《中华人民共和国行政诉讼法》第七十条第（一）项、第（三）项之规定，判决如下：撤销市登记处于2014年10月21日作出的被诉抵押登记。案件受理费人民币50元，由市登记局负担。

判决后，市登记局向上海市第三中级人民法院（以下简称二审法院）提起上诉称：房地产登记历来遵循属地登记原则，被诉抵押登记是普陀区登记处所作，并不涉及张玉明、张华彦所有的在徐汇区的房屋。如张玉明、张华彦所有的蒲汇塘路房屋需抵押，应到上海市徐汇区房地产登记处（以下简称徐汇区登记处）办理。被诉抵押登记证明的核发符合登记收件要求，认定事实清楚，程序合法。根据担保法的相关规定，抵押物价值小于担保债权数额的，不必然导致抵押合同无效，债权人杨鸿辉与债务人卞秋芳的借款抵押意思真实，申请办理抵押登记事项表示明确，债权债务也实际发生，抵押登记合法有效。被诉抵押登记附记栏记载的内容仅仅是对多宗房地产担保同一债权的信息勾连，并不对张玉明、张华彦的权利、义务产生影响。无论蒲汇塘路房屋的抵押登记办理与否，都不影响卞秋芳、杨鸿辉就镇坪路房屋抵押登记的申请、审核和发证。原审法院认定张玉明、张华彦所有的蒲汇塘路房屋已被抵押，既与《中华人民共和国物权法》第一百八十七条规定的不动产抵押应当办理抵押登记，抵押权自登记时设立不符，又与张玉明、张华彦所有的蒲汇塘路房屋未设定相关抵押权登记信息的事实不符。请求撤销原审判决，驳回张玉明、张华彦的诉讼请求。

上诉人杨鸿辉上诉称：被诉抵押登记是杨鸿辉与卞秋芳共同向普陀区登记处申请办理的，提交了相关证明材料，并经登记机关审查核准无误，理所当然是合法有效的。原审法院认为因提供材料中没有张玉明、张华彦的签名和事后确认，故无法证明相关约定对张玉明、张华彦具有法律效力。即便如此，原审法院也不应将卞秋芳与杨鸿辉之间的抵押登记内容撤销，而且张玉明、张华彦在原审庭审中也只要求撤销被诉抵押登记中附记栏内的记载，并没有要求撤销整个被诉抵押登记，原审混淆了部分和全部的法律关系。市登记局的诉讼意见符合相关规定，原审法院认定市登记处违规的理由并不成立。请求撤销原审判决，维护上诉人杨鸿辉的合法权利。

被上诉人张玉明、张华彦辩称：余额抵押对外具有公示效力，因此被诉抵押登记对张玉明、张华彦产生影响。本案涉及的被诉抵押登记是个整体，没有法律规定可以单独撤销附记栏。原审查明事实清楚，适用法律恰当，程序合法，判决正确。请求驳回上诉，维持原判。

被上诉人卞秋芳辩称：普陀区登记处的误导导致了卞秋芳的错误和损失，原审判决正确，请求维持原判。

经审理查明，原审判决认定的事实清楚，二审法院依法予以确认。

二审法院另查明：杨鸿辉与卞秋芳于 2014 年 10 月 16 日签订的借款抵押合同约定，“另有抵押物蒲汇塘路 101 号 2103 房产价值伍佰捌拾万元整共为贰佰万债权担保，余额抵押”。张玉明、张华彦在原审庭审中所陈述的诉讼请求为：“请求撤销登记证号为普 201407016174 号上海市房地产登记证明上附记的蒲汇塘路 101 号 2103 室房屋上的余额抵押登记。”

上诉人市登记局在原审中提供了 2013 年 8 月 13 日市登记处发至各区县房地产登记处、市银行同业公会的第 7 期房地产登记业务问答《关于房地产抵押登记有关问题的问答（二）》，第五问中明确：多宗房地产为同一债权抵押担保的，不应将整体债权拆分为多个债权以应对每宗房地产。如多宗房地产位于不同区县，房地产所在的区县房地产登记处在分别办理抵押登记时，每宗房地产的登记簿和每份抵押登记证明上均应当记载合同约定的完整债权数额，并在附记栏里注记：“根据抵押合同约定，另有 × × 区（县）（ × × 坐落）的房地产共同为 × × 数额的债权担保。”

二审庭审中，卞秋芳陈述其与张玉明、张华彦曾共同为杭州银行股份有限公司上海闵行支行的最高额为7816000元的债权办理了抵押登记。当时是卞秋芳到普陀区登记处办理了镇坪路房屋的抵押登记（普201307018826），张玉明、张华彦到徐汇区登记处办理了蒲汇塘路房屋的抵押登记（徐201304011827），两个抵押登记的附记栏中均有另一套房屋的抵押登记信息。张玉明、张华彦的代理人对此陈述当庭予以确认。

2015年12月21日，上海市长宁区人民法院作出（2015）长民一（民）初字第8635号民事调解书，确认卞秋芳向杨鸿辉借款200万元未予以归还，主文为："一、被告卞秋芳应归还原告杨鸿辉借款本息2000000元，自2016年3月起每月归还30000元，直至还清时止。二、如被告卞秋芳未按上述期限履行，出现连续三个月或累计六个月逾期还款的，则原告杨鸿辉有权就全部剩余借款本息一并申请执行。"卞秋芳名下的镇坪路房屋分别在2015年3月12日、4月7日、7月1日被上海市长宁区人民法院、上海市虹口区人民法院、上海市闵行区人民法院查封。

二审审理过程中，杨鸿辉表示，由于卞秋芳目前已明显不履行相关债务，一旦被诉抵押登记被全部撤销，将导致其权利受影响，愿意放弃对于被诉抵押登记中附记栏记载内容的主张，并愿意承担相应的法律风险责任。市登记局表示，对于被诉抵押登记中登记内容和附记栏中记载的内容，可以分开处理，可以将附记栏的内容撤销，保留记载抵押合同中的镇坪路房屋内容。

二审法院认为：卞秋芳、杨鸿辉共同向普陀区登记处申请办理抵押登记，并提供了房地产登记申请书、身份证明、镇坪路房屋房地产权证书、抵押借款合同，所有材料均指向卞秋芳以自有的镇坪路房屋为其向杨鸿辉借款作抵押担保。因此，可以确认被诉抵押登记系卞秋芳为了向杨鸿辉借款而所作的真实意思表示，卞秋芳依法应当遵循诚实信用原则履行借款抵押担保义务。

本案中，杨鸿辉与卞秋芳签订的借款抵押合同，虽有"另有抵押物蒲汇塘路房屋为200万债权担保"的约定，但并没有证据证明张玉明、张华彦同意将蒲汇塘路房屋为卞秋芳向杨鸿辉的此次借款作抵押担保进行余额抵押，张玉明、张华彦亦未到普陀区登记处就该项约定内容作出相应意思表示。在此情况下，被诉抵押登记的附记栏中所作"余额抵押，根据抵押合同约定，另有蒲汇塘路房屋的房地产共同为200万元的债权担保"的记载确有不当，原审认为附记中记载余额抵押的主要证据不足及登记机构未尽到审慎审查义务的认定，本院予以确认。需要指出，房地产登记机构按照第7期房地产登记业务问答第五问要求所作信息登记，其本义是对多宗房地产担保同一债权进行信息勾连，但在实践中，如果相关当事人没有分别去房地产登记机构办理抵押登记或者相关当事人对抵押事项可能并不知悉的，即相关利害关系人对“多宗房地产为同一债权抵押担保的”事实不予认可的话，那么在房地产抵押权登记证明附记栏里注记“余额抵押，根据抵押合同的约定，另有××区（县）（××坐落）的房地产共同为××数额的债权担保”，该附记的文字表述内容就会出现不周延的情形，可能引发不必要的行政争议。通过本案审理，不动产登记部门应引起重视并注意改进。

本案中，仅因被诉抵押登记附记栏中记载内容的不当，在卞秋芳尚未向杨鸿辉归还全部借款本息的情况下将整个被诉抵押登记予以撤销，必将对杨鸿辉合法权益的保障带来影响，不利于合法有效的民事法律行为权利义务关系的确定、稳定和生效民事调解书的执行。故被诉抵押登记除附记栏中的内容外，其余相关抵押登记事项的内容及行政效力应予确认有效。上诉人杨鸿辉对于抵押争议的发生虽有一定过错，但表示愿意放弃附记栏中的记载内容，上诉人市登记局表示可以分开处理，对于上诉人在二审中所作新的诉讼意见，本院可予采纳。被上诉人卞秋芳擅自以张玉明、张华彦所有的蒲汇塘路房屋为其借款提供抵押，具有主观过错，应承担相应责任；卞秋芳要求将被诉抵押登记全部撤销的意见，明显与其应当承担的法律义务不符，二审不予采纳。被上诉人张玉明、张华彦要求将被诉抵押登记全部撤销的意见，缺乏与其自身权益相关的正当理由，二审不予采纳。综上所述，对于原审判决结果的不妥之处，二审依法予以纠正。需要指出，原审判决第8页倒数第8行“债务履行期限2014年10月7日”应为“债务履行期限2014年10月17日”；倒数第6行“共同为200万元的债务担保”应为“共同为200万元的债权担保”，一并予以纠正。据此，根据《中华人民共和国行政诉讼法》第八十九条第一款第（二）项、第三款之规定，判决如下：

一、撤销上海铁路运输法院（2016）沪7101行初231号行政判决。

二、撤销市登记处在职能划入上海市不动产登记局之前于2014年10月21日作出的登记证明号为普201407016174上海市房地产登记证明抵押权登记附记栏中的记载内容。

【评析】

本案被诉抵押登记包含了两部分内容：第一部分是镇坪路房屋抵押登记的内容，即“房地产抵押权人杨鸿辉，房地产权利人卞秋芳，房地产坐落于镇坪路 176 弄 8 号 901 室，建筑面积 88.61 平方米，债权数额 200 万元，债务履行期限 2014 年 10 月 17 日至 2015 年 10 月 17 日止”；第二部分是蒲汇塘路房屋的附记内容，即“余额抵押，根据抵押合同约定，另有蒲汇塘路房屋共同为 200 万元的债务担保”。本案的主要争议焦点在于，被诉抵押登记权证中第二部分附记中的蒲汇塘路房屋的余额抵押是否成立，成立与否是否影响第一部分抵押登记的合法性？

一、被诉抵押登记是否构成余额抵押

余额抵押是指抵押人在抵押物的价值大于所担保的债权的情况下就其价值余额部分再设定另一抵押权。余额抵押既可以是同一抵押物向同一债权人多次抵押，也可以是同一抵押物向不同债权人分别抵押。

1. 本案两处房屋均符合办理余额抵押的条件。根据卞秋芳与杨鸿辉在借款抵押合同中的约定，镇坪路房屋价值 450 万元，蒲汇塘路房屋价值 580 万元。根据本案查明的事实，在本案被诉抵押登记之前，卞秋芳与张玉明、张华彦曾共同为杭州银行股份有限公司上海闵行支行的最高额为 7816000 元的债权办理了抵押登记。当时是卞秋芳到普陀区登记处办理了镇坪路房屋的抵押登记，张玉明、张华彦到徐汇区房地产登记处办理了蒲汇塘路房屋的抵押登记（徐 201304011827），两个抵押登记的附记栏中均有另一套房屋的抵押登记信息。由于两处房屋的价值总和为 1030 万元，超过 7816000 元债权，对于价值余额部分可以再设定另一抵押权，因此，两处房屋均可办理余额抵押。

2. 本案镇坪路房屋构成余额抵押。《中华人民共和国担保法》第四十一条把不动产抵押的登记作为抵押权的生效要件，即不登记则抵押权至始不产生效力。卞秋芳作为镇坪路房屋的所有权人，先后至房屋所在地的普陀区登记处为杭州银行股份有限公司上海闵行支行 7816000 元债权及杨鸿辉 200 万债权办理了抵押登记，属于余额抵押中就同一抵押物向不同债权人分别抵押之情形。

3. 本案蒲汇塘路房屋不构成余额抵押。根据《中华人民共和国担保法》第四十一条之规定，当事人以该法第四十二条规定的财产抵押的，应当办理抵押物登记，抵押合同自登记之日起生效。余额抵押作为抵押的一种方式，未经登记，不产生抵押的效力。本案被诉抵押登记权证的附记虽然写有“余额抵押”的字样，但由于张玉明、张华彦作为蒲汇塘路房屋的产权人，既无为卞秋芳向杨鸿辉借款 200 万进行担保并以其房屋作为抵押的意思表示，也未曾与杨鸿辉一起至房屋所在地的徐汇区登记处办理抵押登记之行为，因此，蒲汇塘路房屋对杨鸿辉 200 万债权并不构成附记内容所述的“余额抵押”。

二、抵押登记的内容与附记内容是否可以分别审查

抵押登记的内容与附记内容同时记载于房地产抵押权证，二者具有“一荣俱荣，一损俱损”的整体性，还是可以进行区分处理？本案在审理过程中存在两种不同的意见。第一种意见认为，二者具有整体性，附记内容的违法将否定整个被诉抵押登记权证的合法性，应当判决撤销被诉抵押登记权证的全部内容。第二种意见认为，《最高人民法院关于审理房屋登记案件若干问题的规定》第十一条第一款规定，被诉房屋登记行为涉及多个权利主体或者房屋可分，其中部分主体或者房屋的登记违法应予撤销的，可以判决部分撤销。本案抵押登记与附记所涉权利主体及抵押房屋不同，相应的审查标准不同，由此产生的法律后果也不同，故而不能一概而论，应当进行区分处理。具体理由如下：

1. 我国对房地产抵押登记具有明确的法律规定。根据《中华人民共和国城市房地产管理法》规定，国家实行房地产抵押登记制度。根据《中华人民共和国担保法》第四十四条规定，办理抵押物登记，应当向登记部门提供主合同、抵押合同、抵押物的所有权或者使用权证书。根据《城市房地产抵押管理办法》第二十五条、第三十条规定，房地产抵押，抵押当事人应当签订书面抵押合同。到房地产所在地的房地产管理部门办理房地产抵押登记。该办法第三十二条规定，办理房地产抵押登记，应当向登记机关交验抵押当事人的身份证明或法人资格证明、抵押登记申请书、抵押合同、《国有土地使用权证》、《房屋所有权证》或《房地产权证》，共有的房屋还必须提交《房屋共有权证》和其他共有人同意抵押的证明等文件。因此，人民法院可以单独对抵押登记的合法性作出判断。本案中，卞秋芳与杨鸿辉作为抵押双方共同至上海市普陀区登记处申请办理镇坪路房屋抵押登记手续，并依据上述规定提交了申请书、卞秋芳和杨鸿辉的身份证明、镇坪路房屋的房地产权证书、抵押借款合同等文件，抵押登记机关进行审核后作出被诉的抵押登记，符合上述法律规定。

2. 我国对抵押登记中附记的记载并无相关法律法规的规定。由于我国对抵押登记中的附记没有相关规定，市登记处在抵押登记的工作中面临的问题，在《关于房地产抵押登记有关问题的问答（二）》的第五问中明确：多宗房地产为同一债权抵押担保的，不应将整体债权拆分为多个债权以应对每宗房地产。如多宗房地产位于不同区县，房地产所在的区县房地产登记处在分别办理抵押登记时，每宗房地产的登记簿和每份抵押登记证明上均应当记载合同约定的完整债权数额，并在附记栏里注记：“根据抵押合同约定，另有××区（县）（××坐落）的房地产共同为××数额的债权担保。”究其性质，该附记内容相当于

一种情况说明，该情况说明的来源是抵押合同的约定。至于抵押合同约定内容的真实性、合法性及其效力，登记机关一概不予审查。本案中，卞秋芳、杨鸿辉签订的借款抵押合同约定“另有抵押物蒲汇塘路101号2103为200万元债权担保，余额抵押”。房地产登记机构依葫芦画瓢，将该段文字内容记载于被诉抵押登记的附记栏中，但是对该段文字内容所指向的蒲汇塘路房屋余额抵押之事项没有依据房地产抵押登记的法律规定进行审查核实。原审认为附记中记载余额抵押的主要证据不足及登记机构未尽到审慎审查义务的认定，可以予以确认。

三、关于本案的裁判方式

一审法院基于被诉抵押登记及附记内容具有整体性而判决了撤销被诉抵押登记。二审法院则认为抵押登记及附记可以分开审查而撤销原审判决，改判撤销关于蒲汇塘路房屋的附记内容。裁判的主要理由如下：第一，张玉明、张华彦原审的诉讼请求为请求撤销被诉抵押登记附记内容即蒲汇塘路房屋余额抵押的备注。而一审法院判决撤销被诉抵押登记，处理范围超出了诉讼请求的内容。第二，张玉明、张华彦与卞秋芳与杨鸿辉之间的借款民事法律关系及镇坪路房屋的抵押登记没有法律上的利害关系，对于镇坪路房屋抵押登记行政行为的合法性不具有原告主体资格。第三，维持镇坪路房屋抵押登记的效力有利于最大限度维护抵押登记的公信力，撤销蒲汇塘路房屋在被诉抵押登记上的附记足以保护张玉明、张华彦作为产权人的合法权益。

综上，房地产抵押登记及附记涉及多个权利主体或者多套房屋的，其中部分主体或者房屋登记或者附记违法应予撤销的，可以判决部分撤销，最大限度维护抵押登记的公信力。

（作者单位：上海市第三中级人民法院）

不涉及商品质量等的经营许可打假举报不应具有原告主体资格

——陈国尧诉宁波市鄞州区市场监督管理局、宁波市市场监督管理局不履行工商行政处理法定职责案

谭星光

【裁判要旨】

举报人购买商品后以经营者涉嫌缺乏特种行业经营许可资格为由投诉，如未举证证明所购买商品本身存在质量或者其他缺陷而影响其实质权益，则行政机关对投诉的处理与其缺乏行政诉讼法意义上的利害关系，其不应对相关投诉享有原告主体资格。

【案号】

一审：浙江省宁波市鄞州区人民法院（2017）浙0212行初62号。

二审：浙江省宁波市中级人民法院（2017）浙02行终418号。

【案情】

上诉人（原审原告）：陈国尧。

被上诉人（原审被告）：宁波市鄞州区市场监督管理局、宁波市市场监督管理局。

广州某珍珠行在宁波金光百货有限公司通过与后者联营的方式销售红珊瑚制品。2016年8月21日，陈国尧花费6万余元在宁波金光百货有限公司购买了四件红珊瑚制品，以宁波金光百货未取得《水生野生动物经营利用许可证》为由，向原江东区市场监督管理局（以下简称原江东市监局）举报，要求依法查处金光百货公司未取得销售资质经营红珊瑚销售的行为，并按规定奖励原告。原江东市监局接到原告举报经现场调查后，于2016年12月7日作出《案件移

送函》，分别向原宁波市江东区经信局和鄞州区海洋与渔业局移送该案件。并于2016年12月8日向原告予以书面答复，告知原告对其举报已抄送渔业行政主管部门处理。原告不服该答复，于2016年12月19日向宁波市市场监督管理局（以下简称宁波市监局）申请行政复议，宁波市监局于2017年2月9日作出甬市监复决字〔2016〕128号《行政复议决定书》，驳回原告的行政复议申请，并告知了对复议决定的诉权。原告仍不服，以不履行法定职责为由提起行政诉讼。

【审判】

鄞州区人民法院一审认为，根据《中华人民共和国行政诉讼法》第二条第一款“公民、法人或者其他组织认为行政机关和行政机关工作人员的行政行为侵犯其合法权益，有权依照本法向人民法院提起诉讼”的规定，只有当行政机关的行政行为或不作为对公民的合法权益可能造成侵害或产生不利影响时，该公民才能获得对该行为提起行政诉讼的原告资格。本案中，原告在宁波市金光百货有限公司（以下简称金光百货）购买了红珊瑚制品后，认为金光百货未取得销售国家一级野生水生保护动物红珊瑚的资质，向原江东市监局进行举报，要求对该销售机构有无资质进行查处。而根据《中华人民共和国水生野生动物利用特许办法》第一条和第二十二条规定，为保护、发展和合理利用水生野生动物资源，加强水生、野生动物的保护和管理，因科研、驯养繁殖、展览等特殊情况需要进行出售、收购、利用水生野生动物或其产品的，必须经省级以上渔业行政主管部门审核批准，取得《水生野生动物经营利用许可证》后方可进行。故《水生野生动物经营利用许可证》的颁发目的在于规范、保护濒危珍贵的水生野生动物资源。金光百货是否具有相关销售水生野生动物的许可资质，不对原告的合法权益产生影响，原告亦未举证证明其购买的产品本身质量问题对其人身或财产权造成影响。综上所述，涉案举报事项与原告不具有直接的法律上的利害关系，原告对被告就该举报事项作出的处理结果不服，不具有提起行政诉讼的原告主体资格。依照《中华人民共和国行政诉讼法》第四十九条第（一）项、《最高人民法院关于适用〈中华人民共和国行政诉讼法〉若干问题的解释》第三条第一款第（一）项的规定，裁定驳回原告陈国尧的起诉。

陈国尧不服一审裁定，提起上诉称，一审法院事实认定及法律适用严重错误：一、该案是基于甬市监复决字〔2016〕128号行政复议决定书的提示向鄞州区人民法院起诉，即使无依据也应是驳回诉讼请求而非驳回起诉。二、金光百货没有取得《水生野生动物经营利用许可证》而销售国家保护动物红珊瑚，上诉人有权按照《中华人民共和国野生动物保护法》的规定对侵占或者破坏野生动物资源的行为进行检举和控告。鄞州区人民法院应予以查处而非移送，一审驳回起诉错误，请求撤销一审判决。

被上诉人鄞州区市场监督管理局认为，违法行为举报人并不因举报而当然享有原告主体资格，还必须满足举报人与所针对的行政行为具有利害关系这一个法定条件。第一，本案的上诉人举报事项为红珊瑚制品销售者未取得相应的经营许可证，并没有涉及红珊瑚制品本身的质量、品类的问题。红珊瑚销售者是否依法取得或备案相应的经营资质实质上并不影响上诉人的人身权、财产权等合法权益。并且本案中的广州珍珠行依法拥有许可证，只是未在销售地宁波市备案，因此更不影响上诉人的实际权益。第二，鄞州区市场监督管理局调查后，相关处理行为已经告知举报人，其关于查处违法行为的建议权和举报权、举报答复全都已经得到实现，上诉人向工商机关举报经济违法行为，但其自身权益未受到实际侵害，行政行为并没有侵犯举报人的合法权益。原告不符合行政诉讼的起诉条件，不具有原告主体资格。综上，请求驳回上诉请求。

被上诉人宁波市市场监督管理局认为该局作出复议决定的时候虽然告知诉权，但复议决定是要经过法院审理的，不妨碍法院对上诉人是否有诉权独立作出判断。请求驳回上诉，维持原裁定。

宁波中院经审理认为，上诉人认为案外人金光百货涉嫌未取得《水生野生动物经营利用许可证》销售红珊瑚，可以依《中华人民共和国野生动物保护法》等法律规定进行举报。但因上诉人并未主张所购买的红珊瑚制品本身存在质量问题，相关行政机关的管理执法问题也不影响其对所购买商品的持有使用，故举报人与所举报事项缺乏实质的利害关联，相关行政管理执法活动并不会直接影响当事人的实质利益。在此情况下，应认定上诉人不能对所举报事项提起行政诉讼。甬市监复决字〔2016〕128号行政复议决定书提示可以向鄞州区人民法院起诉，不能作为法院受理该案的依据。原裁定认定事实清楚，适用法律正确，审判程序合法。上诉人上诉理由不足，本院不予支持。依照《中华人民共和国行政诉讼法》第八十九条第一款第（一）项的规定，判决驳回上诉，维持原裁定。

【评析】

本案的争议焦点有两个：第一，许可证打假举报人是否拥有原告诉权？第二，行政复议决定告知当事人诉权后人民法院是否因此即应实体审理。

一、许可证打假举报人是否拥有原告诉权？

上诉人强调红珊瑚制品销售需要有特种经营许可证而案外人金光百货没有，故其依法可以进行投诉，其作为投诉者及商品购买人有权依据所投诉事项起诉行政机关的处理行为。我们认为，作为行政诉讼原告资格的判断根据，法律上的利害关系是其核心实质条件。上诉人购买红珊瑚制品，但没有以商品存在质量问题等实体经济利益受损为由主张自己与投诉事项之间存在利害关系，而是以第三人金光百货无相关水生野生动物经营许可证为由进行投诉，那么，问题就转化为有无经营许可证对购买方有无实质影响。

根据一般生活经验，不同于象牙等禁止交易商品，对于红珊瑚等需要取得特种经营许可的商品，购买者所购买商品如果许可手续不全，则可能的影响包括以下方面：一是影响持有，即无许可证商品可能会被管理机关没收；二是影响转让，即其他人会因担心手续不全而不敢受让。对于第一个可能的影响，被上诉人认为实践中即使手续不全，对于已经售出的类似商品，管理机关并不会查处没收，实践中也不存在已经售出的所谓假货被追缴的情形而只有未售出的被收缴的情况，故不必担心；对于第二个可能的影响，如果系购买者拿去再销售，那么，他的行为本身违反经营许可，故不存在到公开市场上公开转让的情况。而一般私下里的交易，也类似于第一种情形不会被收缴。因此从上述情况来看，如果不是商品本身的质量争议、价格欺诈等因素，单纯有无特许经营许可，对于已经卖出的商品，并不会直接影响当事人的实质利益。

二、许可证打假应否限制？

本案涉及职业打假的诉讼限制问题，举报人以商品购买者的身份举报的起诉，一直以来都获得司法的支持，虽然历史上也对打假发挥了一定的积极作用，但也造成了牟利性职业打假现象的泛滥，挤占大量执法和司法资源，影响市场交易等问题。最高人民法院办公厅法办函〔2017〕181 号《对十二届全国人大五次会议第 5990 号建议的答复意见》中所言：“1. 按照《消费者权益保护法》第五十五条的规定，在普通消费产品领域，消费者获得惩罚性赔偿的前提是经营者的欺诈行为。民法上的欺诈，按照《民法通则意见》第六十八条的解释，应为经营者故意告知虚假情况或故意隐瞒真实情况，使消费者作出错误意思表示。而对于知假买假人而言，不存在其主观上受到欺诈的情形。2. 从打击的效果来看，由于成本较小，取证相对容易，牟利性打假的对象主要是大型超市和企业，主要集中在产品标识、说明等方面。该类企业往往是同类市场上产品质量相对有保障，管理较为规范的生产经营主体，而对于真正对市场危害较大的假冒伪劣产品及不规范的小规模经营主体打击效果不明显。3. 从目前消费维权司法实践中，知假买假行为有形成商业化的趋势，出现了越来越多的职业打假人、打假公司（集团），其动机并非为了净化市场，而是利用惩罚性赔偿为自身牟利或借机对商家进行敲诈勒索。更有甚者针对某产品已经胜诉并获得赔偿，又购买该产品以图再次获利。上述行为严重违背诚信原则，无视司法权威，浪费司法资源，我们不支持这种以恶惩恶，饮鸩止渴的治理模式。”因此，限制职业打假已初步形成共识。本案涉及特种经营许可证，是商品质量、标识之外的另外一种类型的打假。被上诉人提供了 15 份裁决文书，证实陈国尧为职业打假人，且补充说明其在本案中存在对金光百货的索赔情节。上诉人不否定裁判文书的真实性，但认为与本案无关。法院结合上诉人提供的（2017）苏 01 行终 468 号判决书确认陈国尧在南京购买相同产品并起诉的情节，可以确认陈国尧为职业打假人。

上述最高人民法院办公厅法办函〔2017〕181 号《对十二届全国人大五次会议第 5990 号建议的答复意见》认为：“考虑食药安全的特殊性及现有司法解释和司法实践的具体情况，我们主为目前可以考虑在除购买食品、药品之外的情形，逐步限制职业打假人的牟利性打假行为。”2017 年 8 月 31 日，《最高人民法院关于进一步保护和规范当事人依法行使行政诉权的若干意见》（法发〔2017〕25 号）第十一条规定要审查行政机关的行政行为是否确与当事人权利义务的增减得失密切相关，当事人在诉讼中是否确实具有值得保护的实际权益，不得虚化、弱化利害关系的起诉条件。第十三条规定：“当事人因投诉、举报、检举或者反映问题等事项不服行政机关作出的行政行为而提起诉讼的，人民法院应当认真审查当事人与其投诉、举报、检举或者反映问题等事项之间是否具有利害关系……对于明显不具有诉讼利益、无法或者没有必要通过司法渠道进行保护的起诉……人民法院依法不予立案。”据这种政策导向，我们认为从实际效果和政策导向考虑，应当否定原告的起诉资格。综上，原审认定事实清楚，适用法律正确，上诉人的上诉请求缺乏事实和法律依据，应驳回上诉，维持原判。

三、复议决定提示的诉讼是否影响案件的裁判方式

上诉人主张该案是基于甬市监复决字〔2016〕128 号行政复议决定书所提

示的诉权而向鄞州区人民法院起诉，故即使其起诉无胜诉依据也应是驳回诉讼请求而非驳回起诉。

我们认为，第一，行政复议决定能被当事人起诉，这是行政诉讼法规定的。在行政复议的受案范围和行政诉讼范围是否一致上，或许存在争议，但对于行政诉讼而言，其受案范围是由其自身规则所确定的，行政行为不可能因为被行政复议受理了就概括地获得进入行政诉讼的渠道，否则，行政诉讼的受案就由行政复议决定了，这明显不符合法律的基本原则。第二，实践中行政提议决定是否告知当事人诉权，影响的是当事人起诉期限的起点计算，但对复议决定能否纳入行政诉讼受案范围并不能直接决定，起决定作用的仍然只能是行政诉讼法律规定本身。第三，在行政复议决定错误受理及错误告知的情况下，能否视为行政机关在法律规定范围之外给自己设置了一个诉讼义务呢（类似于行政机关对公众的允诺而给自己设置行政义务）？笔者认为不可，因为行政义务的设置及其履行是行政管理行为，其行为是授益性的，公民基于对行政机关的信任而可以要求行政机关信守承诺，客观上公众能从行政机关的履行中获得收益，并且该授益行为有一个基本的前提是不损害他人及公众利益，不能违反法律。而本案行政复议机关设置的诉讼义务，相对方能获得的利益并不是行政管理过程中的实质利益而是诉讼利益，这种诉讼利益明显不具有正面价值而是负面的消耗，不具有保护必要，更重要的是它的设置直接违反了法律的规定。因此，即便复议机关作出了自我约束性的诉讼权利告知，该告知对法院不具有约束力，人民法院应根据行政诉讼受案范围规则直接作出驳回起诉的裁定。

（作者单位：浙江省宁波市中级人民法院）

征稿启事

《行政执法与行政审判》是最高人民法院针对行政审判工作出版发行的唯一的指导性综合刊物。丛书自出版以来，深受全国各地法院行政审判法官、行政执法人员和专家学者的普遍欢迎和好评。对各级法院行政审判工作具有权威的指导作用，对各级各部门行政机关依法行政和行政法、行政管理专业的专家学者具有较强的参考作用。

本丛书及时刊登行政审判的最新司法解释、司法文件、司法政策及解读，具有典型和指导意义的审判案例及分析，行政执法和行政审判的调研信息及成果等内容，设有“最新司法文件”“最新司法解释”“司法解释理解与适用”“新问题探究”“行政诉讼理论”“行政审判实务”“调查与研究”“行政执法”“以案释法”“疑难案例评析”“行政审判动态”“域外撷英”等栏目。现编委会竭诚向全国的行政执法和行政审判理论和实务工作者征稿。来稿要求：

一、稿件应属未公开发表的作品。请勿一稿两投。

二、优先发表在本书所涉领域有创见的、高水平的文章，来稿采用与否以理论和实务价值为标准。

三、稿件引文应当注明出处，注释体例参见本书“写作体例说明”。

四、稿件最好为附打印稿的 word 文件电子版。

五、稿件一经发表，文责自负，但编者保留对来稿进行技术性加工处理的权利。文章一经采用，由本编辑部统一付给稿酬。

六、来稿请按以下联系方式寄送：

地址：北京市东城区东交民巷 27 号

最高人民法院行政审判庭　梁凤云

邮编：100745

请在信封正面注明“《行政执法与行政审判》来稿”字样。

E－mail：zgfyxzt@ sohu. com

《行政执法与行政审判》编委会

写作体例说明

一、交付稿件要求

（一）总体要求

齐（不缺页、不缺件）、清（稿面清楚）、定（已定稿的稿件）。提供稿件电子版，并附打印清样，出版社视清样为最终定稿。

（二）具体要求

纸样用 A4 纸，单面打印。

电子版内容一定要与提供的清样内容相同。

二、编辑体例

正文编码顺序按：一、（一）1. （1）① 第一，其一，等来编排。

三、技术规范

数字用法：

统计数字、时间、物理量等均用阿拉伯数字（如：100kg　45.8 万元　11 个月　4.9 万册　12.4 亿人）；法条号尊重原文，即原文是汉字的用汉字，原文是阿拉伯数字的用阿拉伯数字。

注释方法：

1. 一般原则

（1）注释采取页下注，注释号每页重新起算；

（2）引注作品的，注释应完整；

（3）作者为三人或三人以上的，首次引用时应显示全部作者，重复出现时可在第一作者之后加“等”字样。

2. 著作引文注释范例

一般格式：作者/书名/出版社/出版年代/页码

如：×××著/主编：《×××》，××出版社××年版，第××页。

3. 文章引文注释范例

一般格式：作者/文章题目/引自何种出版物/出版时间/页码

（1）著作中文章

××：“文章名”，见：××主编：《书名》，××出版社××年版，第××页。

（2）期刊中的文章

××：“文章名”，载《期刊名》××年第×期。

（3）报纸上的文章

××：“文章名”，载《报纸名》××年××月××日，第×版。

图书在版编目（CIP）数据

行政执法与行政审判．总第70集／中华人民共和国最高人民法院行政审判庭编．—北京：中国法制出版社，2018.8

ISBN 978-7-5093-9614-8

Ⅰ.①行… Ⅱ.①中… Ⅲ.①行政执法-中国-丛刊②行政诉讼-审判-中国-丛刊 Ⅳ.①D922.11-55②D925.318.2-55

中国版本图书馆CIP数据核字（2018）第158307号

责任编辑　周琼妮（zqn-zqn@126.com）　熊林林（xionglinlin@zgfzs.com）　封面设计　杨鑫宇

行政执法与行政审判（总第70集）

XINGZHENG ZHIFA YU XINGZHENG SHENPAN（ZONG DI 70 JI）

编者／中华人民共和国最高人民法院行政审判庭

经销／新华书店

印刷／三河市紫恒印装有限公司

开本／710毫米×1000毫米　16开　印张／18.75　字数／276千

版次／2018年8月第1版　2018年8月第1次印刷

中国法制出版社出版

书号 ISBN 978-7-5093-9614-8　定价：68.00元

北京西单横二条2号

邮政编码 100031　传真：010-66031119

网址：http：//www.zgfzs.com　编辑部电话：010-66067023

市场营销部电话：010-66033393　邮购部电话：010-66033288

（如有印装质量问题，请与本社印务部联系调换。电话：010-66032926）